Ralph Ghadban: Islam und Islamkritik

Dr. Ralph Ghadban, geboren 1949 im Libanon, ist ein deutscher Islamwissenschaftler und Publizist und arbeitet als Dozent an der Evangelischen Fachhochschule in Berlin.
Einer größeren Öffentlichkeit ist er durch zahlreiche Vorträge und Fachseminare, durch Fernsehsendungen und seine Hintergrundartikel in der Presse bekannt.
2006 erschien *Tariq Ramadan und die Islamisierung Europas*.

Ralph Ghadban

Islam und Islamkritik

Vorträge zur Integrationsfrage

Verlag Hans Schiler

Bibliographische Information der Deutschen Bibliothek
Die Deutsche Bibliothek verzeichnet diese Publikation
in der Deutschen Nationalbibliographie;
detaillierte bibliographische Daten sind im Internet
über *http://dnb.ddb.de* abrufbar.

Deutsche Erstausgabe
1. Auflage 2011
Umschlag: mkab, Bildquellen siehe S. 297
Druck: Akaprint, Budapest
Printed in Hungary
ISBN 978-3-89930-360-5

Inhaltsverzeichnis

Vorwort

Die Debatte um Sarrazins Thesen hat deutlich gezeigt, wie es mit der Integration bedeutender Teile der muslimischen Migranten und ihrer Kinder in Deutschland aussieht. Sie hat zuerst die tiefsten und radikalsten Einsichten, ob negativ oder positiv, zum Vorschein gebracht und im grellen Licht der Öffentlichkeit ausgebreitet. Von den Gutmenschen bis zu den Rassisten, über die Multikulturalisten, Liberalen, Linken bis zu den Nationalisten, alle waren beteiligt. Im Grunde genommen ist dies eine demokratische Leistung, deren Verdienst allerdings nicht den intellektuellen und politischen Kasten gebührt, sondern der Bevölkerung, die den Meinungsumfragen und den Verkaufszahlen seines Buches zufolge, hinter Sarrazin stand und damit verhinderte, dass er mundtot gemacht wird.

Sarrazin sprach offensichtlich die Sorgen der Bevölkerung aus. Auf den Punkt gebracht bedeutet das, dass die Bevölkerung nicht verstehen kann, warum nach der Öffnung der deutschen Gesellschaft für die Migranten in den letzten zwanzig Jahren, die Kinder bestimmter Migrantengruppen, insbesondere von Türken und Arabern in der dritten und vierten Generation, sich hartnäckig weigern, sich zu integrieren.

Über die Schuldzuweisung hinaus, ob die Migrationspolitik der Deutschen oder die Unwilligkeit zur Integration der Migranten für diesen Zustand verantwortlich sind, kam es dann irgendwie zu einem Konsens, wonach ein Großteil der Muslime schon integriert sei, für den Rest aber dringend etwas geschehen müsse. Die Integrationsbemühungen, die in der letzten Legislaturperiode einen Höhepunkt mit dem Integrationsgipfel und der Islamkonferenz 2006 erreichten, schienen zu erlahmen. Die Sarrazindebatte gab ihnen einen neuen Impuls.

Eine Konsequenz dieser Debatte war schließlich der Bruch der Tabuisierung, verkörpert in einer Haltung von political correctness, die im Namen einer gleichberechtigten Anerkennung und den Respekt vor allen Kulturen jede wesentliche Kritik unterdrücken wollte. Der Versuch, Sarrazin wegen seiner angeblich rassistischen Analysen, als Paria zu verbannen scheiterte; im Gegenteil, eine sachliche Auseinandersetzung fand in manchen großen Medien (z.B. der FAZ) statt und zeigte wie irreführend der von Sarrazin angenommene Determinismus sei. Die Öffentlichkeit konnte so erfahren, warum man sich auf diese gefährliche Rutschbahn nicht begeben soll. Damit hat ein Teil der hiesigen Medien ihre demokratische Aufgabe bestens erfüllt, im Gegensatz zu den Multikulturalisten, die mit Verdammung und pseudomoralischer Zensur jede konstruktive Diskussion der wirklich brennenden Themen, die von Sarrazin zu Recht angesprochen wurden, zu unterdrücken versuchten.

Ihre Glanzleistung jedoch erzielten die Multikulturalisten in der ersten Jahreshälfte 2010, als sie einen Generalangriff gegen die Islamkritik starteten. Nicht nur wollten sie den kritischen Geist erwürgen, sondern sie haben bewusst seine Grundlage, die Aufklärung, diskreditiert. Mit dieser Haltung leisten die Multikulturalisten keinen positiven Beitrag zur Demokratie und noch weniger zur Integration der Migranten. Ihre Vorstellungen, wonach die Anerkennung und der Respekt vor den Kulturen zum Frieden in der Gesellschaft und Glückseligkeit der Einzelnen führen werden, sind naiv und falsch. In der Geschichte und in der Gegenwart wird wiederholt gezeigt, wie zerstörerisch die kulturellen Identitäten sein können.

In keinem islamischen Land herrscht Religionsfreiheit nach demokratischen Maßstäben. In den meisten islamischen Ländern werden ethnische und religiöse Minderheiten unterdrückt und in manchen systematisch verfolgt. Mit dem Siegeszug des so genannten „Islamischen Erwachens" seit Anfang der siebziger Jahre des letzten Jahrhunderts haben die meisten islamischen Länder mehr oder weniger die Scharia als Verfassungsgrundlage übernommen. Im Westen ist der organisierte Islam überwiegend in den Händen der Islamisten. Er verwaltet die Religion in den muslimischen Gemeinden und übt auf sie einen entsprechenden Einfluss aus.

Die Islamisten propagieren ein Islamverständnis, das sich als alternativ zum demokratischen Staat sieht und die Entstehung der Parallelgesellschaften begünstigt. Es ist kein Zufall, dass Staaten wie Holland und Belgien von ihrer Multikultipolitik abgerückt sind. Andere, wie Großbritannien, haben ihre Migrationspolitik so verschärft, dass von Multikulti wenig übrig geblieben ist. Auch traditionell offene Gesellschaften wie Frankreich und die Schweiz haben inzwischen sehr heftig auf die Muslime reagiert. Der durch die Sarrazindebatte offenbarte Unmut der deutschen Bevölkerung den Muslimen gegenüber passt in dieses Bild.

Man kann auf diese Entwicklung natürlich nach Art der Multikulturalisten die Europäer als Rassisten beschimpfen. Damit wird ein pseudomoralisches Gewissen schnell zufrieden gestellt, der Integration dagegen wird dadurch nicht geholfen. Die Integrationsarbeit ist langatmig und schwierig. Sie ist eine gesamtstaatliche und -gesellschaftliche Aufgabe, zu der auch die geistige Auseinandersetzung mit den undemokratischen Ideologien gehört. Eine sachliche und offene Kritik am Islam in seiner islamistischen, aber auch traditionellen Form ist unerlässlich, um die ideologischen Hindernisse bei der Integration abzubauen. Trotz der Tatsache, dass alle islamischen Staaten die UNO-Menschenrechtskonvention unterschrieben haben, erkennen die religiösen Vertreter des Islam nirgends in der Welt die Menschenrechte außerhalb der Scharia sowie die Trennung zwischen Staat und Religion an, auch nicht in Deutschland.

Der Integrationsdiskurs wurde Ende der neunziger Jahre des letzten Jahrhunderts zu einem Islamdiskurs. Die Integrationssprache wurde von den Islamisten, die inzwischen in den muslimischen Gemeinden den Ton angeben, mit einer religiösen Sprache verschlüsselt, die die Dimension der Desintegration verbirgt. Die muslimischen Kopftuchträgerinnen sagen z.B., dass das Tragen des Kopftuches eine religiöse Pflicht sei. Der Integrierer sieht sich dann mit mehreren Fragen konfrontiert: Ist das ein Gottesdienst in der Öffentlichkeit und im Klassenzimmer oder ist es ein Ausdruck der individuellen Religionsfreiheit nach Artikel 4 GG oder eine Einschränkung der Gleichheit zwischen Mann und Frau nach Artikel 3 GG oder auch eine Verletzung der Menschenwürde nach Artikel 1 GG? Für die Entschlüsselung dieser Aussage muss man sich an die Religion wenden, um die Bedeutung des Kopftuches zu erfahren. Das führt unvermeidlich zur Auseinandersetzung mit dem Islam.

An dieser ideologischen Auseinandersetzung war der Autor in den letzten zehn Jahren intensiv beteiligt. Zusätzlich zu dutzenden Seminaren und Veranstaltungen zur politischen Bildung hat der Autor über achtzig Vorträge gehalten, von denen ein Großteil veröffentlicht wurde. Angeregt von den Debatten des Jahres 2010 hat er eine Selektion von Artikeln und Vorträgen zusammengestellt, die noch nicht veröffentlicht worden sind und die wesentliche Aspekte der Auseinandersetzung mit dem Islam abdecken. Dafür war es notwendig, einige schon veröffentlichte Aufsätze in die Sammlung aufzunehmen. Der Bertelsmann Stiftung, der Gazette München und dem Verlag Friedrich Pustet sei hier gedankt für die Erteilung der entsprechenden Genehmigungen.

Kritik der Islamkritik: eine Selbstdemontage

Erschienen in: Die Gazette, München Herbst 2010, Nr. 27

Nach der Detonation der ersten Bomben von al-Qaida vor zehn Jahren in Saudi-Arabien erkannten die Machtinhaber sofort die Notwendigkeit der Auseinandersetzung mit der Ideologie des Islamismus. Mit Sicherheitsmaßnahmen allein hatte der Staat kaum eine Chance, des Terrorismus Herr zu werden. Es ging nicht nur darum, die Terroristen zu fassen, sondern auch darum, den Nachschub an neue Generationen zu unterbinden, um den Terror im Keim zu ersticken.

Saudi-Arabien ist der Hauptunterstützer des Islamismus weltweit. Die tragende Ideologie des Staates bildet der Wahabismus, der als Erster schon am Ende des 18. Jahrhunderts das Eindringen der westlichen Moderne in die islamische Welt bekämpfte. Er verurteilte die muslimischen Anhänger der Moderne als Apostaten und erklärte ihnen den heiligen Krieg. Dabei waren die Grenzen zwischen dem Dschihad und kriminellem Terrorismus fließend, und solange die Gewalt gegen andere, insbesondere gegen den Westen, gerichtet war, hatten die Herrscher am Golf keinen Gewissenskonflikt.

Selbst das nachdrückliche Verlangen des Westens nach dem 11. September 2001, ihre Unterstützung der Dschihadisten einzustellen, konnten sie erfolgreich mit dem Argument abwehren, dass der Terrorismus nichts mit dem Islam zu tun habe und in allen anderen Kulturen ebenso zu finden sei. Die Terrorakte im eigenen Land zerstörten schließlich diese Nichtbetroffenheit. Religion und Religionskritik rückten in den Mittelpunkt des öffentlichen Interesses. Konferenzen wurden organisiert wie 2003 in Mekka unter dem Titel *Mäßigung gegen Extremismus*. Es sei, wurde argumentiert, zwischen einem radikalen und einem gemäßigten Islam zu unterscheiden. Ersterer müsse bekämpft und Letzterer gefördert werden.

Man begann mit der Reform der Schulprogramme, erkannte die Notwendigkeit der Kontrolle der islamischen Gutachten (der Fatwas) und der Freitagspredigt sowie der Zügelung der Fernsehmuftis. Eine schwierige Aufgabe ohne eine mit Kirchenautorität ausgestattete Institution. Die Öffentlichkeit wurde mobilisiert, und die öffentlichen Debatten verliehen der Zivilgesellschaft eine immer größer werdende Bedeutung, wie die folgenden Beispiele der letzten Zeit aus Saudi-Arabien zeigen.

Der saudische Scheich Abdul Rahman al-Barrak erließ im März 2010 eine Fatwa, mit der die Tötung derjenigen gerechtfertigt wurde, die die Geschlechtermischung am Arbeitsplatz oder beim Gebet fördern, weil sie durch ihr Verhalten vom Islam abgefallen seien. Die ablehnenden Reaktionen in den Medien waren heftig, und der oberste Muftirat des Königreichs schwieg, im Gegensatz zu früher, als er diese Haltung immer verteidigt hatte. Später, im Mai 2010, hat ausgerechnet der Chef der Religionspolizei im Bezirk von Mekka, Scheich Ahmad ben Qasem al-Ghamidi, eine Fatwa erlassen, in der er zum ersten Mal in Saudi-Arabien die Geschlechtermischung rechtfertigte. Erstaunlicherweise erwiesen sich Spekulationen über seine Entlassung später als falsch.

Das saudische Ministerium für religiöse Angelegenheiten ist dabei, 20.000 Prediger auszubilden, die den ideologischen Kampf gegen den radikalen Islam aufnehmen und den gemäßigten Islam als den wahren Islam verbreiten sollen. Schließlich wurde Ende Juni 2010 ein Gesetz vor dem saudischen Beratungsparlament – ähnlich unserem Parlament, aber ohne Gesetzgebungskompetenz – zur Reglementierung der Fatwa-Tätigkeit eingebracht, und am 13. April 2010 hat der oberste Gelehrtenrat eine Fatwa erlassen, in der er die Finanzierung des Terrors verbietet und unter Strafe stellt. Der Rat übt nicht nur in Saudi-Arabien, sondern weltweit einen großen Einfluss aus.

Ähnliche Beispiele finden wir überall in der islamischen Welt. Sie zeigen, dass bedeutende Teile der Muslime den Konflikt hauptsächlich auf der Ebene der Religion ansiedeln, genau wie die liberalen Islamreformer vor ihnen. Anders als die Islamreformer vermeiden sie jedoch die Auseinandersetzung mit den überlieferten Grundlagen ihrer Religion, Sie begnügen sich damit, gegen ein radikales Islamverständnis, das sie in den letzten vierzig Jahren unterstützt oder mindestens toleriert haben, den Kampf zu führen zugunsten eines moderaten Islams, der den Terror ächtet und die friedliche Koexistenz der Völker respektiert.

Während die Religionskritik in den islamischen Ländern immer lauter wird, starteten ab Januar 2010 Feuilletonisten der großen deutschen Zeitungen eine Generaloffensive gegen die Islamkritik. Das Ausmaß, die Heftigkeit und die Irrationalität dieses Angriffs gegen diejenigen, die die humanistischen Grundwerte verteidigen, sind schockierend. Noch schwerer wiegt die Tatsache, dass die Angegriffenen hauptsächlich Musliminnen sind: Necla Kelek, Seyran Ates und Ayaan Hirsi Ali – Frauen, die nicht nur aus leidvoller Erfahrung, sondern auch von ihrem beruflichen und wissenschaftlichen Kontext her mehr wissen über das, wovon sie reden, als ihre Widersacher, die kaum jemals Islamexperten sind.

Man beginnt damit, die Islamkritiker als „legitime Erben der Aufklärung" in Zweifel zu ziehen, und unterstellt ihnen einen „Fundamentalismus des Geistes" (Assheuer, Die Zeit), dann werden sie als „heilige Krieger" abgestempelt, die „von der Religion kategorisch Selbstaufklärung fordern" (Claudius Seidl, FAZ). Mit Thomas Steinfeld (SZ) wird der Ton noch schärfer: Es handle sich um „Hassprediger", deren aufklärerischer Fundamentalismus kaum vom islamischen Fundamentalismus zu unterscheiden sei. Wolfgang Benz vergleicht die Islamkritiker lieber mit den Antisemiten (SZ). Birgit Rommelspacher rückt sie in die Nähe der Rechtsradikalen (taz), und weil es um Frauen geht, verpasst sie ihnen einen Extra-Fußtritt: „kolonialer Feminismus". Carolin Emcke beschimpft sie als „liberale Rassisten" (Die Zeit), sie würden den „Fremdenhass" predigen, und Stefan Weidner kombiniert alle diese Elemente in einem neuen Konzept als „Faschismus der Aufklärung" (SZ).

Auffallend ist das Ausmaß an Hass und Aufgeregtheit. Nirgends ist eine sachliche Kritik ersichtlich, die den Namen einer öffentlichen Debatte verdiente. dass die meisten der genannten Feuilletonisten wenig vom Islam verstehen, rechtfertigt in keiner Weise ihre Unterstellungen und Manipulationen. Die Positionen der meisten Islamkritiker werden karikiert, pauschalisiert und falsch wiedergegeben. Es ist offensichtlich keine Debatte beabsichtigt, sondern, wie Regina Mönch in der FAZ schreibt, den Islamkritikern einen „Maulkorb" zu verpassen.

Erschreckend ist vor allem der Versuch der Feuilletonisten, die Grundwerte der eigenen Gesellschaft zu demontieren. Um den Einsatz der Islamkritiker zugunsten der universellen Werte der Aufklärung zu diskreditieren, wird die Aufklärung in die Schranken gewiesen, und ihre Werte werden relativiert. So stellt Andrian Kreye in der SZ fest, dass die Wertedebatte falsch sei, weil der Westen seinen „Wertekanon von Freiheit, Gleichheit, Demokratie und Menschenrechten" als erstrebenswert für die gesamte Menschheit betrachte. Das sei ein Trugschluss, denn „Freiheit und Demokratie sind keineswegs Lebensformen, die in der islamischen Welt als höchste Stufe der menschlichen Entwicklung angesehen werden. Die Trennung von Kirche und Staat ist nicht vorgesehen." In dieser Patt-Situation solle man nicht provozieren, sonst „wird aus der Schimäre des Kampfs der Kulturen doch Realität."

Kreyes Kollege Steinfeld (SZ) meint, wer die „Grundbegriffe der Demokratie" wie „Glaubensartikel" betrachte, handele wie ihre Gegner. Und weil das so ist, gibt er uns den Rat: „Deswegen tut es den ‚demokratischen Grundwerten' gar nicht gut, wenn man sich mit ihnen ‚identifizieren' soll. Nein, falls sie überhaupt je funktionieren, dann als alltägliche Praxis, als gelebte Ordnung." Es ist dann in dieser Logik der Konfliktvermeidung selbstverständlich, den Islam zu akzeptieren, wie er ist, und ihn nicht mit unserem Wertekanon zu belästigen. Dazu Seidl in der FAZ: „Schwerer wiegt schon die Forderung, der Islam solle sich gefälligst endlich selbst aufklären; solle seinen Anspruch auf die Scharia und das Supremat über den Staat aufgeben und die universalen Menschen- und Freiheitsrechte anerkennen."

Für Steinfeld stellen diese Forderungen an die Muslime im Westen eine unerträgliche „Zwangsmodernisierung" dar. Statt auf Konfrontation müsse man auf Toleranz setzen, von der Steinfeld einen kuriosen Aspekt enthüllt: „Wer auf Toleranz beharrt, für den kann die Toleranz nicht aufhören, wenn ein anderer nicht tolerant sein will." Josef Joffe widerspricht in der Zeit: „Genauso gut könnte man fordern: ‚Gerechtigkeit für das Unrecht', ‚Freiheit für die Unfreiheit', ‚Mitleid für die Mitleidlosen'. Das hat Locke nicht gemeint, als er in *A Letter Concerning Toleration* (1689) die höchste Errungenschaft des Westens vorzeichnete: Das Bürgerrecht dürfe nicht vom ‚richtigen' Glauben abhängen. Diese Trennung hat die islamische Welt noch nicht vollzogen."

Die Wertedemontage erreicht schließlich ihren Höhepunkt mit Birgit Rommelspacher (taz), die die Aufklärung geradezu kriminalisiert. Sie schreibt: „Deshalb setzen die Säkularisten auch vor allem auf die emanzipatorische Kraft von Aufklärung und Moderne. Allerdings müssten informierte und kritische Menschen heute wissen, dass die Aufklärung nicht nur den Ausgang ‚des' Menschen aus seiner selbst verschuldeten Unmündigkeit beschert hat, sondern auch die Entmündigung von Frauen, Sklaven und Besitzlosen. Sie hat diese Machtverhältnisse fortgeführt, teilweise verschärft und vor allem neu legitimiert."

Hierzu merkt Josef Joffe kritisch an: „Es geht darum, ob die westliche Gesellschaft im Verhandlungsprozess mit dem Islam zur Disposition stellen soll, was ihren Kern ausmacht – oder härter: was diese Gesellschaft sich in einem Meer von Blut und Tränen erkämpft hat. Torquemada war ein Fundamentalist, Kant war es nicht – dazwischen steht ein gewaltiger sittlicher Fortschritt."

Warum manche Feuilletonisten diese unglaubliche Selbstdemontage veranstalten, ist meines Erachtens auf zwei Gründe zurückzuführen: ihr Verständnis der Menschenrechte und die Ideologie des Multikulturalismus.

Necla Kelek schreibt (FAZ): „Es geht mir bei den zu verteidigenden Werten auch um die Würde, die jeder Mensch hat." Keiner ihrer Widersacher benutzt diesen Begriff; von lediglich zwei Feuilletonisten wird er jeweils kurz zitiert, um gleich danach vernichtet zu werden. Anders steht es mit den Begriffen Freiheit und Religionsfreiheit, die zuhauf vorkommen. Dieses Missverhältnis verdeutlicht zwei verschiedene Gewichtungen der Menschenrechte im Westen. Für die einen kommt die Freiheit zuerst, das sind die Briten und die US-Amerikaner, wobei bei den Letzteren die Religionsfreiheit an erster Stelle kommt. Die Verfassung der USA (1787) hat bewusst auf die Menschenrechte verzichtet. Sie wurden später eingeführt, gleich als Erstes das Recht auf Religionsfreiheit mit dem Ersten Verfassungszusatz von 1791. Die Bürgerrechte folgten erst 1868 mit dem 14. Verfassungszusatz. Nirgends ist der Begriff Menschenwürde erwähnt; ähnlich bei den Briten, die nicht nur den Begriff der Menschenwürde ignorieren, sondern ihn sogar für gefährlich halten, weil er die Freiheit einschränken kann.

Für die anderen, also die Kontinentaleuropäer und den Rest der Welt, kommt die Menschenwürde zuerst. In der Präambel der Charta der Vereinten Nationen (1945) bekräftigen diese den „Glauben an die Grundrechte des Menschen, an Würde und Wert der menschlichen Persönlichkeit, an die Gleichberechtigung von Mann und Frau." In der Europäischen Verfassung (2004) steht in Artikel I: „Die Werte, auf die sich die Union gründet, sind die Achtung der Menschenwürde, Freiheit, Demokratie, Gleichheit, Rechtsstaatlichkeit und die Wahrung der Menschenrechte." Und Artikel 1 des deutschen Grundgesetzes (1949) proklamiert: „Die Würde des Menschen ist unantastbar. Sie zu achten und zu schützen ist Verpflichtung aller staatlichen Gewalt." Die Freiheit kommt in Artikel 2.2 vor, wo es heißt: „Die Freiheit der Person ist unverletzlich. In diese Rechte darf nur auf Grund eines Gesetzes eingegriffen werden."

Die Menschenwürde ist also uneingeschränkt und wird durch die Menschenrechte wie Freiheit und Gleichheit realisiert. Die Freiheit dagegen ist eingeschränkt, selbst bei den Angloamerikanern, die auf deren Primat pochen. Das gilt auch für die Religionsfreiheit. Vieles, was Bestandteil der islamischen Scharia ist, wie z.B. die Polygamie, wird im Westen überall strafrechtlich verfolgt. Am Beispiel des Kopftuchs wird der Unterschied zwischen beiden Auffassungen deutlich. Der Islam betrachtet den Körper der Frau, außer Händen, Füßen und Gesicht, als Sexualobjekt und schreibt seine Verhüllung als religiöse Pflicht vor. Die Islamkritiker sehen in der Reduzierung der Frau auf ihre Sexualität eine Verletzung der Menschenwürde, die anderen dagegen einen Ausdruck von Religionsfreiheit.

Das Dilemma der Fürsprecher des Freiheitsprimats liegt darin, dass sie sich für etwas einsetzen, das sie nicht verwirklichen können. Die Freiheit ist eben nicht uneingeschränkt, in allen Verfassungen dieser Welt ist sie mit Gesetzesvorbehalt versehen. Eine Lösung für das Dilemma bietet scheinbar der Multikulturalismus an, indem er die Kultur einschließlich der Religion zum Grundwert erhebt. Die Anerkennung der verschiedenen kulturellen Identitäten sei ein Grundrecht, und eine wahre Anerkennung der Unterschiede bedeute die Anerkennung der Gleichwertigkeit verschiedener Existenzweisen und die Aufforderung an die Politik, die Gleichwertigkeit verschiedener Identitäten anzuerkennen, lehrt uns Charles Taylor, der Philosoph dieser Ideologie. Damit aber lösen sich die universalen Werte der Aufklärung auf und es herrscht der reine Werterelativismus. Deshalb ist es sinnlos, eine Reform des Islam einzufordern.

Die Feuilletonisten, als angebliche kritische Verteidiger der Aufklärung, die, zur Erinnerung, ihren Ursprung in der Religionskritik hatte, verwandeln sich in unkritische Beschützer der Religion. Sie landen im Lager Saudi-Arabiens, das in den letzten Jahren versucht, die Charta der Vereinten Nationen dergestalt zu ändern, dass sie den Schutz der Religion umfasst. Das würde das Ende der Menschenrechte bedeuten.

Einen Erfolg hat Saudi-Arabien schon erzielt: Gemeinsam mit weiteren 16 islamischen Staaten, die ein Drittel der Mitglieder des

UN-Menschenrechtsrates stellen, wurde 2006 in der Resolution zum Mandat des Berichterstatters des Rates eine Klausel verabschiedet, die ihn verpflichtet, über Fälle zu berichten, „in denen der Missbrauch der Meinungsfreiheit den Tatbestand der rassistischen oder religiösen Diskriminierung erfüllt.“ Udo Wolter (Jungle World) bemerkt dazu, dass hier „die Religionskritik mit Rassismus gleichgesetzt wird.“ Im Rat wird außerdem jede Kritik an der Scharia durch die Scharia-Staaten abgeschmettert; dort heißt es nicht mehr, wie Wolter sagt, die Würde des Menschen, sondern die Würde des Islam ist unantastbar.

Euro-Islam oder Ghetto-Islam?
Der Islam zwischen Integration und Fundamentalismus

Politisches Bildungsseminar am 9./10. Oktober 1998 in Potsdam

In einem Interview vom 21. September 1998 stellte die SZ Herrn Bubis, dem Vorsitzenden des Zentralrates der Juden in Deutschland, folgende Fragen:

> *SZ:* Sie haben sich immer als deutscher Staatsbürger jüdischen Glaubens verstanden. Das heißt, die Juden gehören dazu. Glauben Sie das immer noch?
> *Bubis:* Zumindest würde ich es heute nicht so betonen. Es hat nämlich nichts genutzt. Ich werde nicht so gesehen, und aufdrängen will ich mich nicht.
> *SZ:* Wie wird Ignaz Bubis gesehen?
> *Bubis:* Israeli, Fremder, Ausländer, Gast.

Am 27. September fanden die Bundestagswahlen statt und schienen Bubis zu widersprechen. Die Rechtsradikalen fielen überall in die Bedeutungslosigkeit. Selbst im Lande Mecklenburg-Vorpommern konnten sie nur 2,9 Prozent der Wählerschaft gewinnen. Damit war auch der Protestcharakter der vorangegangenen Wahlen von Sachsen Anhalt unterstrichen. Es stellt sich nun die Frage, ob Bubis sich geirrt hat? Ob seine subjektive Wahrnehmung seines sozialen Umfelds und der deutschen Gesellschaft falsch ist? Ich meine, nein, Bubis hat sich nicht geirrt. Der Rückgang des Rechtsextremismus allein bedeutet nicht eine Zunahme des fremdenfreundlichen Lagers. Entscheidend ist die Bereitschaft den Fremden zu akzeptieren.

Deshalb werde ich zuerst auf die Problematik der Akzeptanz des Ausländers von Seiten der deutschen Gesellschaft eingehen, um dann auf die Haltung der Muslime zu kommen. In diesem Zusammenhang werde ich der Rolle des Islam in der Frage der Integration oder Desintegration meine Aufmerksamkeit widmen.

Die Akzeptanz der Ausländer

Die deutsche Bevölkerung wurde damals in den fünfziger Jahren nicht gefragt, ob sie mit dem Holen von Millionen von Gastarbeitern ins Land einverstanden wäre. Der Beschluss, Gastarbeiter anzuwerben, wurde 1955 auf Wunsch der Wirtschaft trotz einer Arbeitslosenquote von 5,2 Prozent gefasst (zum Vergleich: 1973 waren es 1,2 Prozent). Er fand ohne öffentliche Diskussion statt. Die Gewerkschaften, die SPD und Teile der CDU, die ein Jahr früher heftig dagegen waren, wurden vom Wirtschaftsminister Erhard umgestimmt. Es kamen trotzdem wenige Ausländer, ihre Zahl erreichte 1961, als die massive Anwerbung von Arbeitskräften bevorstand, nur 686.100.[1]

Die Anwerbeabkommen der sechziger Jahre fanden ebenfalls ohne öffentliche Diskussion statt. Sie wurden diesmal von keinen politischen Auseinandersetzungen unter Parteien und Gewerkschaften wie im Jahre 1954 begleitet. Das Handeln der Exekutive fand scheinbar allerseits Zustimmung. Nach dem Bau der Mauer im August 1961 riss der Strom der Flüchtlinge aus der DDR ab. Gleichzeitig verlangte die boomende Wirtschaft immer mehr Arbeitskräfte. Die Gastarbeiter schienen überall willkommen zu sein. Sie würden zum Wohlstand der deutschen Bevölkerung beitragen und so schnell wie möglich nach Hause zurückkehren, predigten die Arbeitgeberverbände und die Politiker. 1964 wurde der einmillionste Gastarbeiter in Frankfurt a.M. feierlich empfangen. Ein Jahr später, zu einer Zeit, in der die Gastarbeiter sehr willkommen zu sein schienen, zeigte eine Umfrage von EMNID im Dezember 1965, dass 51 Prozent der Deutschen eher dagegen waren, Gastarbeiter zu holen. Mit der Rezession von 1966 verloren die ökonomischen Argumente an Überzeugungskraft und die Ausländer stießen in der Bevölkerung vermehrt auf Ablehnung. Nach einer Untersuchung von 1966 wurde in der Presse über die Gastarbeiter fast dreimal so häufig negativ wie positiv geurteilt, allein ein Drittel dieser Berichte beschäftigte sich mit kriminellen oder sexuellen Sensationen.[2] Mit der NPD, die 1966 und 1968 in sieben Landtage einzog, wurde zum

1 Ulrich Herbert, Geschichte der Ausländerbeschäftigung in Deutschland 1880 bis 1980, Berlin 1986, S. 188.
2 Ibid., S. 209.

ersten Mal in der Nachkriegszeit die Fremdenfeindlichkeit öffentlich und stieß auf breite Zustimmung.

Das schnelle Ende der Rezession beruhigte jedoch die Gemüter und die Rückkehr von circa 500.000 Gastarbeitern (46 Prozent der ausländischen Erwerbstätigen) in ihre Heimatländer während der Wirtschaftskrise schien die Behauptung der Wirtschaft zu bestätigen, wonach die Gastarbeiter nach Hause gehen würden, wenn man sie nicht mehr braucht. Die Anwerbung ging danach hemmungslos weiter. Von Ende 1967 bis Ende 1973, als der Anwerbestopp verhängt wurde, stieg die Zahl der Ausländer von 1.806.700 auf 3.966.200. Innerhalb von fünf Jahren kamen 2.200.000 Menschen in ein Land, das nicht vorbereitet war, sie zu empfangen. Man wollte angeblich nur Arbeitskräfte holen, es kamen aber Menschen, wie eine Broschüre der SPD Anfang der 70er Jahre entdeckte.

Um diese Menschen zur Höchstleistung zu bringen, begann die Wirtschaft, die Grundlagen der von ihr propagierten Rotationspolitik zu unterlaufen. Aus Kostengründen, die mit dem Anlernen neuer Arbeitskräfte anfallen, war sie daran interessiert, die jährliche Auswechslung der ausländischen Belegschaften (30 Prozent) zu vermeiden und setzte sich für die Verlängerung der Aufenthaltsdauer ein. Sie förderte auch die Anwerbung der Ehepartner der Gastarbeiter, um die Betriebsbindung zu erhöhen, und wurde sogar durch den Staat unterstützt, der sich davon eine soziale Stabilisierung durch die bewährte Instanz der Familie erhoffte. Die vereinten Ehepartner brachten verstärkt ihre Kinder in die Bundesrepublik oder zeugten hier Nachwuchs. So entstand die so genannte zweite Generation. Inzwischen war mit einer schnellen Rückkehr der Ausländer in ihre Heimatländer nicht mehr zu rechnen, da die geringeren Ersparnismöglichkeiten wegen hoher Lebenskosten und niedrigen Einkommens einen längeren Aufenthalt erforderten. Eine repräsentative Untersuchung der Bundesanstalt für Arbeit im Herbst 1968 ergab schon: 90 Prozent der Männer und 89 Prozent der Frauen beabsichtigen, noch längere Zeit in der Bundesrepublik tätig zu sein.

Die Gastarbeiter begannen die Arbeiterbaracken und Wohnheime zu verlassen (1962 lebten 2/3 der Ausländer in Gemeinschaftsunterkünften) und suchten Wohnungen für ihre Familien in den armen Bezirken der Großstädte, wo später ihre Ghettos entstehen sollten. Diese Entwicklung führte dazu, dass Wirtschaft und Politik ihr Versprechen an die deutsche Gesellschaft nicht einhalten konnten. Sie hatten nämlich folgendes versprochen:

1. Wir holen Arbeitskräfte, weil wir sie für die expandierende Wirtschaft brauchen. Die Gastarbeiter werden unser Wirtschaftswachstum fördern.
2. Gleichzeitig werden sie von den Ergebnissen des Wachstums weniger als die Deutsche profitieren. Da sie als Alleinstehende mit vorübergehendem Aufenthalt die Sozialkassen und die gesamte soziale Versorgung, vor allem die Renten, nicht in Anspruch nehmen können.
3. Fazit: Die Beschäftigung von Ausländern kommt allen Deutschen zugute.

Das Versprechen erwies sich nur in einem Punkt als zutreffend. Die Beschäftigung der Ausländer kam auf alle Fälle der Wirtschaft zugute. Für die Gesellschaft zeichnete sich Ende der 70er eine Entwicklung ab, die diese Rechnung stark in Frage stellte. Die Verlängerung der Aufenthaltsdauer einerseits (Anfang 1972 waren 30 Prozent der Erwerbstätigen Ausländer seit über 7 Jahren in Deutschland) und der Steigerung der Inanspruchnahme von Sozialleistungen anderseits verursacht durch den Rückgang der Beschäftigungsquote unter Ausländern (von 80 Prozent in 1961 auf 65 Prozent in 1970) sowie die Zunahme der Zahl der Kinder, die Kindergärten und Schulplätze benötigten (Schulbesuche: 1965/35.100, 1970/158.000, 1975/393.000), löste 1970 eine Debatte über Vor- und Nachteile der Ausländerbeschäftigung aus, die immer heftiger wurde. Kosten-Nutzen-Abwägungen wurden erstellt. Die Rechnung sah folgendermaßen aus: Die Ausländer lieferten ihre Arbeitskraft in ihren besten Arbeitsjahren ab. Weil sie nun ihren Aufenthalt verlängerten, werden sie wahrscheinlich die sozial kostenintensiven Lebensabschnitte Kindheit, Jugend und Alter auch hier verbringen. Auf diese Weise wird die Gesellschaft die Profite der Wirtschaft langfristig teuer bezahlen. Ein Zeitgenosse beschreibt die Debatte:

> Landauf und -ab gab es ein großes Augenreiben. „Hierbleiben“ hatte jemand gesagt: die Gäste wollen nicht wieder gehen. Wo gibt es denn so etwas. Hier und da sprach sogar jemand von Einwanderern. Aber aus den Reihen der Verwaltungschefs wie der Unternehmer kamen beschwich-

> tigende Worte: Die BRD sei natürlich kein Einwanderungsland, keine Sorge, man werde schon wieder lüften, wenn es zu sehr nach Knoblauch riecht.[3]

Nachdem der Autor auf die Verlogenheit dieser Aussagen eingegangen ist, schreibt er:

> Dabei wäre es gewiß kein Beinbruch, eine Masseneinwanderung, die nur noch mit unmenschlichen Methoden wieder rückgängig zu machen ist, einzugestehen, bekanntzugeben und zu regulieren. So neu ist die Sache mit den Ausländern auch nicht.[4]

In Deutschland war sie angeblich neu. Ulrich Herbert spricht in seiner Geschichte der Ausländerbeschäftigung in Deutschland 1880 bis 1980 von der Fiktion der Voraussetzungslosigkeit, unter der die Ausländerbeschäftigung in der Nachkriegszeit wieder aufgenommen wurde. Diese Fiktion wurde dadurch erzeugt, dass zwischen der Phase des Zwangsarbeitereinsatzes zwischen 1939 und 1945 und den Gastarbeiteranwerbungen ab 1960 eine Unterbrechung entstand. Nach dem Zweiten Weltkrieg haben Länder wie Frankreich und Großbritannien für ihren Wiederaufbau eine regelrechte Einwanderungspolitik betrieben. In der Bundesrepublik bestand diese Notwendigkeit nicht. Die Ende des Krieges repatriierten elf Millionen Zwangsarbeiter wurden bis zum Mauerbau 1961 durch circa 14 Millionen deutsche Vertriebene, SBZ-Flüchtlinge und Aussiedler ersetzt. Diese bildeten Ende der 50er Jahre mit ihrem Nachwuchs ein Viertel der Gesamtbevölkerung Westdeutschlands. Deutschland war damit nicht nur reichlich mit Arbeitskräften versorgt, sondern hatte bis spät in den 50er Jahren ein Arbeitslosenproblem. Deutschland war auch in dieser Zeit weitgehend ethnisch rein.

3 Wolfgang Fietkau, Sogenannte Gastarbeiter. Report und Kritik, Wuppertal 1972, S.13.

4 Ibid. 14.

So gesehen waren die Deutschen unter sich und haben ohne Fremdeinwirkung das Wirtschaftswunder vollbracht. Eine Verbindung zwischen der Gastarbeiterpolitik der 60er Jahre und der Fremdarbeiterpolitik der 40er Jahre wollten sie nicht herstellen. Mit der Anknüpfung an die ethnisch-nationalistische Tradition hatten sie dagegen keine Probleme. Nicht nur waren die alten Gesichter wieder überall zu sehen (Justiz, Wirtschaft, Wissenschaft usw.), sondern es wurde auch die alte Gesetzgebung im Namen der im Grundgesetz vorgesehenen Rechtskontinuität (Art.123) reaktiviert. Die Ausländerpolizeiverordnung von 1938 wurde wieder in Kraft gesetzt, bis sie 1965 vom Ausländergesetz abgelöst wurde. Das Reichs- und Staatsangehörigkeitsgesetz von 1913 blieb ständig in Kraft und gilt noch heute. Beide stellen die Abstammung in den Vordergrund. Selbst das Grundgesetz schlägt eine Brücke zu dieser Tradition, indem es im Artikel 116 für die Definition des Deutschen neben den Staatsangehörigen die Volksangehörigen einschließt. Im Artikel 116 GG ist zwar nur die Rede von Flüchtlingen und Vertriebenen deutscher Volkszugehörigkeit, die in den Grenzen des Deutschen Reiches lebten, eine Erweiterung auf andere Gruppen der selben Volkszugehörigkeit war nicht auszuschließen und wurde auch vorgenommen. Im Bundesvertriebenen- und Flüchtlingsgesetz von 1953 wurde der Status eines Vertriebenen in §1 auch auf Personen ausgedehnt, die

> nach Abschluß der allgemeinen Vertreibungsmaßnahmen die zur Zeit unter fremder Verwaltung stehenden deutschen Ostgebiete, Danzig, Estland, Lettland, Litauen, die Sowjetunion, Polen, die Tschechoslowakei, Ungarn, Rumänien, Bulgarien, Jugoslawien oder Albanien verlassen haben.[5]

Anhand dessen war es möglich, bis 1996 circa 3,6 Millionen Aussiedler aufzunehmen.

Den Begriff Ethno-Nationalismus, den ich hier verwende, werde ich in einem Vergleich mit dem französischen Modell erläutern. Das in der französischen Revolution wurzelnde Verständnis der Nation

5 Silke Delfs, S.4.

wurde von Ernest Renan als „Willensgemeinschaft" definiert. Infolge von Herder und Meinecke verstehen die Deutschen die Nation als „Herkunftsgemeinschaft" mit einer kulturellen Tradition. Richard Münch schreibt:

> Im ersten Fall kann jeder Franzose sein, der sich die Prinzipien der Republik zueigen macht, im zweiten Fall kann Deutscher nur sein, wer seine ethnische und kulturelle Herkunft nachweisen kann. Nach dem französischen Modell kann die Einheit von Staat und Nation mit ethnischer Heterogenität einhergehen, im zweiten Fall nicht. Im Falle Frankreichs entstand aus einem multi-ethnisch zusammengesetzten Staat eine Nation, im Falle Deutschlands aus einer ethnischen und kulturellen Herkunftsgemeinschaft ein Staat.[6]

Aus diesem Grunde sind in Deutschland Nationalität und Staatsangehörigkeit nicht deckungsgleich.[7] „Ausländer" und „Inländer" sind rechtliche Begriffe, die die Rechtsposition von Personen bezeichnen; sie zielen nicht auf ethnische und kulturelle Unterschiede.[8] So haben die Bayern und die Preußen die gleiche Nationalität, waren aber vor 1871 füreinander Ausländer. Umgekehrt waren die Polen in den von Preußen annektierten polnischen Westgebieten Inländer, sie hatten trotzdem keine deutsche Nationalität.[9] Dieses Verständnis des Nationalstaates impliziert zwei Arten von Ausgrenzung: eine staatliche gegenüber Ausländern, die bei allen Nationalstaaten üblich ist, und eine zweite ethno-kulturelle gegenüber ethnischen und anderen Minderheiten nach innen, die ihre Integration in das nationale Gemeinwesen erschwert oder verhindert. Das Beispiel der Juden in Deutschland ist wohl bekannt.

Mit diesem Selbstverständnis – die Nachkriegsgeneration wird

---

6 Ibid., S. 73. „*In der internationalen wissenschaftlichen Diskussion über Nation und Nationalstaat läßt sich [...] immer wieder eine Differenzierung in einen ethnischen und, auf der anderen Seite, einen politischen Nations- und Nationalstaatsbegriff feststellen.*" Heckmann, ibid., S. 210. Infolge dessen unterscheidet Heckmann zwischen einem ethnisch begründeten Nationalstaat – Beispiel Deutschland (S. 211 ff.) – und zwei Konzepten vom politischen Nationalstaat: Das demotisch-unitarisches Konzept – Beispiel Frankreich (s. 214 ff.) – und das ethnisch-plurales Konzept – Beispiel die Schweiz (S. 217 ff.).

7 Dohse, ibid., S. 11.

8 Ibid.

erst ab 1968 ein neues Verständnis einführen – haben die Deutschen die Gastarbeiter empfangen. Das gab ihnen die Gelegenheit, ihre Überlegenheitsgefühle bestätigt zu bekommen. Und viele dachten tatsächlich trotz der krassen Ausbeutungssituation, dass sie mit dem Holen der Gastarbeiter eine Entwicklungshilfe leisteten und dass deswegen die Ausländer dankbar sein sollten. Die Beschäftigung der Gastarbeiter ermöglichte vor allem eine überlegene soziale Stellung für niedrigere deutsche soziale Schichten. Es kam, wie es heißt, zu einer Unterschichtung. Friedrich Heckmann fasst das Phänomen wie folgt zusammen: Zwischen 1960 und 1970 stieg die Gesamtzahl der abhängig Beschäftigten geringfügig an. Die Gastarbeiter besetzten 2,7 Millionen Arbeiterstellen und verdrängten entsprechend soviel Deutsche. In demselben Zeitraum nahm die Zahl der Angestellten um 2,3 Millionen zu. Diese Zunahme muss also vor allem aus dem Überwechsel aus Arbeitertätigkeiten erfolgt sein.[10]

Mit dieser Einstellung war es natürlich nicht zu erwarten, dass die entfachte Debatte 1970 über den Nutzen der Gastarbeiterbeschäftigung in eine Einwanderungspolitik mündet. Deutschland ist halt nicht Schweden, das angesichts der steigenden Ausländerzahlen 1974 beschloss, ein Einwanderungsland zu werden, um die Ausländermigration besser kontrollieren zu können. Zwei Jahre später teilte die Politik jedoch nicht mehr den Optimismus der Arbeitgeber. Der Arbeitsminister Arendt erklärte im März 1972:

> Steigende Ausländerzahlen und längere Aufenthaltsdauer

---

9 Ibid. *„Durch die Teilung Polens fiel ein beträchtliches Gebiet mit polnischsprachiger Bevölkerung an Preußen. Fortan wurden die Polen zu „preußischen Untertanen“ polnischer Nationalität.“* Gottfried Hartmann, Polen in Berlin, in Stefi Jersch-Wenzel und Barbara John (Hg.), Von Zuwanderern zu Einheimischen. Hugenotten, Juden, Böhmen, Polen in Berlin. Berlin 1990, S. 616. Nach der Reichsgründung 1871 *„waren auch die Polen der preußischen Ostprovinzen gegen deren ausdrücklichen Willen zu Reichsangehörigen geworden[...] Auf der einen Seite gab ihnen der Inländerstatus deutlichen Schutz gegen polizeiliche Willkürakte, anderseits wurde – weil die Inländereigenschaft unstreitig war – der Germanisierungsprozeß von der preußischen Regierung verstärkt betrieben.“* Dohse, ibid., S.18 Fußnote 3.

10 Heckmann, Die BRD: Ein Einwanderungsland? S.170-171. *„In der Industrie insgesamt verließen [...] von 1961 bis 1973 fast 1,4 Millionen Arbeiter ihre Arbeitsplätze, während 816 Tausend Ausländer neu eingestellt wurden. Rund 1 Million der deutschen Arbeiter sind in jenen Jahren in Angestellten- und Beamtenpositionen zum Staat übergewechselt.“* Hugo Reister, Ausländerbeschäftigung und Ausländerpolitik in der BRD, Berlin 1983, S. 28. Zitiert in Bischoff, S. 44.

> führten zugleich zu erhöhten privaten und öffentlichen Anwendungen für Eingliederungs- und berufliche Strukturmaßnahmen. Irgendwo werde dann der Punkt erreicht, wo die Nachteile die Wachstumsvorteile aufzehrten.[11]

Der Wendepunkt in der Ausländerpolitik fand im folgenden Jahr statt, als Bundeskanzler Willy Brandt in seiner Regierungserklärung vom Januar 1973 die Notwendigkeit betonte

> dass wir sehr sorgsam überlegen, wo die Aufnahmefähigkeit unserer Gesellschaft erschöpft ist und wo soziale Vernunft und Verantwortung halt gebieten.

Das sind Worte, die wir seit dem unzählige Male von allen Regierungen jeder Couleur gehört haben. Die im selben Jahr eingetretene Ölkrise lieferte nur den Vorwand für die Verhängung des Anwerbestopps. Man rechnete damit, dass die Ausländer wie bereits 1967 wieder nach Hause gehen würden. Um die Auswanderung zu beschleunigen, wurde die Arbeitsverwaltung angewiesen das Inländerprimat (§19 AFG) bei der Arbeitsbeschaffung strikter anzuwenden, um die Ausländer aus dem Arbeitsmarkt zu verdrängen. Das Ergebnis war katastrophal. Es gelang zwar innerhalb von zwei Jahren bis September 1975 die Zahl der erwerbstätigen Ausländer von 2,6 Millionen auf 2 Mio. zurückzuschrauben, 600.000 wurden aus dem Arbeitsmarkt verdrängt, sie gingen aber nicht in ihre Heimat zurück. Sie blieben hier und noch mehr: sie holten ihre Frauen. Das führte zu höheren Geburtenzahlen. 17,3 Prozent alle Neugeborenen hatten im Jahre 1974 ausländische Eltern, bei einem Ausländeranteil von 6,7 Prozent an der Gesamtbevölkerung. Alle Maßnahmen, die die Regierung in den 70er Jahren ergriff, scheiterten wegen Konzeptlosigkeit und Aktionismus. Die Verdrängungspolitik hatte das Gegenteil dessen erreicht, was sie beabsichtigte. Die Ausländerzahl stieg von 1973 bis 1982 um 700.000 auf 4.666.917. Als die SPD langsam die Einsicht gewann, dass mehr Integrationspolitik notwendig wäre, musste sie abdanken.

Mit der CDU/CSU und FDP an der Macht war eine Integrationspolitik nicht mehr auf der Tagesordnung. Ziel war es, die Ausländer loszuwerden. Diejenigen von ihnen, die sich assimilieren ließen,

11 Herbert, ibid., S. 218.

waren jedoch willkommen. Die Pläne der Regierung wurden durch ein Phänomen, das sich ab 1973 abzeichnete und zu einer Masseneinwanderung führte, durcheinandergebracht: das Asylrecht. Der Anwerbestopp führte dazu, dass immer mehr Arbeitsmigranten den Weg des Asylrechtes beschritten, um Einzug ins Bundesgebiet zu erlangen. Anfang der 80er Jahre mussten sogar die Wohlfahrtsverbände und die Kirchen, die eigentlich den Flüchtlingen wohlgesonnen sind, zugeben, dass jeder vierte Asylantrag einen Asylmissbrauch darstellt. Auf dieser Weise war es der Politik ein leichtes, gestützt auf die niedrigen Anerkennungsquoten die Flüchtlinge zu diffamieren und zu kriminalisieren und beide Problematiken, die der Ausländer und die der Flüchtlinge, zu vermischen. Deshalb betraf die immer wiederkehrende Asyldiskussion an erster Stelle die Ausländer. Der Asylkompromiss von 1993 sorgte für Ruhe an der Asylfront und das AuslG von 1990 brachte einige Verbesserungen für die inzwischen dritte Generation der Ausländer. In Richtung Integration wurden aber keine ernsten Schritte unternommen. Hauptziel war und blieb die Rückführung der Ausländer in ihre Herkunftsländer.

In der Zwischenzeit hatte sich auch das Bild des Fremden geändert. Seit 1955 war Ausländer Synonym für Italiener. Ende der 60er bildeten die Türken die größte Ausländergruppe. Im Laufe der 70er Jahre schieden die EG-Ausländer aus und wurden als separate Gruppe rechtlich und sozial besser gestellt, so dass Ausländer Synonym für Türke wurde. Ab Mitte der 80er Jahre und verstärkt in den 90er verwandelte sich der Türke in einen Muslim und Ausländer wurde eher Synonym für Muslim.

Wie man sieht, außer wenigen Jahren in den 60ern, als die Ausländer aus wirtschaftlichen Zwängen eher geduldet als erwünscht waren, hat die deutsche Gesellschaft die Ausländer nie gewollt und akzeptiert. Mitte der 70er Jahren verbreitete sich die Ausländerfeindlichkeit und nahm mit der steigenden Arbeitslosigkeit immer zu. In der zweiten Hälfte der 80er Jahre trat der Rechtsextremismus wieder auf die politische Bühne und radikalisierte die Auseinandersetzung. Man schritt von der verbalen Aggressivität zur Gewalttat. Die Wiedervereinigung machte die Gewaltanwendung gegen Ausländer zum Alltag, bis heute noch. Das Verbleiben der Ausländer in Deutschland ist nicht zuletzt dem Einsatz der Demokraten und Liberalen, der Humanisten und der Kirchen, die selten eine gesellschaftliche Mehrheit erreicht haben, aber dafür lautstark in die Öffentlichkeit auftraten und oft mit Erfolg ins Gewissen der ablehnenden Mehrheit einredeten, zu verdanken. Mit der Zunahme des Asylmissbrauches und der Masseneinwanderung nach dem Zerfall des Ostblocks verloren sie bedeutend an Einfluss.

Die Haltung der Muslime

Die Islamisierung der Muslime in Deutschland ist hauptsächlich eine Reaktion auf die ablehnende Haltung der deutschen Gesellschaft ihnen gegenüber. Deshalb war sie nicht von Anfang an vorhanden, sondern das Ergebnis einer Entwicklung, die man in drei Phasen aufteilen kann.

In der ersten Phase, die vom Beginn der Anwerbung bis zum Anwerbestopp geht (1961-1973), entsprach ihre Haltung den Erwartungen der Deutschen. Die Muslime, die hauptsächlich aus Türken bestanden, waren froh, hier arbeiten zu dürfen, und mehr als die Deutschen bereit, schmutzige und schwere Arbeit anzunehmen sowie viele Überstunden zu leisten. Schließlich wollten sie hier kurz bleiben, viel Geld sparen, um sich in der Heimat eine bessere Existenz aufbauen zu können. Deshalb verzichteten sie auf einen besseren Lebensstandard und versuchten, billig zu leben. 2/3 von ihnen wohnten 1962 in Gemeinschaftsunterkünften und 90 Prozent waren zwischen 20 und 40 Jahre alt. Sie hatten und suchten keine Kontakte zu den Einheimischen und waren an Politik und Gewerkschaftsleben nicht interessiert. Auf eins wollten jedoch viele nicht verzichten: die Erfüllung ihrer religiösen Pflichten. So wurden die ersten Gebetsräume in den Betrieben errichtet. Mit dem Verlassen der Baracken Ende der 60er wurden Gebetsräume in privaten Wohnungen und Fabrikgebäuden angemietet. An die religiösen Bedürfnisse der Ausländer hatte man offensichtlich gar nicht gedacht. Ein Zeitgenosse schreibt 1972:

> Aus welchen Gründen auch immer: In Deutschland schweigt man darüber, dass Jugoslawen, Türken und Griechen, dass Spanier und Italiener so oder so beten, nicht

alle, aber immerhin. Auch dieses Schweigen und Verschweigen bewirkt, dass die Fremden fremd bleiben.[12]

Besonders über den Islam gab es kaum Informationen. In einer 134 Seiten starken Berliner Senatsbroschüre mit dem Titel *Ratgeber für türkische Arbeitnehmer* werden Zoo und Sternwarte selbstverständlich erwähnt, man findet aber keinen einzigen Hinweis auf eine Moschee oder einen Gebetsraum. Die christlichen Ausländer wurden mit der Zeit auf die eine oder andere Weise von deutschen Kirchen unterstützt. Dagegen kümmerte sich niemand um die Muslime, auch ihre Landsleute nicht.

Die ab 1954 in verschiedenen deutschen Städten vorhandenen Studentenvereine gingen davon aus, dass der Aufenthalt der eingetroffenen Gastarbeiter vorübergehender Natur ist und kümmerten sich nicht um sie. Dieselbe Haltung hatte die 1962 gegründete Türkische Studenten Föderation ATÖF, bis sie 1972 im Linksextremismus versank und an Bedeutung verlor. Die 1961 unter den Gastarbeitern entstandenen Arbeitervereine, sie zählten 1963 schon 19 Vertretungen, waren politisch und religiös neutral und beschäftigten sich nur mit den sozialen Belangen ihrer Mitglieder. In dieser Phase und wegen des kurzen Charakters ihres Aufenthaltes duldeten die Muslime die Diskriminierung und die Benachteiligung, denen sie ausgesetzt waren als unvermeidliche Nebenerscheinung ihrer Beschäftigung und hatten viel Achtung und Respekt vor den Deutschen, die sich dadurch in ihrem Überlegenheitsgefühl bestätigt fühlten.

Mit der Verlängerung der Aufenthaltsdauer änderte sich diese Haltung; damit kommen wir zur zweiten Phase, die mit dem Anwerbestopp beginnt. Der Familiennachzug vor allem der Kinder deutete darauf hin, dass die Muslime beabsichtigten, sich für eine längere Zeit in Deutschland zu etablieren. Sie verwandelten sich von rotierenden Arbeitskräften in Einwanderer. Entsprechend waren auch ihre Erwartungen. Sie waren nicht mehr bereit, die Diskriminierung und die Benachteiligung hinzunehmen. Sie suchten die Integration und erstrebten immer mehr eine Gleichbehandlung mit den Einheimischen. Die politischen Organisationen, die überall entstanden, spiegelten vor allem die politische Landschaft in der Türkei wider und führten dieselben Auseinandersetzungen wie in der Hei-

12 Fietkau, ibid., S.122.

mat. Die demokratischen und linken Organisationen befassten sich zusätzlich mit den Integrationsproblemen ihrer Landsleute und verlangten für sie mehr Rechte und eine Gleichbehandlung mit den ansässigen Deutschen. Man wollte keine Assimilation, sondern die Aufhebung der Schranken, die im Ausländer- und Arbeitsrecht die Gleichstellung verhinderten. Man glaubte an das demokratische deutsche System und hielt eine Integration unter den herrschenden Gesetzen ohne Aufgabe der eigenen Kultur für möglich, im Gegensatz zu den Behörden, die die Aufgabe der eigenen Kultur als Voraussetzung für die Integration verlangten. Das Thema der eigenen Kultur, vor allem des Islam, der weitgehend die Kultur der Muslime prägt, das Thema der Religion überhaupt, wurde von diesen Organisationen, die bis Mitte der 80er Jahren die politische Szene dominierten, vermieden. Sie vernachlässigten damit die kulturellen und religiösen Bedürfnisse ihrer Landsleute.

Dieses Versäumnis erlaubte den Islamisten, sozusagen in die Lücke zu springen und in den Gemeinden der Muslime Fuß zu fassen. Als erste wurde die Süleymanli-Bewegung aktiv und gründete unter dem Namen Islamisches Kulturzentrum verschiedene Moscheen (1972 Münster, 1973 Köln). Sie übernahm als erste islamische Gruppe die religiöse Betreuung der türkischen Gastarbeiter und führte Korankurse durch.[13] 1975 kamen die islamischen Kulturzentren in Köln zusammen und gründeten im Auftrag des Oberhaupts der Süleymanli-Bewegung, Kemal Kacar, den Verband der Islamischen Kulturzentren e. V. Bald folgten andere islamische Organisationen dem Beispiel. Im selben Jahr wurde die Organisation der Nationalen Sicht in Deutschland und 1977 im Auftrag von Necmettin Erbakan (MSP) die Türkische Union in Europa gegründet. Beide Organisationen sind politisch verwandt und bildeten später die islamische Gemeinschaft Milli Görüs.

Von Mitte der 70er Jahre bis Mitte der 80er Jahre nahm die Zahl der islamistischen Moscheen und Vereine enorm zu. Ihre Mitglieder und Sympathisanten sind zum großen Teil jedoch nicht als extremistisch einzustufen. Es sind Menschen, die an erster Stelle ihre religiösen Bedürfnisse befriedigen wollen. Es zeichnete sich allerdings eine neue Tendenz ab, die den ansetzenden Zulauf zu den Islamisten erklärt. Die fortdauernde Ablehnung der deutschen Gesellschaft, die

13 Spuler-Stegemann, Ursula, Muslime in Deutschland. Nebeneinander oder Miteinander, Freiburg a.B. 1998, S. 139.

sich nun klar in einer offenen Fremdenfeindlichkeit ausdrückte, die Enttäuschung der Hoffnungen auf Integration, die infolge des Kühn-Memorandums 1979 geweckt wurden, veranlassten viele zum Rückzug in die eigenen Gemeinschaften, wo sie das vertraute, heimatliche kulturelle Ambiente wiederfanden. So wechselten sie von den liberalen, auf Integration gerichteten Organisationen zu den Islamisten, die das Heimatliche bewahrten. Auf die Ausgrenzung der deutschen Gesellschaft begannen sie mit der Selbstabgrenzung zu antworten. Dieses Phänomen sollte sich in der dritten und letzten Phase noch verstärken und sich zur dominanten Form der Beziehung zwischen Minderheit und Mehrheitsgesellschaft entwickeln.

In dieser dritten Phase, die Mitte der 80er Jahre beginnt, trat die zweite Generation auf den Plan. Anders als ihre Eltern waren sie hier geboren und aufgewachsen und genossen in unterschiedlichem Maße eine deutsche Sozialisation. Ihre Bereitschaft, die Ausgrenzung zu akzeptieren, war viel geringer als bei ihren Eltern. Entsprechend groß war ihre Reaktion. Als in der zweiten Hälfte der 80er Jahre die Rechtsextremisten an Stärke gewannen, entstanden die ausländischen Jugendbanden – zum Erstaunen der Politik, die davon ausging, dass die zweite Generation sich automatisch integrieren würde. Die zweite Generation wandte sich an die Islamisten, wo sie eine kulturelle Identität suchte, die ihnen von der deutschen Gesellschaft vorenthalten wurde. Auf diese Weise haben die islamistischen Vereine und Organisationen für immer mehr Muslime die Funktion der Identitätsherstellung und -erhaltung übernommen. Bald wurde die Gründung von Dachverbänden erforderlich. Im Jahre 1986 wurde der Islamrat gegründet. Zu ihm gehören elf Bundes- und sechs Landesverbände. Der Islamrat ist von Milli Görüs dominiert und wird von der Refah-Partei von Erbakan unterstützt.

Nach der deutschen Wiedervereinigung und der unseligen Asyldebatte Anfang der 90er Jahre vollzog sich ein Bruch mit der Mehrheitsgesellschaft. Die Selbstabgrenzung gewann eine Dimension, die an eine Abspaltung grenzt. Die Türken begannen immer heftiger, für sich den Status einer Minderheit zu reklamieren, sie versuchten sogar eine Türkenpartei zu gründen und radikalisierten ihre Islamisierung. Der fortschreitende Zuwachs der Islamisten führte zur Gründung eines weiteren Dachverbandes: Im Jahre 1994 wurde der „Zentralrat der Muslime in Deutschland“ gegründet. Ihm gehören 18 Dachorganisationen an. Er unterscheidet sich vom türkisch geprägten Islamrat durch seine Multinationalität. Er wird hauptsächlich von den arabischen Muslimbrüdern geprägt und von Saudi-Arabien gesteuert, genauso wie das kurz darauf entstandene „Islamische Konzil in Deutschland", das einen Begegnungsraum für alle islamistischen Richtungen und Verbände darstellt.

Die Islamisten hätten die islamische Szene fest in der Hand gehabt, wäre die „Türkisch-islamische Union der Anstalt für Religion e. V.", kurz DITIB, nicht 1982 gegründet worden. DITIB vertritt ausschließlich den türkischen Staatsislam mit dessen laizistischen Prinzip der Trennung von Staat und Religion und wird daher von keiner der anderen islamischen Organisationen in Deutschland anerkannt. DITIB ist trotzdem der größte islamische Verband im Bundesgebiet, er vertritt nach manchen Einschätzungen etwa die Hälfte aller türkischen Muslime. In Berlin z.B. hatte die islamische Föderation, die 1980 gegründet worden ist und sowohl personell als auch programmatisch von Milli Görüs bestimmt ist, die Kontrolle über fast alle Berliner Moscheen. Als DITIB 1982 in Berlin gegründet wurde, konnten sie über die Hälfte der Moscheen für sich gewinnen. Anfang der 80er versuchte Saudi-Arabien über die bei ihm ansässige Islamische Weltliga, DITIB zu unterwandern. Circa 400 Imame, die normalerweise nur vom türkischen Staat besoldet werden, erhielten geheime monatliche Zuwendungen in Höhe von 1.100 $ pro Person aus saudi-arabischen Quellen. Der Journalist Ugur Mumcu, der diesen Skandal aufdeckte, wurde 1993 umgebracht.[14]

Die Bedeutung von DITIB sagt wenig über die Verbreitung des Laizismus unter den Türken. Die islamistischen Aktivisten sind zwar in anderen Vereinen engagiert, die islamistische Grundeinstellung ist trotzdem überall zu finden. Es ist nicht allein Innensenator Schönbohm, der sich in manchen Berliner Vierteln wie in einem fremden Land fühlt. Wenn ich heute Neukölln besuche, wo ich bis vor sechs Jahren zehn Jahre lang mein Büro hatte, erkenne ich die Gegend nicht wieder. Das Straßenbild ist von den Kopftüchern geprägt. Ich schätze, dass 80 bis 90 Prozent der türkischen und arabischen Frauen verschleiert sind. In Kreuzberg, wo die deutschen Ausländerfreunde zum großen Teil wohnen oder wohnten, wurde zuletzt auf einer Tagung im Zentrum Moderner Orient in Berlin über Stadtplanung berichtet, wie die Deutschen aus dem Bezirk

14 Ibid., S. 113. Vgl. Özcan, Ertekin, Türkische Immigrantenorganisationen in der Bundesrepublik Deutschland, Berlin 1989, S. 209.

massenweise ausziehen, weil das Zusammenleben mit den Ausländern so schwierig geworden ist. Das Thema der Spaltung in der Gesellschaft beschäftigt inzwischen intensiv die Wissenschaft. War bis Ende der 80er Jahre fast ausschließlich die Problematik der Integration Objekt der wissenschaftlichen Forschung, so steht in den 90er hauptsächlich die Frage der Desintegration im Mittelpunkt.

Mit dem Aufschwung der Globalisierung nach dem Zerfall des Ostblocks und mit der Notwendigkeit der Eingliederung von 18 Millionen Ostdeutschen in die Bundesgesellschaft nach der Wiedervereinigung, die beide zusammen Millionen von Menschen in die Arbeitslosigkeit schickten, ist die Toleranzgrenze der Deutschen für den Ausländer stark abgesunken. Das Eintreffen von Hunderttausenden von Flüchtlingen nach dem Fall der Mauer 1989 reichte aus, um eine Atmosphäre des Terrors und der Angst zu verbreiten, die von pogromartigen Ausschreitungen begleitet wurde, und die Selbstabgrenzungsbestrebung der Ausländer verstärkte. In den 90er Jahren erleben wir eine Verhärtung der Fronten. Es bleibt zu untersuchen, welche Rolle der Islam in dieser Verhärtung spielt.

Islam und Integration

Ich vermeide es, den Begriff Islam anzuwenden, weil es *den* Islam genau so wenig gibt wie *das* Christentum. Es gibt viele Konzeptionen des Islam, die von liberalen und modernen Interpretationen eines Nasr Hamed Abu Zeid in Ägypten oder eines Mohammad Charour in Syrien bis zu den fundamentalistischen und konservativen Konzeptionen eines Sayyed Qutb in Ägypten oder Ayatollah Khomeini im Iran und al-Maududi in Pakistan gehen. Sie sind die drei Hauptfiguren des modernen Islamismus. Ich habe auch bewusst den Begriff Islamisten anstatt islamischer Organisationen verwendet, weil die islamische Landschaft von den Islamisten, wenn auch nicht organisatorisch (wegen der Konkurrenz des DITIB und anderen säkularen Organisationen), so doch geistig die islamische Szene beherrschen. Es sind letzten Endes die Milli Görüs mit der Unterstützung der Refah-Partei Erbakans und die Muslimbrüder mit der Unterstützung von Saudi-Arabien, die das Sagen haben. Saudi-Arabien unterstützt auch Erbakan und so schließt sich der Kreis. Diese Grundkonstellation bildet das Fundament, auf dem ein Dschungel von Vereinen, Organisationen, Dachverbänden, Stiftungen usw. entstanden ist und die einen falschen Eindruck von Vielfalt und Pluralismus vermitteln. Zusätzlich muss man noch das „Islamische Zentrum Hamburg", das von Iran unterstützt ist, erwähnen. Das Zentrum koordiniert die Tätigkeit des schiitischen Fundamentalismus.

Die Islamisten streben die Errichtung eines reinen islamischen Staates an, wie er angeblich im 7. Jahrhundert, zur Zeit Mohammads und der ersten vier Kalifen, geherrscht hat. Deshalb betreiben sie eine Islamisierung der sozialen Verhältnisse überall, wo sie sich befinden. In Europa nutzen sie die demokratische Freiheit, um in dieser Richtung Etappensiege zu erringen. Der Kampf um das Kopftuch ist einer davon, wird aber von vielen europäischen Liberalen nicht so gesehen. Das Missverständnis ist darauf zurückzuführen, dass die Islamisten die Taqiyya betreiben. Taqiyya heißt: die wahren Absichten verstecken. Schon Ende der 70er Jahre, als die antisemitischen und rassistischen Lerninhalte, die die Imame der Süleymali-Bewegung an ihren Koranschulen verbreiteten, öffentlich bekannt wurden, stellte der DGB fest:

> Mit ihrer nach außen dargestellten überparteilichen Haltung und Vermeidung von Gewaltakten sowie Demonstrationen konnten sie gutwillige Deutsche, offizielle Stellen, und Kirchen täuschen.

Das beschränkt sich nicht auf diese Bewegung allein. Alle benutzen die Unkenntnis der Deutschen, um öffentlich anders aufzutreten, als sie wirklich sind. Dieses Verhalten ist eine reale Bedrohung für eine demokratische Gesellschaft, deren Existenz und Legitimation von der Gewährleistung eines offenen Dialogs abhängt. Eine konspirativ handelnde Gruppe kann leicht viele Menschen täuschen, wie hier im Falle des Kopftuches, das von den unterstützenden Liberalen als freie persönliche Entfaltung betrachtet wird, wie es Frau Ludin selber im letzten Sommer oft genug wiederholt hat, ohne darauf zu achten, dass sie ihre persönliche Entfaltung nur als religiöse Entfaltung versteht. Sie sagt:

> Da gibt es eine Kleidernorm. (Im Islam) Und da ich selbst praktizierende Muslima bin, in allen Bereichen meines Le-

bens, gehört für mich die Kleidung auch dazu. Das ist für mich ein Teil vom Ganzen.

Das heißt, dass sie auch in der Schule, wo eine Neutralität verlangt wird, ihre Religion durch die Kleiderordnung praktizieren will.

Mit solchen Absichten ist es verständlich, dass die Islamisten an der Integration nicht interessiert sind. Über die Ziele der von Milli Görüs dominierten Türkischen Union in Europa z.B. schreibt Ertekin Özkan, nachdem er feststellt, dass sie die westlichen bürgerlichen Gesellschaftsformen total ablehnen:

> Das wichtigste Merkmal dieser Gruppe ist die Ablehnung der „Integration" der türkischen Arbeitsimmigranten in der Bundesrepublik Deutschland, die Betonung der Unterschiede zwischen Islam und Christentum und die Vermittlung eines Bedrohungsgefühls an die türkischen Arbeitsimmigranten. Die Anpassung an die deutschen Lebensgewohnheiten wird von der Türkischen Union in Europa e.V. als „Verrat am Islam" bezeichnet."[15]

Mit solchen Zielen ist es verständlich, dass sie einen offenen Dialog vermeiden. Die Öffentlichkeit ist für sie dann interessant, wenn sie für die Verwirklichung ihrer Ziele zu mobilisieren ist. So kennt inzwischen jeder den Artikel 4 des Grundgesetzes über die Religionsfreiheit, der angeblich das Tragen des Kopftuches an der Schule rechtfertigen soll. Vom Artikel 3 GG, der unmittelbar davor kommt und die Gleichstellung von Mann und Frau festschreibt, nehmen sie keine Notiz. Auch nicht von Artikel 140 GG, der den bekannten Artikel 4 ergänzt. Dieser Artikel besagt, dass die Artikel 136 bis 139 und Artikel 141 der Weimarer Verfassung Bestandteil des GG sind. Diese Artikel regeln die Beziehungen zwischen Kirche und Staat. Sie sind den Islamisten sicherlich bekannt, weil sie sich seit zwei Jahrzehnten, um die Anerkennung als Körperschaft des öffentlichen Rechtes bemühen (Art. 137). Interessant für uns ist aber Artikel 136, der die rechtlichen Prioritäten in der Gesellschaft definiert:

> Die bürgerlichen und staatsbürgerlichen Rechte und Pflich-

15 Özcan, ibid., Berlin 1989, S. 201.

ten werden durch die Ausübung der Religionsfreiheit weder bedingt noch beschränkt.

Mit anderen Worten das bürgerliche Recht hat den Vorrang und nicht das religiöse. Deshalb haben wir ja schließlich einen säkularen Staat.

Die Ablehnung der Integration, die sich dafür einer archaischen Form des Islam bedient, hat sicherlich mehr mit der angesprochenen Klientel als mit der Religion zu tun. Die Iraner sind auch Muslime. Keine Minderheit hat sich so schnell und intensiv in die Gesellschaft integriert wie sie, nicht einmal die Griechen haben es so gut geschafft. Sie gehören aber den gehobenen bürgerlichen Schichten an, im Gegensatz zu den Türken und Arabern, die überwiegend den sozialen Unterschichten zuzurechnen sind. Türken und Araber sind doppelte Verlierer der Moderne: Das erste Mal, als die Umwälzungen in ihrer Heimat sie aus ihren ländlichen Gebieten in die Slums der Großstädte trieben, von wo sie später nach Deutschland kamen. Und ein zweites Mal, als die Moderne, in der sie sich schon physisch befanden, nämlich die deutsche Gesellschaft, sich ihnen versperrte. So blieben sie eine Dritte-Welt-Erscheinung in Europa.

Der Islamismus in der Dritten Welt löst die alten Befreiungsbewegungen in ihrer Auseinandersetzung mit dem Westen ab. Es besteht aber zwischen den beiden ein wesentlicher Unterschied. Waren früher Liberalismus, Nationalismus und Sozialismus geistige Produkte des Westens und man strebte die gleichberechtigte Eingliederung in die Weltgemeinschaft an, so behauptet der Islamismus seine eigene Wurzel zu beleben, die er als Alternative zur westlich geprägten Weltordnung anbietet. Daher lehnt er die Eingliederung und bestätigt auf diese Weise die meines Erachtens falsche Theorie von Huntington über die Konfrontation der Zivilisationen.

Die Islamisten in Europa, die parteipolitisch und organisatorisch die Verlängerung des Islamismus in der Dritten Welt sind, vertreten dieselben Positionen. Sie bilden Dritte-Welt-Inseln in Europa und hoffen mit Demographie und Missionierung irgendwann die ganze Gesellschaft zu absorbieren. Sie kämpfen jetzt um die Anerkennung ihrer Inseln. Das ist ihr Verständnis von multikultureller Gesellschaft: ein Nebeneinander. Deshalb fordern sie einen Minderheitenstatus, damit Quoten eingeführt werden, wie im Falle der Dänen in Schleswig Holstein. Und die Quoten ändern sich im Verhältnis zur

Bevölkerungszahl. Wenn man berücksichtigt, dass seit drei Jahrzehnten der Anteil der Kinder mit ausländischen Eltern ständig steigt, kann man sich vorstellen, wie die politischen Auseinandersetzungen in einer ethnisch und religiös gespaltenen Gesellschaft in der Zukunft aussehen werden. Ein Vorgeschmack haben wir im Libanon und in Jugoslawien gehabt.

Wie man sieht, stellt sich die Frage der Integration für die Islamisten nicht. Man könnte fragen, ob die deutschen Muslime hier eine integrative Rolle spielen könnten. Der deutsche Konvertiten-Islam ist hauptsächlich ein Frauenphänomen. 40 bis 50.000 Frauen und ein paar hundert Männer. Viele der Frauen, wenn nicht die überwiegende Mehrheit, werden durch die Heirat zu Musliminnen und müssen oft, da sie es nicht aus freier Überzeugung getan haben, mit sich selber ringen, um die emanzipatorische Erziehung, die sie als Deutsche genossen haben, abzulegen. Eine kleinere Minderheit kommt über den Weg des Sufismus aus Überzeugung zum Islam. In dieser Hinsicht hat der islamische Sufismus die Hare-Krischna-Bewegung der 60er und 70er Jahre abgelöst. Um die Rolle dieser Frauen zusammenzufassen, werde ich ein Beispiel ausführen.

In der islamischen Zeitung vom August 1998 ist ein Bericht über ein Treffen muslimischer Frauen aus verschiedenen europäischen Ländern in Frankreich, um über das Thema Erziehung zu diskutieren. Nach den veröffentlichten Bildern zu urteilen, waren es hauptsächlich europäische Frauen. Bei der Diskussion der Schwangerschaft haben sie die Bedeutung des Wohlergehens der Mutter für die künftige Gesundheit des Kindes hervorgehoben und diese Erkenntnis auf den Propheten zurückgeführt.

> Der Gesandte Allahs vermittelt dieses Grundwissen in dem berühmten Hadîth: „Der Glückliche ist glücklich schon im Mutterleib, der Elende ist schon elend im Mutterleib.“

Da es mir unbekannt war, dass der Prophet sich auf dieser Weise mit den Schwangeren beschäftigte, machte ich mir mehr aus Neugier die Mühe, den Hadith zu suchen. Ich fand einundzwanzig Hadithe, die sich tatsächlich mit Glück und Elend im Mutterleib beschäftigten. Sie hatten aber alle mit Schwangerschaft nichts zu tun. Das Anliegen des Propheten war ganz anders. Die Hadithe, die fast wortwörtlich bei al-Bukhari, Ibn Hanbal, Ibn Maja, Ibn Daoud und anderen wiedergegeben sind, hatten folgenden Inhalt: Vierzig Tage nach der Befruchtung kommt der Engel und schreibt das Schicksal der Person in den Fötus, sein Vermögen, seine Taten und ob er glücklich oder elend sein wird. Kein Wort von Wohlergehen der Schwangeren. Die Hadithe beschäftigen sich mit der viel wichtigeren Frage der Prädestination. Die Europäerinnen konnten sich in diesem Fall von den Erkenntnissen der modernen Medizin, die sie in ihrer Erziehung erfahren haben, nicht lösen. Anstatt aber diese Erkenntnisse in die rationale Wissenschaft einzuordnen, wo sie hingehören, versuchen sie sie zu islamisieren, indem sie sie dem Propheten zuschreiben, und offenbaren dabei ihre Unwissenheit über den Islam. Wegen des Wunsches zu islamisieren, entfernen sie sich von ihrer Rationalität, ohne ihrer neuer Religion gerecht zu werden. Schwerwiegender für unser Thema sind ihre Erziehungsziele im Hinblick auf die Integration. Ihre Sorge gilt nur der Erhaltung der islamischen Identität, gebunden an die islamische Gemeinschaft.

> Muslimische Eltern wollen im Normalfall, dass auch ihre Kinder den Weg einschlagen und Teil der muslimischen Gemeinschaft bleiben [...] Wichtig ist auch, dass diese Kinder einem aktiven und relevanten Beitrag innerhalb der muslimischen Gemeinschaft leisten können.
>
> Dieses Aufwachsen in der muslimischen Gemeinschaft schützt auch vor dem Phänomen, dass muslimischen Kinder ihren Freiheitsdrang von den Eltern nicht in Abwendung vom Islam insgesamt münden lassen [...] In dieser Entwicklungsphase (12-14) tragen im Übrigen alle Mitglieder der muslimischen Gemeinschaft die gleiche und gemeinsame Verantwortung für alle Kinder.

Kein Wort von Integration in die Gesellschaft. Die Frage über das Leben in eine mehrheitlich nicht muslimische Gesellschaft wird überhaupt nicht gestellt. Die Gesellschaft ist immer als potentielle Gefahr im Hintergrund dargestellt und taucht manchmal ausdrücklich als Konsum- und Freizeitgesellschaft auf. Es geht einzig und allein darum, sich abzugrenzen.

Wie man sieht, ist von den deutschen Muslimen in dieser Hinsicht nichts zu erwarten. Es mag sein, dass es die eine oder andere

Ausnahme gibt, sie fallen auf jeden Fall nicht ins Gewicht. Es bleibt ein letzter Punkt, der vielleicht eine Hoffnung bietet: der islamisch-christliche Dialog. Dieser seit circa zwanzig Jahren geführte Dialog ist gescheitert. Er war, meine ich, ein totgeborenes Kind, weil beide Partner sich bemühten, eine theologische Annäherung herbeizuführen, die es nicht gibt und nicht geben kann, weil sie zur Abschaffung einer der beiden Religionen führen wird. Außerdem stellen die Kirchen nicht unbedingt der Hauptgesprächspartner dar. Ein Drittel der Deutschen gehört keiner Kirche an. Die Hälfte aller Deutschen glauben nicht an Gott. Von dem Rest glauben nur 25 Prozent an den Gott der Religion. Es fährt keinen Weg vorbei an einer realen Auseinandersetzung mit dem Säkularismus.

Am Ende zurück zu Bubis. Die deutsche Gesellschaft hat einen Punkt erreicht, wo sich eine Verhärtung auf allen Fronten vollzogen hat. Eine offene, tabulose Auseinandersetzung mit der den folgenden Grundfragen ist dringend notwendig:

– Können sich die Deutschen den Ethno-Nationalismus noch leisten?
– Wollen die Muslime einen säkularen Staat?

Der Euro-Islam – eine Bilanz

Aegaeis Universitaet, Rhodos 2001

Seit der Änderung des Staatsangehörigkeitsgesetzes am 14. Mai 1999 und der gerichtlichen Zulassung einer islamischen Organisation zur Gestaltung und Durchführung des Religionsunterrichtes an Berliner Schulen am 4. November 1998 (OVG) bzw. am 23. Februar 2000 (BVerwG) wird allen klar, dass die Muslime ein dauerhafter Bestandteil der deutschen Gesellschaft geworden sind. Auf der einen Seite haben die Deutschen, vertreten durch ihre politischen Parteien und gesellschaftlichen Organisationen, diese Realität eingesehen und rechnen mit einer multiethnischen, pluralen Gesellschaft. Auf der anderen Seite geben die islamischen Organisationen ihre ablehnende Haltung der deutschen Gesellschaft gegenüber langsam auf und bemühen sich, ihre Beteiligung an derselben zu gestalten und zu definieren. In diesem Zusammenhang reden sie von einer islamischen Lebensform, die in einer pluralen Gesellschaft ihren berechtigten Platz finden soll. Die Meinungen diesbezüglich sind sehr unterschiedlich. Manche sehen darin eine Islamisierung der Gesellschaft und einen ersten Schritt zur Errichtung des islamischen Gottesstaates, andere einen Ausdruck der bürgerlichen Freiheiten in einem säkularen Staat. Interessanterweise verlaufen die Differenzen nicht nach der Trennlinie der politischen Überzeugung, sondern quer durch die politischen Lager. Sowohl Konservative als auch Liberale vertreten die eine oder die andere Position. Es bleibt weitgehend den Gerichten überlassen, den Sachverhalt zu klären; sie sind aber oft überfordert, was die widersprüchliche Rechtsprechung in ähnlich gelagerten Fällen bezeugt.

Diese Verwirrung ist an erster Stelle darauf zurückzuführen, dass der Inhalt des umstrittenen Objekts unklar ist. Wegen einer fehlenden zusammenhängenden Darstellung der Inhalte der geforderten islamischen Lebensform, fällt es den Protagonisten der Diskussion sehr schwer, die Einzelerscheinungen dieser Lebensform einzuschätzen und einzuordnen. Ist das Kopftuch z.B. ein Ausdruck der persönlichen Freiheit, d.h. ein Zeichen der Emanzipation, oder im Gegenteil das materielle Zeichen für die Unterdrückung der Frau? So weit gehen die Meinungen auseinander.

Daher stellt sich im Rahmen des Diskurses über die pluralistische Gesellschaft die Frage nach den integrativen oder desintegrativen Auswirkungen dieser Lebensform in einer modernen Gesellschaft.

Der Islam-Diskurs

Eine systematische Untersuchung des Inhalts des Begriffes islamischer Lebensform in westlichen Gesellschaften ist mir zumindest für den deutschsprachigen Raum unbekannt. Die Auseinandersetzung mit Teilaspekten des Begriffes oder Teilaspekten, die unter anderen Begriffen erfasst waren und nun unter den neuen Begriff zusammengefasst werden, ist fast so alt wie die Migration der Muslime selbst. Sie war zuerst in der „Ausländerforschung", die pädagogische Konzepte, Arbeitsmarkintegrationskonzepte und dergleichen für die Gastarbeiter suchte, zu finden, und später, ab 1980, bei ihrer Nachfolgerin, der „Migrationsforschung", die das Migrationsphänomen als komplexen sozialen Vorgang entdeckte *(vgl. Treibel 1996)*. Anders als ihre Vorgängerin, die „Ausländerforschung", deren Untersuchungen einen wirtschaftlichen, pädagogischen, oft moralisierenden und im besten Fall einen soziographischen Charakter hatten, ist die Migrationsforschung zu einer theoretisch fundierten Sozialwissenschaft geworden *(Heckmann 1981)*. Sie behandelt die Integrationsproblematik ethnischer Minderheiten unter der Rubrik Partizipation mit den dazu gehörenden Begriffen von Inklusion und Exklusion *(Luhmann 1994)*. So wurde die Partizipation in nahezu allen Lebensbereichen der Migranten untersucht. Dieser Ansatz stellte die Frage der Gleichbehandlung und Gleichberechtigung von Anfang an auf die Tagesordnung und stieß an seine Grenze insbesondere in Fragen, die die Religion tangierten: Nichtbeteiligung muslimischer Mädchen an Sport- und Sexualkundeunterricht sowie an Klassenfahrten, fehlender Religionsunterricht und die Fragen der Kleidung, des Essens und der islamischen Feiertage sowie der Gebetsräume und des Moscheebaus. Sowohl im politischen Diskurs als auch in wissenschaftlichen Abhandlungen wurden diese Themen kontrovers diskutiert, das letzte Wort hatten aber oft die Gerichte, die bei einem fehlenden Konsens eine Lösung aufzwangen.

In den 80er Jahren begannen die islamischen Organisationen mit der Bündelung dieser Teilaspekte zu einem System, das identitätsstiftend für die Muslime sein sollte und ausgehend davon ihre Beteiligung am Gemeinwesen als religiöse Gruppe definierte *(Stempel 1986)*. In den 90er Jahren wurde das System als islamische Lebensform im öffentlichen Diskurs bekannt und bestimmt das politische und soziale Handeln derjenigen, die sich zu ihm bekennen, an erster Stelle der islamischen Organisationen selber.

Auf diese Weise trat allmählich neben der ethnischen Zugehörigkeit die religiöse Zugehörigkeit in den Vordergrund und wurde von den Migrantenkindern, deren Integration immer noch verhindert war, gerne angenommen *(Heitmeyer, Müller und Schröder 1997)*. Die ab Mitte der 80er Jahre ausgebrochene Jugendgewalt der zweiten Generation zeichnete eine Abkehr von der deutschen Gesellschaft aus, die in den 90er Jahren von der Wissenschaft als Desintegration erkannt wurde *(Heitmeyer (Hg.) 1997)*. Die Inklusions-/Exklusionsproblematik hängt im neuen Diskurs nicht mehr von den Einheimischen allein ab, sondern auch von den Migranten selber, die einen Anspruch auf andere soziale und kulturelle Referenzen erheben.

Es ist die Rede von der multikulturellen Gesellschaft als Antwort auf die Krise des Nationalstaates zur Zeit der Globalisierung *(Berding (Hg.) 1994)*, die im Extremfall in massiven Konflikten münden könnte *(Meyer 1997)*. Die Religion als sinnstiftend ist in Anmarsch *(Riesebrodt 2000)* und bestimmt neben der Ethnizität immer mehr den Inhalt des Begriffes der Multikulturalität. In ihrer fundamentalistischen Form tritt die Religion mit den auf Menschenrechten basierenden Gesellschaften in Konflikt *(Okin 1998)*. Damit bezieht sich der Fundamentalismus an erster Stelle auf den Islam, der auch mit dem politischen System der Demokratie manche Probleme aufweist *(Kepel 1996)*.

Das Thema Islam beherrschte im auslaufenden 20. Jahrhundert den Diskurs über Migration und multikulturelle Gesellschaft. Es wurde allerdings überwiegend unter dem Aspekt des Fundamentalismus, d.h., als Gefahr behandelt. Trotz der vielen Veröffentlichungen ist eine nüchterne und sachliche Darstellung des Islam in Deutschland, die auf fundierter Sozialforschung basiert, d.h. auf Feldforschung, eher selten.

Die Migrationsforschung unterscheidet zwischen vier Ansätzen zur Gestaltung des Lebens der Migranten in den Gastländern: Die

Assimilation, die Integration, die Pluralität und die Segregation. Die Grenzen zwischen den Ansätzen sind nicht scharf umrissen, und die Inhalte sind vielfältig. Der Begriff der islamischen Lebensform fällt deshalb in zwei Ansatzbereiche, der Pluralität und der Segregation. Unter dem Titel Plurarität ist der Diskurs in seinen politischen, wissenschaftlichen und juristischen Aspekten über den säkularen Staat als multireligiösem Staat einzuordnen. Unter dem Titel Segregation ist der Diskurs über den Islam in seiner soziopolitischen Form als Alternative zu dem modernen Rechtsstaat zu subsumieren.

Der Islam und der säkulare Staat

Anders als der Laizismus, der eine scharfe Trennung zwischen Staat und Religion vorsieht und wenig Platz für religiöse Präsenz im öffentlichen Raum einräumt, beabsichtigt der säkulare Staat diese Präsenz nicht zu verdrängen, sondern verspricht, eine allen Religionsgemeinschaften gegenüber neutrale Haltung einzunehmen. Der Staat mit seinen Institutionen ist insoweit neutral, als er kein Glaubensbekenntnis hat, weder religiös noch weltanschaulich, das er im öffentlichen Raum favorisiert. Das bedeutet nicht nur, dass die Ausübung des Glaubensbekenntnisses im öffentlichen Raum legitim ist, sondern auch, dass der Staat Aufgaben für die Glaubensgemeinschaften übernimmt (Kirchensteuer) und eigene Aufgaben an sie delegiert (Wohlfahrt), so lange sie bestimmte, im Grundgesetz vorgeschriebenen Voraussetzungen erfüllen, die zu ihrer Anerkennung führen.

Der Begriff der Staatsneutralität ist umstritten, je nachdem welche Menschenrechte betont werden *(Bielefeldt 1998a).* Diejenigen, die von der Menschenwürde ausgehen und eine weitgehende freie Entfaltung des Menschen anstreben, ziehen die Beeinflussung des Staates und seine Institutionen durch die Religion nicht in Betracht *(Gosepath und Lohmann (Hg.) 1998).* Andere sehen die Menschenwürde primär in den individuellen Freiheiten realisiert und akzeptieren manche religiösen Erscheinungen als Ausdruck der persönlichen Freiheit. Die Positionen beider Gruppen sind voneinander nicht weit entfernt. Die Anwesenheit einer neuen Religion in der Gesellschaft zwingt sie allerdings zur Klärung der Begrifflichkeit (*Césari 2001a*) und im Grunde genommen damit zur Vertiefung ihres auf den Menschenrechten basierenden Säkularismusverständnisses.

Anders sieht es mit der dritten Gruppe aus. Der Säkularismus ist für sie vornehmlich ein Ergebnis der Religionsfreiheit als Menschenrecht. Der säkulare Staat ist entstanden, um eine religiöse Pluralität zu erlauben, insoweit ist er neutral. Seine Neutralität bedeutet keine Einmischung oder Parteinahme für Religions- und Glaubensgemeinschaften, auch nicht ein Handeln danach. Deshalb bleibt der öffentliche Raum in jeder Hinsicht, auch der politischen, von der Religion besetzt. Eine uneingeschränkte Ausübung der Religion nicht nur privat, sondern auch öffentlich, soll der säkulare Staat für alle Religionen garantieren, auch für den Islam *(Bielefeldt 2001)*. Den Laizismus betrachtet sie als eine Weltanschauung, die auf der „Ideologie des Fortschritts" basiert, eine Art Glauben, der die Verdrängung und Marginalisierung der Religion im öffentlichen Raum anstrebt und daher als ungeeignet für die Verwirklichung der Menschenrechte als Religionsfreiheit *(Bielefeldt 1998b)*. Manche gehen soweit, die Menschenrechte selber, die ein Produkt der Modernität sind, als Dogma zu betrachten und in der Diskussion über Islam und Moderne eine Ausgrenzung des Islam als Träger vormodernistischer Züge und daher eine Einschränkung der Religionsfreiheit zu sehen *(Bielefeldt 1999)*. In diesem Sinne wird der Islam als Alternative dargestellt. Diese Position wird hauptsächlich von Muslimen vertreten *(Elyas 2000, Hoffmann 1995)*.

Als Ergänzung zum vorherigen Diskurs und eng mit ihm verbunden ist die Auseinandersetzung um die Anerkennung der islamischen Organisationen als Körperschaft des öffentlichen Rechtes. Unter dem Vorwand „es gebe keine Kirche im Islam", werden die Anforderungen des Staates an Inhalt und Organisationsform der islamischen Vereine als Nötigung dargestellt, weil sie angeblich zu einer „Verkirchlichung" des Islam führen werden. Dabei bleibt unberücksichtigt, dass überall in den islamischen und islamisch geprägten Gesellschaften der Islam institutionalisiert ist und die islamischen Institutionen auf die eine oder andere Art staatlichen Kontrollen unterliegen. So wird die Anerkennung einer Form des Islam gefordert, die praktisch nie existiert hat. Ähnlich wird auch eine islamische Ökumene verlangt, die genauso fiktiv ist, wenn die verschiedenen islamischen Vereine im Namen „des Islam" mit Anspruch auf Vertretung aller Muslime sprechen, weil es angeblich nur

„einen Islam“ gibt. Die Haltung zu dieser Forderung geht nach den oben geschilderten Positionen von ablehnend bis zur totalen Akzeptanz, die auch in diesen neuen Formen der religiösen Organisation eine Alternative innerhalb des säkularen Staates oder auch zu ihm sehen.

Der Islam als Alternative

Der Islam als Alternative zum modernen westlichen System, egal ob säkular oder laizistisch, wird hauptsächlich von Strömungen getragen, die in den islamischen Ländern zu hause sind. Diese Strömungen, deren primäres Interesse die Islamisierung der eigenen Gesellschaften ist, wirkten indirekt auf die Lebensgestaltung ihrer Anhänger, die sich in westlichen Ländern aufhalten. Ihre Haltung zum Westen ist feindselig und reiht sich ein in die Tradition des Kampfes gegen Kolonialismus und Imperialismus. Erst in den neunziger Jahren wird ihnen langsam bewusst, dass der Islam infolge der Migration der Muslime in den Westen in der zweiten Hälfte des 20. Jahrhunderts sich nicht mehr mit dem Feindbild Westen begnügen kann. Er ist ein Bestandteil der westlichen Gesellschaften geworden und muss sich mit ihnen auf eine andere Art und Weise auseinandersetzen.

Man kann im Großen und Ganzen drei Strömungen unterscheiden. Alle gehen von der Grundannahme aus, dass der Islam Religion und Welt *(dîn wa dunia)* ist, haben aber verschiedene Vorstellungen von deren Kombination, die von einer Verschmelzung bis zu einer Trennung reichen.

Die erste Strömung setzt sich für eine totale Verschmelzung von Religion und Welt ein und kämpft für die Errichtung eines Gottesstaates. In Nachfolge von Maududi und Sayyed Qutb, die von der Herrschaft Gottes auf Erden *(hâkimiyyat Allah)* reden, führen die *jamâ'at al-islâmiyya* bzw. *al-ikhwân al-muslimûn* einen erbitterten Kampf gegen manche Regierungen in islamischen Ländern für die Eroberung der Macht *(Darraj und Barut (Hg.) 2 Bde. 2000, Zeitschrift An-Naqed (Hg.) 3 Bde. 1995).* Im Westen zeigen ihre Anhänger, die sich frei und ohne Behinderung organisieren können, eine Ablehnung und Verachtung der hiesigen Gesellschaften als verdorben und unmoralisch und streben die Errichtung eines islamischen

Staates an. Sie betreiben eine Islamisierung der sozialen Verhältnisse unter den Migranten und eine Missionierung *(da'wa)* unter den Einheimischen und hoffen, eines Tages, wenn sie stark genug sind, die Macht zu erobern. Sie achten in ihrer Lebensgestaltung auf eine weitgehende Trennung von der Gesellschaft und versuchen, eine islamische Gemeinschaft zu bilden, die als Ersatzgesellschaft für ihre Anhänger dienen kann. Sie lehnen jede Beteiligung an den Institutionen der Gastländer ab.

Die zweite Strömung ist von der vorigen nicht weit entfernt, unterscheidet sich aber von ihr in einem wesentlichen Punkt, weil sie anstatt von *hâkimiyyat Allah* von der Umsetzung der *schari'a* spricht *(Krämer 1999)*. Damit wird die Trennung zwischen Gott und Welt wieder hergestellt. Für die Umsetzung der Scharia in einer islamischen Gesellschaft kann ein Geistlicher in Iran *(wilâyat al-faqîh)* genau so gut wie ein König in Saudi-Arabien sorgen, oder auch das Militär in Pakistan oder Sudan. Diese Strömung beinhaltet viele Schattierungen, die einen sehen die Errichtung einer islamischen Gesellschaft nur in einem islamischen Staat möglich und stehen der ersten Strömung nahe, andere dagegen meinen, eine islamische Gemeinschaft, regiert nach Scharia, wäre in einem säkularen Staat realisierbar. Diese Strömung ist die größte in der Diaspora und sorgt wegen ihrer Vielfalt für Verwirrung, weil sie ziemlich liberale bis ganz konservative Positionen umfasst. Weltweit wird sie von internationalen islamischen Organisationen vertreten, wie die „Organization of the Islamic Conference" oder „The Muslim World League", die denselben Kulturbegriff wie Huntington vertreten *(Huntington 1996)*, aber anstatt des Kampfes der Kulturen für einen Dialog der Kulturen eintreten. In allen Fällen wird angestrebt, die Überlegenheit des Islam als zivilisatorisches Modell zu propagieren.

Die dritte Strömung besteht aus denjenigen, die die Abkoppelung der Religion vom Staat am weitesten führen und das Leben als Muslim in einer Gesellschaft, in der eine Trennung von Staat und Religion herrscht, für möglich halten *(Troll 2000)*. Vertreter dieser Strömung sind vor allem Muslime, die als Minderheiten in nicht islamischen Ländern leben. Dazu zählen die Inder Sayyed Zainul Abedin und Mawlana Wahiduddin Khan, die sich endgültig von dem politischen Islam verabschieden *(Troll 1996, 1998a)*. Mit Berufung auf das Leben des Propheten Muhammad begründen sie die Trennung zwischen Religion als Gottesdienst *('ibâda)* und Politik.

Der erste unterscheidet zwischen der mekkanischen Phase und der medinesischen, der zweite beruft sich auf die *'umra* und die *isrâ'* und *al-mi'râj,* um die Möglichkeit des Vollzuges des Gottesdienstes *('ibâda)* in einer heidnischen Umgebung zu belegen und die Bedeutung der Mission *(da'wa)* zu unterstreichen. Man lebt als Missionar in der heidnischen Gesellschaft, deren Bekehrung man anstrebt. Wenn eines Tages die Mehrheit sich friedlich dafür entscheidet, einen islamischen Staat auszurufen, dann ist das zu bejahen. Zainul Abedin gründete das „Institute of Muslim Minority Affairs" und dessen Organ „Journal of the Institute of Muslim Minority Affairs".

Der Islam als Teil der Welt

Eine vierte Strömung, die im Gegensatz zu den drei anderen steht, wird von u.a. Mohammad Talbi und Tariq Ramadan vertreten. Sie verzichten auf den politischen Expansionismus und auf die Missionierung, die auf der Überlegenheit der islamischen Religion beruhen, und betrachten den Islam als Teil der globalisierten Welt bzw. der westlichen Welt *(Troll 1999, 2000, Bielefeldt 1995).* Es geht bei ihnen nicht mehr um die Muslime im Westen, die eine fremde Lebensform anerkennen lassen wollen, sondern um westliche Muslime, die ihre Religion genau wie alle anderen Bürger erleben wollen. Talbi, der vom Dialog der Kulturen ausgeht, betont ihre Offenheit. Keine Kultur ist und kann in sich geschlossen bleiben, und die Grenzen der *Umma* sind nicht mehr geographisch definiert, sondern befinden sich überall in der Welt in den Herzen der Muslime. Deshalb geht es nicht darum, eine nach der Scharia regierte islamische Gesellschaft zu errichten, sondern mit anderen Kulturen eine gemeinsame pluralistische Gesellschaft. Talbi sieht die Gewissensfreiheit im Koran begründet und sie bildet die Grundlage für die Freiheit des Menschen. Damit leitet er aus dem Koran das Prinzip der Religionsfreiheit als Grundlage der säkularen Gesellschaft ab. Das Recht auf Differenz und unterschiedliche kulturelle Identitäten soll allerdings die Integration in einer pluralistischen Gesellschaft nicht verhindern, sondern im Gegenteil fördern.

Der in der Schweiz geborene Enkel von Hassan al-Banna, Tariq Ramadan, spricht sich klar und deutlich für einen europäischen Islam aus und ist insoweit ein Vertreter der zweiten und dritten Generation von Muslimen in Europa *(Ramadan 1994, 1999, 2000)*. Die Muslime sollen Europa als ihre Heimat akzeptieren und sich bemühen, unter den europäischen Bedingungen ihr Leben islamisch zu gestalten. Die Phase, in der aufgrund der Ablehnung der Gastgesellschaften eine Beschäftigung mit bestimmten Rechtsfragen, hauptsächlich von Geboten *(halâl)* und Verboten *(harâm)* gegeben war, soll überwunden werden. Die defensive Haltung soll zugunsten einer Entfaltung in der Gesellschaft, die auf der Lebenserfahrung der zweiten Generation beruht, aufgegeben werden. Diese Erfahrung darf nicht mehr von den *'ulama* in ihrer Rechtsprechung ausgeblendet werden. Und die islamische Identität soll sich nicht mehr auf die ursprünglichen Herkunftsländer beziehen, sondern ausgehend von der Lebenserfahrung in der neuen Heimat entwickelt und neu definiert werden. Aus dieser Erfahrung soll eine schöpferische Haltung angenommen werden, die sich alle Mittel und das Wissen, die die neue Gesellschaft zur Verfügung stellt, zunutze macht, um einen europäischen Islam zu gestalten. Anstatt die Rechtsprechung der Herkunftsländer zu übernehmen, sollen die europäischen Muslime zurückkehren zum Kern der islamischen Botschaft, verkörpert in Koran und Sunna, und gemeinsam mit den *'ulama* einen neuen Fiqh entwickeln, der den europäischen Gegebenheiten angepasst wäre. Dafür ist eine aktive Beteiligung an der säkularen Gesellschaft erforderlich, die eine Akzeptanz der Pluralität voraussetzt.

Pluralismus und Multikulturalität

Der in den USA der 60er Jahren entwickelte Begriff „cultural pluralism" sollte den Begriff „melting pot" ablösen und die Anerkennung verschiedener Kulturen neben der herrschenden anglo-sächsischen weißen Kultur durchsetzen *(Dangschat 1998)*. Er war im Wesentlichen ethnisch geprägt. Erst mit der Bildung islamischer Gemeinschaften infolge der Migration im letzten Drittel des 20. Jahrhunderts tauchte die Religion bzw. der Islam als identitätsstiftend und daher als selbständige Kultur neben den ethnischen Kulturen auf *(Césari 2001b)*. Die Forderung nach Anerkennung der islamischen Lebensart knüpft seitdem an die Diskussion über den Pluralismus an.

Der Pluralismus bildet den Kern der Theorie der Postmoderne.

Nach Jean-François Lyotard, einem Hauptvertreter dieser Theorie, besteht die Postmoderne in der Ablösung des Einheitssinnes der Moderne durch die Pluralität. Die Einheit der Moderne, realisiert durch den Rückgriff auf drei Meta-Erzählungen, Emanzipation der Menschheit (in der Aufklärung), Teleologie des Geistes (im Idealismus) und Hermeneutik des Sinns (im Historismus), ist zu Ende *(Lyotard 1979)*. Die Auflösung der vereinheitlichend verbindlichen Meta-Erzählungen gibt eine Chance für die Vielzahl der Handlungsformen und Lebensweisen. Man muss sich von den Einheitsträumen verabschieden. Die daraus resultierende Heterogenität produziert zwangsweise Konflikte; sie werden durch eine anti-totalitär gegen den Konsens orientierte Gerechtigkeit bewältigt. Die Verteidigung des Heterogenen und des Partikularen gegen den moralischen Universalismus, die Wahrheitsansprüche, die Rationalitätsansprüche und den argumentativ erzielten Konsens, die von den Postmodernisten als repressiv dargestellt werden, führt zur Entstrukturierung des Sozialen und zur Betonung der Differenz gegenüber sozialer Einheit und Integration *(Peters 1993)*. Die oben erwähnte Diskussion über den säkularen Staat steht mit diesem Diskurs in Verbindung, so lange sie die Re-Islamisierung der Migranten in Europa unter diesem Gesichtspunkt erfasst *(Césari 1999)*.

Anders als der Pluralismus der Postmoderne, der den Universalismus mit dem Partikularismus ersetzt, wird der Multikulturalismus allgemein als Ausdruck der Krise der Moderne in der postindustriellen Gesellschaft gesehen. Er bezeichnet eher eine Kontinuität als eine Diskontinuität. Die Globalisierung der Ökonomie und der Kommunikation schränkt die Kontrolle und die Steuerungsmöglichkeiten des Nationalstaates ein und schwächt in ihm den Einfluss der Kultur als Vereinheitlichungsprinzip *(Wieviorka 1998)*. Die kulturelle Einheit wird auch durch die Migrationsbewegungen noch mehr beeinträchtigt. Infolgedessen werden durch Deregulierung und Flexibilisierung die Entscheidungsfreiräume des Individuums erweitert, gleichzeitig werden die Realisierungschancen für die Angehörigen unterschiedlicher Milieus ungleich verteilt. Die Konkurrenz führt zur Desintegration und damit zur Auflösung des Sozialen *(Heitmeyer 1997b)*. Die Anomie, die in der Diskrepanz zwischen Realisierungsmöglichkeiten und Realisierungschancen besteht, wird zu einem strukturellen Merkmal moderner Industriegesellschaften, weil die Herausbildung von verbindlichen Handlungsformen, von

Gleichgewichtsprozessen, die den neuen sozialen Funktionen und Strukturen entsprechen, nicht ausreichend stattfindet *(Durkheim 1893/1992, Hartwig Bohle u.a. 1997)*. Die Analyse der Anomieentwicklung muss daher nicht nur den Wandel zu differenzierten, sondern auch zu ethnisch-kulturell vielfältigen Gesellschaften aufzeigen *(Dörre 1997)*. Ethnizität ist nicht die Wiederherstellung vormoderner sozialer Organisationsformen, sondern ein Erzeugnis der Moderne *(Leggewie 1994)*, und der religiöse Fundamentalismus stellt nicht eine Reaktion auf die Risiken der Moderne dar, die einen Rückzug in eine vormoderne Ordnung bedeutet, sondern den Versuch, den anomischen Tendenzen in der Moderne eine angemessene kognitive und normative Ordnung entgegenzusetzen *(Riesebrodt 1998)*.

Literatur

Abedin, Seyd Z., Muslim Minority Communities in the World Today, in: Islamochristiana 16 (1990), S. 1-14.

Abedin, Syed Z. And Sardar, Ziauddin, Muslim Minorities in the West, London 1995.

An-Naqed (ed.), The Violent Fundamentalism. As in Heaven or in Earth (arabisch), London-Beirut 1995.

An-Naqed (ed.), The Violent Fundamentalism. The Clash of the Sword and the Pen (arabisch), London-Beirut 1995.

An-Naqed (ed.), The Violent Fundamentalism. The Gates of Hell (arabisch), London-Beirut 1995.

Berding, Helmut (Hg.), Nationales Bewußtsein und kollektive Identität. Studien zur Entwicklung des kollektiven Bewußtseins in der Neuzeit, Frankfurt a.M. 1994.

Bielefeldt (a), Heiner, Philosophie der Menschenrechte. Grundlagen eines weltweiten Freiheitsethos, Darmstadt 1998.

Bielefeldt (b), Heiner, Zwischen laizistischen Kulturkampf und religiösen Integralismus: Der säkulare Rechtsstaat in der modernen Gesellschaft, in Bielefeldt und Heitmeyer (Hg.), Politisierte Religion, Frankfurt a.M. 1998, S. 474-491.

Bielefeldt, Heiner, Heitmeyer, Wilhelm (Hg.), Politisierte Religion, Frankfurt a.M. 1998.

Bielefeldt, Heiner, Muslim Minorities in a Secular State, International Workshop, Muslim Minorities Societies in Europe, Erfurt März 2001.

Bielefeldt, Heiner, Muslim Voices in Human Rights Debate. In Human Rights Quarterly 17.4 (1995) JHU Press, S. 587-617.

Bielefeldt, Heiner, Muslime im säkularen Rechtsstaat. Vom Recht der Muslime zur Mitgestaltung der Gesellschaft. In: Die Ausländerbeauftragte des Landes Bremen (Hg.), Der interkulturelle Dialog Bd. 2, Bremen 1999, S. 4-24.

Césari (a), Jocelyne, Muslim Minorities in Europe: The Issue of Pluralism, International Workshop, Muslim Minorities Societies in Europe, Erfurt März 2001.

Césari (b), Jocelyne, Intégration et statut des religions. Islam américain, islam européen. In: Le monde diplomatique, avril 2001.

Césari, Jocelyne, The Re-Islamization of Muslim Immigration in Europe. In: Gema Martin-Munoz (ed.) Islam, Modernism and the West, New York 1999, S. 211-223.

Dangschat, Jens S., Warum ziehen sich Gegensätze nicht an? Zu einer Mehrebenen-Theorie ethnischer und rassistischer Konflikte um den städtischen Raum. In: Heimeyer u.a. (Hg.), Die Krise der Städte Frankfurt a.M. 1998, S. 21-96.

Darraj, Faisal und Barut, Jamal (Hg.), Die islamischen Parteien, Bewegungen und Organisationen (arabisch), 2 Bde., Damaskus 2000.

Durkheim, Emile, Über soziale Arbeitsteilung, Frankfurt a.M. 1992.

Elyas, Nadeem, Moral aus der Sicht der Weltreligion Islam. In: Christof Gestrich (Hg.), Moral und Weltreligionen, Berlin 2000, S. 110-128.

Gosepath, Stefan und Lohmann, Georg (Hg.), Philosophie der Menschenrechte, Frankfurt a.M. 1999.

Hartwig Bohle, Hans u.a., Anomie in der modernen Gesellschaften: Bestandsaufnahme und Kritik eines klassischen Ansatzes soziologischer Analyse. In: W. Heitmeyer (Hg.), Was treibt die Gesellschaft auseinander? Frankfurt1997, S. 29-65.

Heckmann, Friedrich, Die Bundesrepublik: Ein Einwanderungsland? Zur Soziologie der Gastarbeiterbevölkerung als Einwandererminorität. Stuttgart 1981.

Heckmann, Friedrich, Ethnischen Minderheiten, Volk und Nation. Soziologie inter-ethnischer Beziehungen, Stuttgart 1992.

Heitmeyer, Wilhelm (b), Einleitung: Auf dem Weg in eine desinte-

grierte Gesellschaft. In:W. Heitmeyer (Hg.), Was treibt die Gesellschaft auseinander, Frankfurt 1997, S. 9-26 .
Heitmeyer, Wilhelm (Hg.), Was hält die Gesellschaft zusammen? Frankfurt a.M. 1997.
Heitmeyer, Wilhelm, Dollase, Rainer und Backes, Otto (Hg.), Die Krise der Städte. Analysen zu den Folgen desintegrativer Stadtentwicklung für das ethnisch-kulturellen Zusammenleben, Frankfurt a.M. 1998.
Heitmeyer, Wilhelm, Müller, Joachim und Schröder, Helmut, Verlockender Fundamentalismus. Türkische Jugendliche in Deutschland, Frankfurt a.M. 1997.
Heitmeyer, Wilhelm, Was treibt die Gesellschaft auseinander? Frankfurt a.M. 1997.
Hoffmann, Murad Wilfried, Der Islam als Alternative, München 1995.
Huntington, Samuel P., Kampf der Kulturen. Die Neugestaltung der Weltpolitik im 21. Jahrhundert, München 1996.
Huyssen, Andreas und Scherpe, Klaus R. (Hg.), Postmoderne. Zeichen eines kulturellen Wandels, Hamburg 1997.
Kepel, Gilles, Allah im Westen. Die Demokratie und die islamische Herausforderung, München 1996.
Kepel, Gilles, Die Rache Gottes. Radikale Moslems, Christen und Juden auf dem Vormarsch, München 1994.
Krämer, Gudrun, Gottes Staat als Republik. Reflexionen zeitgenössischer Muslime zu Islam, Menschenrechten und Demokratie, Baden – Baden 1999.
Leggewie, Claus, Ethnizität, Nationalismus und multikulturelle Gesellschaft. In: Helmut Berding (Hg.), Nationales Bewußtsein und kollektive Identität, Frankfurt a.M. 1994, S.46-65.
Lemmen, Thomas, Islamische Organisationen in Deutschland, Bonn 2000.
Luhmann, Niklas, Funktion der Religion, Frankfurt 1977.
Luhmann, Niklas, Inklusion und Exklusion. In: Helmut Berding (Hg.), Nationales Bewußtsein und kollektive Identität. Studien zur Entwicklung des kollektiven Bewußtseins in der Neuzeit 2, Frankfurt a.M. 1994, S. 15-45.
Lyotard, Jean Francois, Der Widerstreit, München 1989.
Lyotard, Jean Francois, La condition postmoderne. Rapport sur le savoir, Paris 1979.

Mawdudi, Abul A'la, Human Rights im Islam, Leicester 1976.
Meyer, Thomas, Identitäts-Wahn. Die Politisierung des kulturellen Unterschieds, Berlin 1997.
Nasr, Seyyed Vali Reza, Students, Islam and Politics: Islami Jami'ati Tulaba in Pakistan, Middle East Journal 46 no. 1 (winter 1992) 59-76.
Okin, Susan Moller, Konflikte zwischen Grundrechten. Frauenrechte und die Probleme religiöser und kultureller Unterschiede. In: Stefan Gosepath und Georg Lohmann (Hg.) Philosophie der Menschenrechte, Frankfurt a.M. 1998, S. 310-342.
Peters, Bernhard, Die Integration moderner Gesellschaften, Frankfurt a.M. 1993.
Ramadan, Tariq, Der Islam und der Westen. Von der Konfrontation zum Dialog der Zivilisationen. Eine islamische Antwort auf die Herausforderung der Moderne, Köln 2000.
Ramadan, Tariq, Les musulmans dans la laicité. Responsabilité et droits des musulmans dans les sociétés occidentales, Editions Tawhid 1994.
Ramadan, Tariq, Muslims in France. The Way towards Coexistence, Markfield 1999.
Ramadan, Tariq, To be a European Muslim. A Study of Islamic Sources in the European Context, Markfield 1999.
Riesebrodt, Martin, Die Rückkehr der Religionen. Fundamentalismus und der Kampf der Kulturen, München 2000.
Riesebrodt, Martin, Fundamentalismus, Säkularisierung und die Risiken der Moderne. In: Heitmeyer u.a (Hg.), Politisierte Religion. Ursachen und Erscheinungsformen des modernen Fundamentalismus, Frankfurt a.M 1998, S. 67 90.
Sardar, Ziauddin, Postmodernism and the Other, Pluto Press 1997.
Schiffauer, Werner, Die Gottesmänner. Türkische Islamisten in Deutschland, Frankfurt a.M. 2000.
Stempel, Martin, Zwischen Koran und Grundgesetz. Religiöse Betätigung muslimischer Ausländer in der Bundesrepublik Deutschland, Hamburg 1986.
Talbi, Mohammad, Islam et Occident au-delà des affrontements, des ambiguités et des complexes, In: Islamochristiana 7 (1981) 56-77.
Talbi, Mohammad, Islam und Dialog, In: CIBEDO-Dokumentation Nr. 10/1981.
Talbi, Mohammad, Plaidoyer pour un islam moderne, Tunis 1996.

Talbi, Mohammad, Religious Liberty: A Muslim Perspective, In: Islamochristiana 11 (1985) 99-113.
Talbi, Mohammad, Une communauté de communautés. Le droit de la différence et les voies de l'harmonie, In: Islamochristiana 4 (1978) 11-25.
Tibi, Bassam, Im Schatten Allahs. Der Islam und die Menschenrechte, München 1994.
Treibel, Annette, Überblick über die Forschungslage. Zur Einführung in der Diskussion, in Symposium „Vom Gastarbeiter zum Einwanderer" 40 Jahre Migration in Wissenschaft, Politik und Medien. Schader-Stiftung 1996, S. 49-56.
Troll, Christian W., A Significant Voice of Contemporary Islam in India. Maulana Wahiduddin Khan (b. 1925). In: Adel Theodor Khoury und Gottfried Vanoni (Hg.), Geglaubt habe ich, deshalb habe ich geredet. Festschrift für Andreas Bsteh zum 65 Geburtstag, Würzburg 1998, S. 491-510.
Troll, Christian W., Islamische Stimmen zum gesellschaftlichen Pluralismus. In: CIBEDO Dez. 2000 Frankfurt a.M.
Troll, Christian W., The Islamic Community & the Unity of Mankind, Courtesey: Encounter No. 25, May 1998.
Troll, Christian W., Zwei Auffassungen von Da'wa in Indien: Jamâ'at-i-Islami und Tablîghî Jamâ'at. In: CIBEDO 10 (1996) 4, Frankfurt a.M.
Wieviorka, Michel, Kritik des Multikulturalismus. In: W. Heitmeyer u.a. (Hg.), Die Krise der Städte, Frankfurt a.M. 1998, S. 97-122.

Das Kopftuch in Koran und Sunna

Friedrich-Ebert-Stiftung Berlin, 2002

Das Frauenbild hinter dem Kopftuch

Der berühmte Aufklärer Qassem Amin schreibt in seinem im Jahre 1899 erschienenen Buch „Die Befreiung der Frau":

> Hätte es in der islamischen Scharia Texte gegeben, die den hijâb vorschreiben, wie es heute bei manchen Muslimen geläufig ist, wäre es meine Pflicht gewesen, die Behandlung dieses Themas zu vermeiden und keinen einzigen Buchstaben zu schreiben, der diesen Texten widerspricht, selbst wenn diese Texte schädlich erscheinen, weil wir die göttlichen Befehle ohne Wenn und Aber befolgen müssen. Diese Texte finden wir aber auf diese Art nicht. (S. 62)

Seitdem haben Generationen von Islam-Reformern versucht, die Texte neu zu lesen und neu zu interpretieren. Meine Absicht hier ist nicht, an diesem Unterfangen teilzunehmen, sondern ausgehend von Koran und Sunna das Verständnis der traditionellen Muslime darzustellen, um eine Grundlage für eine sachbezogene Diskussion zu liefern. Die moderne und liberale Sicht der Frauenproblematik wird nur zur Klarstellung der ersten Position hinzugezogen.

Die muslimischen Gelehrten stützen sich in der *hijâb*-Frage auf fünf Verse im Koran. Sie gehören alle der medinensischen Periode an, wie übrigens alle Scharia-Vorschriften. Der erste Vers, 33.53, lautet:

> O ihr, die ihr glaubt, tretet nicht ein in die Häuser des Propheten – es sei denn, dass er es euch erlaubt – für ein Mahl, ohne auf die rechte Zeit zu warten. Wenn ihr jedoch eingeladen seid, dann tretet ein. Und wenn ihr gespeist habt, so gehet auseinander und beginnt keine vertrauliche Unterhaltung. Siehe, dies würde dem Propheten Verdruß bereiten, und er würde sich eurer schämen; Allah aber schämt sich nicht der Wahrheit. Und wenn ihr sie (seine

> Frauen) um einen Gegenstand bittet, so bittet sie hinter einem Vorhang; solches ist reiner für eure und ihre Herzen. Und es geziemt euch nicht, dem Gesandten Allahs Verdruß zu bereiten, noch nach ihm je seine Gattinen zu heiraten. Siehe, solches wäre bei Allah ein gewaltig (Ding).

Der Anlass für diesen Vers bildet die Hochzeit Mohammads mit Zeinab bint Dschahsch. Nach dem Hochzeitessen erhob sich Mohammad, worauf die Gäste aufstanden und gingen, außer dreien, die sich weiter unterhielten. Mohammad verließ den Raum, die Leute blieben. Später erzählte Anas ben Malek Mohammad, die Leute wären gegangen. Er kam zurück, ben Malek folgte ihm. An der Schwelle, als er schon im Raum war, ließ er den Vorhang zwischen ihnen fallen. Danach wurde der Vers herabgesandt.

Der Vers in seiner Formulierung und seiner Erklärung bezweckt den Schutz der Privatsphäre Mohammads. Der Vorhang betrifft nur die Frauen Mohammads. Viele Bittsteller suchten die Vermittlung der Frauen des Propheten und störten seinen privaten Bereich. Nach diesem Vers war es ihnen verboten, in Mohammads Haus ohne dessen Erlaubnis hineinzugehen. Er verbot ihnen weiter, die Räume seiner Frauen zu betreten und mit ihnen von Angesicht zu Angesicht zu sprechen.

Das Wort *hijâb* hat mit dem Schleier nichts zu tun. Es ist kein Kleidungsstück, kommt achtmal im Koran vor (7:46, 33:53, 38:32, 41:5, 42:51, 17:45, 19:17, 83:15) und hat nirgends diese Bedeutung. Das hat die Gelehrten trotzdem nicht daran gehindert, aus dem Vorhang einen Schleier zu machen und das nicht nur für die Frauen des Propheten, wie es im Vers ausdrücklich steht, sondern für alle Musliminnen. Die Frauen des Propheten sind die Mütter der Gläubigen und was für sie gilt, gilt erst recht für alle Musliminnen, argumentierten sie. Der zweite Vers, 33:32-33, lautet:

> Ihr Frauen des Propheten! Ihr seid nicht wie (sonst) jemand von den Frauen. Wenn ihr gottesfürchtig sein wollt, dann seid nicht unterwürfig im Reden (mit fremden Männern), damit nicht (etwa) einer, der in seinem Herzen eine Krankheit hat, (nach euch) Verlangen bekommt! Sagt (vielmehr nur) was sich geziemt! (33) Und bleibt in eurem Haus, putzt euch nicht heraus, wie man das früher im

> Heidentum zu tun pflegte, verrichtet das Gebet, gebt die Almosensteuer und gehorchet Gott und seinem Gesandten! Gott will die Unreinheit von euch entfernen, ihr Leute des Hauses, und euch wirklich rein machen

Eine Gruppe von Frauen kam zu dem Propheten und sagte: „Die Männer haben einen Verdienst bei Gott, weil sie für ihn in den Heiligen Krieg ziehen. Was können wir machen, um einen ähnlichen Verdienst zu gewinnen?“ Mohammad antwortete den Frauen, ihr Verdienst bestehe darin, zu Hause zu bleiben. Diese Geschichte bildet nicht den Anlass für die Herabsendung des Verses, sie ist eine Überlieferung (Hadith) und gehört zur Sunna. Es ist wichtig zu wissen, dass die religiöse Wissenschaft, die die Gründe der Offenbarung untersucht *(asbâb al-nuzûl),* weit davon entfernt ist, alle Verse des Koran begründet zu haben.

Dieser Vers hat wie der vorherige nichts mit der Verschleierung zu tun. Die Gelehrten sehen jedoch eine Verbindung zwischen den beiden, indem die Verdeckung durch den Vorhang im ersten Vers nun vertieft und erweitert wird durch den zweiten Vers. Die Frauen des Propheten, die durch den Vorhang in ihren Räumen verborgen waren, müssen nun zu Hause bleiben und werden vor der Öffentlichkeit versteckt.

Hier handelt es sich wieder ausdrücklich um die Frauen des Propheten. Die Exegeten allerdings sahen darin eine Verpflichtung für alle Musliminnen. Ibn Kasir z.B. schreibt: „Diese Sitten hat Gott den Frauen des Propheten vorgeschrieben; und die Frauen der Umma folgen ihnen darin.“ Die Gelehrten verstanden den Vers als Pflicht für alle Musliminnen, zu Hause zu bleiben, und arbeiteten einen Katalog der Ausnahmefälle aus, in denen die Frau ihr Haus verlassen durfte, wie z.B. zum Pilgern, zum Freitagsgebet, zum Gericht usw. Der dritte Vers, 24:30-31, lautet:

> Sprich zu den Gläubigen, dass sie ihre Blicke zu Boden schlagen und ihre Scham *[furûj]* hüten. Das ist reiner für sie. Siehe, Allah kennt ihr Tun. (31) Und sprich zu den gläubigen Frauen, dass sie ihre Blicke niederschlagen und ihre Scham *[furûj]* hüten und dass sie nicht ihre Reize *[zîna]* zur Schau tragen, es sei denn, was außen ist, und dass sie ihren Schleier *[khimâr]* über ihren Busen schla-

> gen und ihre Reize nur ihren Ehegatten zeigen oder ihren Vätern oder den Vätern ihrer Ehegatten oder ihren Söhnen oder den Söhnen ihrer Ehegatten oder ihren Brüdern oder den Söhnen ihrer Brüder oder den Söhnen ihrer Schwestern oder ihren Frauen oder denen, die ihre Rechte besitzt (die Sklavinnen), oder ihren Dienern, die keinen Trieb haben, oder Kindern, welche die Blöße der Frauen nicht beachten. Und sie sollen nicht ihre Füße zusammenschlagen, damit nicht ihr verborgener Zierat bekannt wird. Und bekehret euch zu Allah allzumal, o ihr Gläubigen; vielleicht ergeht es euch wohl.

Das ist der einzige Vers, in dem ausdrücklich der Schleier, der *khimâr*, erwähnt wird. Von dem Wort *khimâr* kommt *khamr*, Wein, weil der Wein den Geist verschleiert. Der *khimâr* ist ein Stück Stoff, das den Kopf bedeckt und nach hinten tief auf den Rücken fällt. Der Anlass der Offenbarung bildet ein Treffen bei einer Asma, Tochter von Murtad, auf dem die Frauen in ihren traditionellen Kleidern ohne zusätzliche Bedeckung erschienen sind. Da waren ihre Brüste und der Schmuck an ihren Füßen sichtbar. Das soll Asma angeekelt haben, sie sagte: „Wie häßlich ist das!“, darauf wurde der Vers herabgesandt.

Die Botschaft ist an alle Muslime gerichtet. In diesem Vers werden die Frauen genau wie die Männer im vorigen Vers aufgefordert mit Dezenz zu schauen und ihre Schamgegenden zu schützen. Dafür wird der Begriff *furûj*, Plural von *farj*, angewandt. *furûj* sind die Falten am Körper. Das sind die Achsel, der Raum zwischen Beinen und Pobacken und bei der Frau zusätzlich zwischen den Brüsten. Für Mann und Frau gilt dieselbe Aufforderung zum Schutz der *furûj*. Die Aufforderung, die *furûj* mit dem *khimâr*, dem Schleier, zu bedecken, gilt aber nur für die Frau. Das liegt an der Kleidung. Mann und Frau haben in Arabien ein Kleid ohne Unterkleider und eine Kopfbedeckung getragen. Das Kleid war weit und an der Brust tief ausgeschnitten. Das war unproblematisch für den Mann, bei der Frau dagegen konnte man die Brüste sehen. Daher die Aufforderung, die Brüste mit dem Schleier zu bedecken, d.h., den Schleier über die Schulter nach vorne über die Brüste ziehen.

Der Vers will ein neues sittliches Benehmen etablieren und ein neues sexuelles Schamgefühl einführen, das dem Zivilisationsstandard jener Zeit entspricht, anstelle der rohen und gleichzeitig freizügigen Sitten der Beduinen. Das wird noch klarer in dem nächsten, vierten Vers. Der vierte Vers, 33:59, lautet:

> Prophet! Sag deinen Gattinnen und Töchtern und den Frauen der Gläubigen, sie sollen (wenn sie austreten) sich etwas von ihrem Gewand *[jilbâb]* (über den Kopf) herunterziehen. So ist es am ehesten gewährleistet, dass sie (als ehrbare Frauen) erkannt und daraufhin nicht belästigt werden. Allah aber ist barmherzig und bereit zu vergeben.

Zum Anlass der Offenbarung: Die Frauen des Propheten gingen wie alle anderen Frauen nachts abseits der Siedlung, um ihre Notdurft zu erledigen, dabei wurden sie von Männern belästigt. Diese wurden zur Rede gestellt, sie behaupteten, sie hätten sie mit den Sklavinnen verwechselt. Da wurde der Vers herabgesandt. In der Tat trugen freie Frauen und Sklavinnen dieselben Kleider.

Um die freien Frauen von den Sklavinnen zu unterscheiden, wurden die Musliminnen aufgefordert, ihren *jilbâb*, den sie normalerweise beim Ausgehen über dem *khimâr* tragen, über ihr Gesicht zu ziehen und nur ein Auge freizulassen. Diese Bekleidung war bei den freien Jüdinnen und Christinnen, aber vor allem bei den Perserinnen, verbreitet, daher kommt der Tschador. Diese Art von Bedeckung sollte den sozialen Stand der Frauen zeigen und ihnen daher mehr Respekt und Schutz verschaffen. Nach einer Überlieferung soll Omar den Sklavinnen verboten haben, einen *jilbâb* zu tragen und den Kopf zu bedecken wie die Musliminnen. Der fünfte und letzte Vers, 24:60, lautet:

> Und für diejenigen Frauen, die alt geworden sind und nicht (mehr) darauf rechnen können, zu heiraten, ist es keine Sünde, wenn sie ihre Kleider ablegen, soweit sie sich (dabei) nicht mit Schmuck herausputzen. Es ist aber besser für sie, sie verzichten darauf (sich in dieser Hinsicht Freiheiten zu erlauben). Allah hört und weiß (alles).

Der Vers zeigt am besten die Intention des Korans. Die Sexualität der Frau soll in Schranken gehalten werden, um die legale Vaterschaft nicht zu gefährden. Nach Montgommery Watt war die arabische Gesellschaft im Umbruch, das Patriarchat löste langsam das Matriarchat ab *(Mahomet à Médine, S.332)*. Die neuen Besitzenden, Mekka war eine Handelsstadt, waren sehr daran interessiert, ihr Eigentum an ihre eigenen Kinder zu vererben. Deshalb gibt es neben den drei Versen über die Verhüllung der Frau mindestens sechs Verse (2:228, 2:231, 2:232, 33:49, 65:1, 65:4), die die Wartezeit vor dem Geschlechtsverkehr in den Fällen der Ehe, der Scheidung, der Wiederheirat usw. regeln. Es ging darum sicherzustellen, dass das Kind vom legalen Vater abstammt.

Diese Sorge wird verständlich, wenn man die Verhältnisse vor dem Islam kennt. Es gab über zehn Arten von sexuellen Beziehungen (al-Tarmanini, S. 19-40). Es herrschte mehr als Libertinage, fast Promiskuität. Es war z.B. üblich, dass die Frau fremdging, wenn der Mann aus irgendeinem Grund abwesend war. Bei diesem Durcheinander wussten alle nur eins mit Sicherheit, nämlich, wer ihre Mutter war.

Die zweite Intention ist eine moralische. Wenn die Frau keine Kinder mehr bekommen kann, ist ihre Sexualität nicht mehr kontrolliert, sie soll aber Selbstkontrolle üben.

Im Sinne des Patriarchalismus wurde auch die Hierarchie unter den Geschlechtern festgelegt. Im Vers 4:34 heißt es:

> Die Männer sind den Frauen überlegen wegen dessen, was Allah den einen vor den andern gegeben hat, und weil sie von ihrem Vermögen (für die Frauen) auslegen. Die rechtschaffenen Frauen sind gehorsam und sorgsam in der Abwesenheit (ihrer Gatten), wie Allah für sie sorgte. Diejenigen aber, für deren Widerspenstigkeit ihr fürchtet – warnet sie, verbannt sie aus den Schlafgemächern und schlagt sie. Und so sie euch gehorchen, so suchet keinen Weg wider sie; siehe, Allah ist hoch und groß.

Im Koran sind Mann und Frau vor Gott gleich und im Leben ist die Frau dem Mann untergeordnet. Die Sexualität der Frau wurde zugunsten des Mannes kontrolliert. Früher gab es z.B. ebenso Polyandrie wie Polygamie. Mit dem Islam gibt es nur Polygamie. Trotzdem wurde die Wesensgleichheit zwischen Mann und Frau nicht angetastet, das Moralische war maßgebend und im Großen und Ganzen handelt es sich um eine Aufforderung zur Dezenz. Deshalb sehen die Islamreformer in ihrer Bekämpfung der Kleidervorschriften eine moralische Erneuerung des Islam. Mit der Sunna wurde später die Botschaft des Koran in eine andere Bahn gelenkt.

Die Sunna, die aus der Überlieferung von Aussagen und Taten des Propheten besteht, entstand lange nach dessen Tod im Jahre Zehn der Hijra. Die früheste Hadith-Sammlung ist von Anas bin Malek, er starb 179 h. Der späteste Autor al-Nisa'i starb 303 h. al-Bukhari, dessen Sammlung nach dem Koran maßgebend für den Glauben gilt, starb 256 h. und der zweite bedeutende Hadith-Sammler, Muslim, starb 261 h. Nach dem Tod des Propheten führte u.a. der Streit um seine Nachfolge zu einer riesigen Hadith-Produktion, die alles Mögliche zu belegen versuchte. Die größte Sammlung von ibn Hanbal z.B., die 26.363 Hadithe umfasst, hat der Autor aus einem Fundus von einer Million Hadithen ausgewählt. Die Echtheit der Hadithe wird allgemein in der Forschung angezweifelt, was aber irrelevant ist, da die Muslime an ihre Echtheit glauben. Und das ist hier allein von Bedeutung, weil die Muslime bis heute danach handeln.

Über zweihundert Jahre nach dem Tod des Propheten nahm die Sunna als zweite Quelle des Glaubens ihre endgültige Form an und reflektierte das Frauenbild der patriarchalischen Gesellschaft. Die Frau war nun eine *'awra*. Der Prophet soll gesagt haben: „Die Frau ist eine 'awra, wenn sie ihr Haus verläßt, der Teufel kommt ihr entgegen." (al-Tirmidi 1093[1]).

'awra bedeutet Mangel. Es kann Mangel an Sehfähigkeit, daher *a'war*, d.h. Einäugige, oder Schwachpunkt in der Verteidigungslinien im Krieg oder Mangel an Schutz des eigenen Hauses oder der Privatsphäre heißen. Das Wort bedeutet auch die Schamgegend am Körper, die aus den Geschlechtsteilen besteht.

Im Koran kommt der Begriff *'awra* viermal vor, zweimal im Bezug auf Häuser in (33:13), einmal auf die Privatsphäre (24:58) und einmal im Bezug auf die Geschlechtsteile. (24:31)

Die Gelehrten definierten den Begriff *'awra* neu und unterschieden zwischen *'awra* im engeren Sinn, das sind Geschlechtsteile und Rektum, und bei der Frau zusätzlich die Pobacken, und *'awra* im weiten Sinn. Diese umfasst beim Mann die Gegend zwischen Nabel und Knie, wobei die Gelehrten darüber streiten, ob Nabel und Knie dazu gehören oder nicht, manche schließen sogar die Oberschenkel

1 Dies sind die Nummern der Hadithe in den Hadith-Sammlungen.

aus. Bei der Frau ist ihr ganzer Körper eine *'awra* und die Gelehrten streiten darüber, ob Gesicht und Hände auch verdeckt sein müssen oder nicht.

Wie man sieht, entspricht die *'awra* beim Mann ungefähr der Gegend, wo die Geschlechtsteile liegen. Die Frau dagegen wird als ganze auf ihre Sexualität reduziert. Im Hadith heißt es, die Frau *ist* eine *'awra*, nirgends steht, dass der Mann eine ist, der Mann *hat* eine *'awra*. Diese Reduzierung der Frau auf ihre Sexualität verwandelte sich bald in ihre Gleichstellung mit den Geschlechtsteilen. In der Erläuterung des Hadith „die Frau ist eine *'awra*", schreibt z.B. al-Ahwazi (798/1169):

> ... die Frau selbst ist eine 'awra, weil man sich für sie schämt, wenn sie sich zeigt, genau wie man sich schämt, wenn die 'awra zum Schein kommt. Und die 'awra ist das Geschlechtsteil und alles, wofür man sich schämt, wenn es sichtbar wird...

Al-Manawi schreibt in seiner Erläuterung desselben (2467):

> (Die Frau ist eine 'awra) bedeutet, dass ihre Erscheinung und Entblößung vor den Männern verwerflich ist. Und die 'awra ist das Geschlechtsteil des Menschen und alles, wofür man sich schämt.

Ende des 19.Jahrhunderts widmet Mohammad Saddiq Hassan Khan sein berühmtes Buch über die Frau im Koran seiner, wie er schreibt, „Scham" und meint seine Ehefrau (S.4).

Aus diesem Grund wurde die Frau verteufelt, weil allein ihre Erscheinung die Männer verführt. Die Verbindung zwischen der Verteufelung und der Verführung bringt folgender Hadith zum Ausdruck:

> Der Prophet sah eine Frau, da ging er zu seiner Ehefrau Zeinab und schlief mit ihr. Er sagte, wenn eine Frau euch entgegenkommt, dann kommt sie mit dem Antlitz eines Teufels. Wenn einer von euch eine Frau sieht und sie gefällt ihm, er soll zu seiner Frau gehen, weil sie auch hat, was diese Frau hat. (al-Tirmidi 1078)

Die Frau ist ein sexuelles Objekt. Sie ist verführerisch und teuflisch. Sie stellt eine ernsthafte Bedrohung für die Männer dar. Außerdem ist sie schlecht. Ali soll gesagt haben:

> Die Frau als ganzes ist böse. Und das Böseste an ihr ist, dass man auf sie nicht verzichten kann. (Charour S. 353).

Ein Hadith bei Bukhari besagt, dass die Mehrheit der Menschen in der Hölle aus Frauen besteht (Bukhari 28). Aus diesen Gründen muss sie eingesperrt werden, das ist auch gut für sie. In einem Hadith steht:

> Die Frau ist eine 'awra, wenn sie ausgeht, dann kommt ihr der Teufel entgegen. Sie ist am nähesten zu Gott, wenn sie in tief ihrem Haus steckt. (al-Hindi 45158, al-Haithami 7671)

Die Sexualisierung der Frau erreicht einen Höhepunkt mit dem Begriff *al-fitna. Al-fitna* bedeutet Unruhe stiften. Das geschieht, wenn die Frau etwas zeigt, was im Prinzip nicht ausdrücklich verboten ist, aber denselben Effekt wie das Verbotene hat, z.B. das Gesicht. Die Verschleierung des Gesichtes ist umstritten, alle Gelehrten sind sich aber darüber einig, dass das Gesicht, wenn es hübsch ist, verschleiert werden muss, um *fitna* zu vermeiden. Das wirft einen Blick auf das Männerbild. Der Mann ist offensichtlich ein triebhaftes Wesen, das im Angesicht der Frau nicht mehr zu kontrollieren ist und wenn sie noch dazu hübsch ist, dann fängt er an zu randalieren.

Der Mann ist so schwach, dass er in der Frau nicht eine, sondern zehn *'awra* sieht. Der Prophet soll gesagt haben:

> Die Frau hat zehn 'awra. Wenn sie heiratet schützt ihr Mann eine von ihnen und wenn sie stirbt, schützt das Grab alle zehn 'awra. (al-Hindi 45856).

Dasselbe soll auch Ali gesagt haben.

Trotz der Gefahr, die von den Frauen ausging, mussten sich nicht alle gleichartig verhüllen. Die *'awra* der Sklavin war wie beim Mann vom Nabel bis zum Knie. Die Gelehrten begründeten es damit, dass sie sich anbieten muss, um gekauft zu werden. In der Tat stand sie dem Mann sexuell zur Verfügung und er durfte ihr sogar seine Geschlechtsteile zeigen, wie seiner Frau. Die Frau durfte sich natürlich nicht zeigen vor ihren männlichen Sklaven. Die freien Christinnen und Jüdinnen durften genau wie die Sklavinnen Kopf und Gesicht nicht verhüllen. Der Muslim darf ihren Anblick genießen. Das gehört zum Bereich der sexuellen Herrschaft. Die Muslimin ist beschützt, daher der Begriff *muhassanât – husn* heißt Festung. Die anderen Frauen sind mehr oder weniger Freiwild.

Hier wird klar, dass die Sorge um Dezenz, die im Koran herrscht, längst verloren gegangen ist. Es geht nur um entfesselte Sexualität, die nur mit äußerem Zwang in Schranken zu halten ist. Hieß es im Koran noch „Schau mit Diskretion", dann heißt es später „Du darfst nicht schauen." Die Dezenz ist eine Kontrolle von innen, bei ihrem Fehlen und bei herrschender Sexualisierung muss die Kontrolle von außen kommen. Daher die krankhafte Geschlechtertrennung in der islamischen Gesellschaft. Wenn Mann und Frau in Kontakt kommen, dann ist das Sündigen unvermeidlich. In einem Hadith heißt es, wenn eine Frau und ein Mann sich treffen, dann ist der Teufel der Dritte. Mustafa al-Siba'i, der Gründer der Muslimbrüder in Syrien, schreibt 1962, dass die Zivilisation des Islam auf der Basis der Geschlechtertrennung entstanden ist, und dies mache ihre Größe aus. Dagegen habe die Geschlechtervermischung in der griechischen, der römischen und der westlichen Zivilisation zu ihrem Niedergang geführt (S. 186-187). So kann man die Weltgeschichte auch erklären.

Die Gelehrten begnügten sich nicht damit, aus der Frau ein bösartiges sexuelles Wesen zu machen, sie versuchten vielmehr sie als ein minderwertiges Wesen darzustellen.

Die Frau wurde aus der Rippe Adams erschaffen und die Rippe ist krumm. Wenn man die Rippe gerade biegen will, dann bricht sie. Das heißt, dass die Frau per Beschaffenheit mangelhaft ist. Al-Daremi schreibt:

> Er sagte, die Frau sei aus einer Rippe erschaffen worden. Wenn man sie gerade biegt, dann zerbricht sie. So nimm Rücksicht auf sie (al- Daremi, 2124)

Bukhari (4787) schreibt:

> Seien sie mit den Frauen fürsorglich, sie wurden aus einer Rippe erschaffen. Das Krummste an ihr ist ihr Oberteil, wenn du sie gerade biegen willst, bricht sie. Wenn du sie läßt, dann bleibt sie krumm. Seien sie mit den Frauen fürsorglich.

Diese andere Beschaffenheit der Frau stellt einen Mangel in ihrer Natur dar, der von einem Hadith erläutert wird. Nach Bukhari soll der Prophet gesagt haben, den Frauen fehle es an Vernunft und an Religion. Die Frauen fragten nach dem Grund. Er antwortete:

> Ist die Zeugenaussage der Frau nicht halb soviel Wert wie die des Mannes? Das kommt von ihrem Mangel an Vernunft. Muß sie nicht während der Menstruation aufhören zu fasten und zu beten? Das kommt von ihrem Mangel an Religion. (Bukhari 293)

Die letzte Aussage führt zur Biologisierung der Frau. Die Frau mag eine Seele haben wie der Mann, ihre Biologie bringt ihr aber Nachteile. Sie kann z.B. keine gesellschaftliche Verantwortung tragen. In einem Hadith heißt es:

> Ein Volk kann keinen Erfolg erzielen, wenn es von einer Frau angeführt wird. Es ist so, weil die Frau mangelhaft und unfähig ist, sich eine richtige Meinung zu bilden. Und weil der Herrscher verpflichtet ist, in der Öffentlichkeit aufzutreten, um die Angelegenheiten seiner Untertanen zu verwalten. Die Frau ist aber eine 'aurah und ist dafür nicht geeignet. Deshalb darf sie weder Imam noch Qadi werden. (al-Manawi 7393)

Diese auf die Biologie gestützte Auffassung der Frau hat in einer anderen Form in der modernen Zeit überlebt. Beim Polemisieren mit dem Westen in der Frage der Menschenrechte für Mann und Frau unterscheiden die Muslime zwischen Gleichheit und Ähnlichkeit. Im Islam sind Mann und Frau als Menschen vor Gott gleich und genießen dieselben Rechte. In der Gesellschaft sind sie aber nicht ähnlich. Ihre Unähnlichkeit beruht auf ihren biologischen Unterschieden, was zu Konsequenzen führt. Ayatollah Murtada al-Mutahiri z.B. schreibt:

> Die Welt der Frau ist anders als die Welt des Mannes, die Beschaffenheit und die Natur der Frau sind anders als die Beschaffenheit und Natur des Mannes. Das führt natürlich dazu, dass viele Rechte, Pflichten und Strafen nicht einheitlich sind. (S.109).

Dann kritisiert er den Westen, der krampfhaft versucht, für beide Geschlechter dieselben Gesetze und Institutionen durchzusetzen trotz der, wie er schreibt, *„instinktiven und biologischen Unterschiede"* der beiden.

Seit den 70er Jahren findet weltweit eine Re-Islamisierung statt. Die alten islamischen Vorstellungen sind unter weiten Teilen der muslimischen Bevölkerung in Deutschland und im Westen verbreitet. Unter dem Vorwand der Religionsfreiheit wird versucht, eine Gesellschaftsordnung einzuführen, die höchst problematisch ist. Das Kopftuch ist ein zentrales Element dieser Ordnung und symbolisiert die Position der Frau. Es ist nicht, wie im Diskurs ständig wiederholt wird, allein ein Zeichen ihrer Unterdrückung, denn man kann die Frau ohne Kopftuch unterdrücken, es ist vor allem ein Zeichen ihrer Entwürdigung, weil es die Frau auf ihre Sexualität reduziert. Sie ist eine *'awra,* und da man nicht mit entblößten Geschlechtsteilen auf die Straße geht, muss sie sich verhüllen. Deshalb sprechen die Muslime davon, dass die Frau durch das Kopftuch ihre Würde gewinnt. Sie sagen auch, dass das Kopftuch sie beschützt. Wer sich als sexuelles Objekt betrachtet, braucht natürlich einen Schutz, vor allem, wenn man die Männer als unkontrollierte triebhafte Wesen sieht.

In einer Gesellschaft, in der die Erwartungen an die Selbstkontrolle der Menschen so hoch sind, dass auch die Vergewaltigung in der Ehe bestraft wird, ist es berechtigt zu fragen, ob diese Gesellschaft solche Vorstellungen akzeptiert und verkraftet. Es heißt schließlich im Grundgesetz Art. 1:

> Die Würde des Menschen ist unantastbar. Sie zu achten und zu schützen ist Verpflichtung aller staatlichen Gewalt.

Bibliographie

Abdul Salâm al-Tarmânînî, *al-zawâj 'ind al-'arab fil-jâhiliyya wal-islâm* , Damaskus 1996.

Al-Dâremî, *sunan al-Dâremî*, bekannt als *al-musnad.*

Al-Bukhârî, *al-jâmi' al-sahîh*, bekannt als *sahîh al-Bukhârî.*

Al-Haithamî, *magma' al-zawâ'id wa manba' al-fawâ'id.*

Al-Hindî, *kanz al-'ummâl.*

Al-Manawî, *fayd al-qadîr, scharh al-jâmi' al-saghîr.*

Anas bin Mâlek, *al-muwatta'.*

Al-Tirmidî, *al-jâmi'*, bekannt als *al-sunan.*

Ayatollah Murtada al-Mutahirî, *nizâm huqûq al- mar'a fil-islâm*, Teheran 1985.

Der Koran, Übersetzung von Rudi Paret, CD-Edition, Berlin 2001.

Der Koran, Übersetzung von Max Henning.

Ibn Hanbal, *al-musnad.*

Ibn Kasîr, *tafsîr ibn Kasîr.*

Ibn Mandhûr, *Lisân al-'arab.*

Mohammad al-Mabâr Kfûrî, *Tihfat al-ahwazî, sharh sunan al-Tirmidî.*

Mohammad Fuad al-Barâzi, *Hijâb al-muslimât bayn intihâl al-mubtilîn wa ta'wîl al-jâhilîn*, Riad 1995.

Mohammad Charour, *nahwa usûl jadîda lil-fiqh al-islâmi. Fiqh al-mar'a*, Damaskus 2000.

Mohammad Siddiq Hassan Khan, *husn al-iswa bima thabuta min Allah wa rasûlihi fil-niswa*, Kairo.

Montgomery Watt, Mahomet à Médine, Paris 1959.

Mustafa al-Sibâ'i, *al- mar'a bain al-fiqh wal-qânûn*, Beirut 1984.

Qassem Amin, *tahrîr al-mar'a*, Kairo 1993.

Toleranz und Intoleranz im Islam

Die religiöse Begründung des Zusammenlebens unterschiedlicher Religionsgemeinschaften im Islam

Arbeitskreis SPD und Kirche, SPD-Bezirk Hannover 2002

Der Islam ist seinem eigenen Verständnis nach gleichzeitig Religion und Staat. Er erhebt den Anspruch darauf, die Organisation der Verhältnisse nicht nur im Jenseits, sondern auch in diesem Leben zu bestimmen. Im Christentum heißt es dagegen, dass das Reich Gottes nicht von dieser Welt sei. Deshalb gibt das Christentum keine Verhaltensvorschriften, die den Umgang der Menschen miteinander regeln sollen. Es liefert nur moralische Werte, die zu befolgen sind, aber urteilt nicht über ihre Umsetzung. Das bleibt nur Gott überlassen. Das Gebot der Nächstenliebe leitet die zwischenmenschlichen Beziehungen an und bildet den Inhalt der Toleranz. Diese Praxis ist nicht kodifizierbar. Sie kann es auch nicht sein, weil sie einem ethischen Wertesystem entspricht, das seinerseits im Gewissen des Menschen und in seinem Glauben an Gott seine Wurzeln hat.

Im Gegensatz zum Christentum, das eine Gewissensreligion ist, wird der Islam als Gesetzesreligion betrachtet. Das moralische Handeln ist vom gesetzlichen Handeln nicht zu trennen. Das Gute besteht in der Befolgung des Gesetzes und entspringt nicht einer subjektiven Gewissenserwägung. Wohlgemerkt handelt es sich hier um das göttliche Gesetz, das durch die Offenbarung überliefert wird.

Gott und Mensch

Das Gottes- bzw. das Menschenbild des Islam unterscheiden sich von dem im Christentum. Für die Christen ist das Wesen Gottes bekannt, er ist u.a. der Gott der Liebe, der den Menschen als sein Ebenbild erschaffen hat. Die Ebenbildlichkeit besteht u.a. in der Seele und in der Freiheit. Der Mensch hat aber seine Freiheit missbraucht und sich gegen Gott erhoben, er hat gesündigt. Trotzdem hat sich Gott durch seine endgültige Offenbarung in Jesus Christus als die Liebe erwiesen. Und das Kreuz ist „das Äußerste der sich selbst entäußernden Liebe Gottes." Die Gott entfremdete Menschheit wird dadurch wieder ganz eins mit Gott. Das Leben diesseits ist eine Vorbereitung auf das ewige Leben jenseits. Beim Jüngsten Gericht entscheidet Gott, ob er die Seele in sein Reich, ins Paradies, aufnimmt oder in die Hölle verbannt. Die Glückseligkeit besteht in der Anwesenheit bei Gott, was einer Vereinigung mit ihm gleichkommt, das Elend in der Entfernung von ihm.

Im Islam ist von einer Einheit mit Gott keine Rede. Jede Kommunikation zwischen dem Menschen und seinem Schöpfer ist ausgeschlossen. Der Muslim weiß nichts vom Wesen Gottes. Die Transzendenz Gottes ist eher ein Mysterium, und sein Wesen ist unerreichbar und unbegreiflich. Die 99 Namen, die im Koran erwähnt sind, beschreiben seine Attribute, nie sein Wesen. Die Unterwerfung des Menschen erfolgt nicht Gott gegenüber, sondern dessen Willen, der mit der Offenbarung durch die Propheten den Menschen bekannt gemacht wird. In seiner Eigenschaft als Allwissender kennt Gott jedoch alle Geheimnisse der menschlichen Seele und steht dem Menschen näher als seine eigene Ader, wie es im Koran steht (50:16). Es sei hier kurz bemerkt, dass von Anfang an eine Polemik über die Natur Gottes entflammte, vor allem in Bezug auf die anthropomorphistischen Verse, die von der Hand Gottes, seinem Gesicht, seiner Sehfähigkeit und seinem Thron sprechen. Später gingen die Theologen weiter und verneinten mit der Schule der Jahmiten die Attribute Gottes, der nun der undurchdringliche Allmächtige blieb. Die Schule der Mutaziliten dagegen hielt die Attribute praktisch für das Wesen Gottes.[1]

Der Mensch ist nicht ein Ebenbild Gottes, sondern sein bestes Geschöpf. Anstatt Ebenbild Gottes, wie im Christentum, ist der Mensch im Islam der Vertreter, besser gesagt, der Statthalter Gottes auf der Erde. Als solcher ist er beauftragt, das Gesetz Gottes auf der Erde umzusetzen. Das Gesetz regelt die Beziehungen der Menschen zu Gott sowie die Beziehungen der Menschen untereinander. Die Beziehung zu Gott besteht in der bedingungslosen Unterwerfung unter seine Allmacht. Durch seine Einordnung unter die Allmacht Gottes als Untertan *('abd)* nimmt der Mensch als sein Vertreter auf Erden *(khalîfa)* an seiner Mächtigkeit teil, indem er sein Gesetz umsetzt. Der Mensch ist nicht der Vertreter Gottes in dem Sinne, dass ihm eine eigene selbständige Macht gegeben wird. Er ist *khalîfa* im

1 The Encyclopaedia of Islam. Leiden 1999. Stichwort: Allah.

Sinne von Beauftragter. Er hat den Auftrag *(taklîf)*, die Welt nach dem Gesetz Gottes zu verwalten und nicht über die Welt frei zu verfügen, wie es die Bibel vorsieht; dort steht nämlich: „Macht euch die Erde untertan" (1.Mose 1.28). Im Koran dagegen steht: „Hast Du nicht gesehen, dass Euch Gott unterworfen hat, was auf Erden ist?" (Vers 22:65). Diese Einschränkung der menschlichen Freiheit bezieht sich auch auf alle menschlichen Taten. Im Koran (37:96) steht: „Wo doch Allah euch, und was ihr macht, geschaffen hat?" Damit wurde sogar die kausale Beziehung zwischen Tat und Ergebnis aufgehoben. Auch im Jenseits hängt alles vom Willen Gottes ab und nicht vom Verdienst des Menschen. In Vers 84:14 steht: „Allah gehört (alles), was im Himmel und auf Erden ist. Er vergibt, wem er will, und er bestraft, wen er will. Allah ist barmherzig und bereit zu vergeben." Die Sunna ging weiter und sah in den Versen, die den uneingeschränkten Willen Gottes betonen eine totale Einschränkung des menschlichen Willens und leitete daraus die fatalistische Haltung der Prädestination ab. Wenn Gott für jemanden die Hölle bestimmt, dann kann diese Person ihr ganzes Leben das Gute tun, sie wird kurz vor ihrem Tod sündigen und in die Hölle gehen.

Es verwundert nicht, dass der erste theologische Streit im Islam um die Frage der Freiheit ging. Die Anhänger von *al-qadriyya* sprachen von der Freiheit des menschlichen Willens; die Anhänger von *al-jabriyya* plädierten für die Prädestination. Bei diesem ersten theologischen Streit traten zwei Tendenzen in Erscheinung, die in der ganzen islamischen Geschichte fortbestanden. Die erste wurde von den konservativen Hütern der Orthodoxie, bekannt als *ahl al-sunna*, vertreten. Sie warfen ihren Gegnern vor, unter dem Einfluss des Christentums und der griechischen Philosophie zu stehen und bezeichneten sie als Ungläubige. Die zweite bestand in der politischen Reaktion der Herrschenden, in diesem Fall der omayyadischen Dynastie. Sie hatte gerade ihre politischen Konkurrenten, die Schiiten, besiegt und sah ihre politische Herrschaft durch solche freiheitlichen Bestrebungen, die die orthodoxe Lehre in Frage stellten, vor allem die Legitimität des Kalifats, bedroht. Zwei Hauptfiguren der *qadriyya*, Ma'bad al-Jahni und Ghilan al-Qadri al-Dimashqi, wurden von den Kalifen Abd al Malik bin Marwan (685-705) bzw. Hischam bin abdel Malik (724-743) hingerichtet. Das konnte dem Vormarsch des kritischen Denkens keinen Einhalt gebieten, vor allem nicht ab dem 8. Jahrhundert, als die Werke der griechischen Philosophen ins Arabische übersetzt wurden.

Es folgten vier Jahrhunderte von Freiheit in Denken und Handeln, die die Blütezeit der arabisch-islamischen Zivilisation darstellen. In allen Bereichen des menschlichen Schaffens war diese Zivilisation weltweit die führende. Im 11 Jahrhundert starteten *Ahl as-Sunna*, die Hüter der Orthodoxie, mit Ibn Hazm (994-1064) einen Generalangriff gegen die Rationalität. Dann rechnete Al-Ghazali (1058-1111) mit den Philosophen ab. Er fand in ihren Lehren nur die Logik und die Mathematik konform mit der Religion, alle anderen rationalen Wissenschaften sollten abgeschafft werden. Dieser Trend verstärkte sich mit Ibn Taymiyya (1262-1327) und seinem Schüler Ibn Qaiyyem al-Jauziyya (1291-1350). Mit ihnen setzten sich ein literalistisches Verständnis des Koran und der Sunna und eine totale Ablehnung der Vernunft als Mittel zum Verständnis des Textes durch. Mit ihnen begann auch der unaufhaltsame Niedergang der arabisch-islamischen Zivilisation. Es war auch die Zeit, in der Sklavendynastien an die Macht kamen und überall despotische Herrschaften entstanden. Die Tür der Exegese wurde im 11. Jahrhundert endgültig geschlossen; damit war auch die Theologie zu Ende. Es galt nur die Nachahmung der Tradition, und es galt nur deren religiöse Wahrheit.

Die traditionelle Konzeption der Gott-Mensch-Beziehung war nun alleingültig: Gott hat den Menschen als das beste Geschöpf erschaffen, er hat ihn als seinen Stellvertreter auserwählt und ihm den Auftrag gegeben, sein durch die Propheten offenbartes Gesetz umzusetzen. Das Gesetz, bekannt als *al-shari'a,* soll ohne Hinterfragung verwirklicht werden. Die religiöse Praxis, die ohnehin im Koran kodifiziert ist, wird zu einem Ritual. Wer betet und fastet und seine religiösen Pflichten erfüllt, kommt ins Paradies. Wenn wir den Vergleich mit dem Christentum weiter führen, dann haben wir folgende Skizze:

Christentum: Gott → Ebenbild → Freiheit → Gewissen.
Islam: Gott → Stellvertreter → Unterwerfung → Gesetz.

In dieser göttlichen Weltordnung werden die Beziehungen der Menschen untereinander nach ihren Beziehungen zu Gott organisiert. Im Islam ist der Mensch per Natur *(al-fitra)* ein Muslim und kann deswegen aus eigener Kraft den Weg zu Gott finden, in diesem Fall ist der Mensch ein *hanîf*. Der erste *hanîf* war Abraham, später auch Mohammad. Dieser Weg ist aber nur für wenige reserviert; die meisten besitzen diese Fähigkeit nicht. Deshalb schickt ihnen Gott Gesandte, um ihnen sein Gesetz bekannt zu machen. Er schickt ihnen auch Propheten, die sie an das Gesetz Gottes erinnern. Juden und Christen haben ihre Gesandten gehabt, sie aber verraten und ihre Lehre gefälscht. Mohammad kam, um die Offenbarung wiederherzustellen und die Verirrten wieder auf den richtigen Weg zu führen. Wer an seine Mission glaubt, ist der richtige Muslim. Er wird aufgefordert, das Rechte zu gebieten und das Verwerfliche zu verbieten (31:17) d.h., das Gesetz Gottes zu befolgen. Diese Aufforderung richtet sich nicht nur an die einzelnen Muslime, sondern auch an ihre Gemeinschaft. In Vers 3:104 steht:

> Aus euch soll eine Gemeinschaft (von Leuten) werden, die zum Guten aufrufen, das Rechte gebieten, und das Verwerfliche verbieten. Denen wird es wohl ergehen.

Nur die Gemeinschaft der Muslime verkörpert den Willen Gottes, deshalb ist sie die beste und die überlegene Gemeinschaft unter den Menschen. Der Vers 3:110 verkündet:

> Ihr seid die beste Gemeinschaft (Umma), die unter den Menschen hervorgebracht wurde; ihr gebietet das Rechte, verbietet das Verwerfliche und glaubt an Gott. Wenn die Leute der Schrift (ebenfalls) glauben würden (wie ihr), wäre es besser für sie. Es gibt (zwar) Gläubige unter ihnen. Aber die meisten von ihnen sind Frevler.

Diese Gemeinschaft soll sich von den anderen Menschen abgrenzen (3:118):

> Ihr Gläubigen! Nehmt euch nicht Leute zu Vertrauten die

> außerhalb eurer Gemeinschaft stehen! Sie werden nicht müde, euch zu verderben, und möchten gern, dass ihr in Bedrängnis kommt. Aus ihren Äußerungen ist (schon genug) Haß kundgeworden. Aber was sie (an Haß und Bosheit) insgeheim in ihrem Innern hegen, ist (noch) schlimmer. Wir haben euch die Verse klargemacht, wenn ihr verständig seid.

Die Gemeinschaft soll sich auch von den Heuchlern in ihren eigenen Reihen trennen und mit ihnen hart ins Gericht gehen (4:89):

> Sie möchten gern, ihr wäret ungläubig, so wie sie (selber) ungläubig sind, damit ihr (alle) gleich wäret. Nehmt euch daher keinen von ihnen zum Freund und Beschützer, ehe sie nicht auswandern auf Allahs Weg! Und wenn sie sich abwenden (und eurer Aufforderung zum Glauben kein Gehör schenken), dann ergreift sie und tötet sie, wo (immer) ihr sie findet, und nehmt euch niemand von ihnen zum Beschützer oder Helfer!"

Nach der Wendung nach innen und der Reinigung der eigenen Reihen, d.h. nach der Schaffung einer inneren Homogenität, wendet sich die Gemeinschaft als ganzes nach außen, um ihr Verhältnis zum Rest der Welt zu regeln. Die religiöse Grundlage für die Zuwendung nach außen besteht darin, dass die Feinde Gottes und die Feinde der Muslime eins sind. In Vers 60:1 steht:

> Ihr Gläubigen! Nehmt euch nicht meine und eure Feinde zu Freunden und Beschützern, indem ihr ihnen (eure) Zuneigung zu erkennen gebt, ... Wenn einer von euch das tut, ist er (damit endgültig) vom rechten Weg abgeirrt.

Die gemeinsamen Feinde sind die Ungläubigen:

> Ihr Gläubigen! Nehmt euch nicht die Ungläubigen anstatt der Gläubigen zu Freunden! Wollt ihr wohl Allah einen offenkundigen Beweis gegen euch selbst geben?" (4:144)

Es sind nicht nur die Heiden und Gottlosen, sondern auch, um Missverständnisse auszuräumen, die Juden und die Christen. Im Vers 5:51 steht:

> Ihr Gläubigen! Nehmt euch nicht die Juden und die Christen zu Freunden und Beschützern! Sie sind untereinander Freunde (aber nicht mit euch). Wenn einer von euch sich ihnen anschließt, gehört er zu ihnen (und nicht mehr zu der Gemeinschaft der Gläubigen). Allah leitet das Volk der Frevler nicht recht.

Zu den Feinden gehören auch die Familien- und Stammesangehörigen, wenn sie ungläubig sind:

> Du wirst kein Volk finden, das an Allah und an den Jüngste Tag glaubt, und dabei die liebt, die sich Allah und seinem Gesandten widersetzen, selbst wenn es ihre Väter wären oder ihre Söhne oder ihre Brüder oder ihr Stamm. (58:22)

Als Mohammad und seine Anhänger in Medina Zuflucht fanden, organisierten sie sich in einer Gemeinschaft und schlossen mit den in der Oase lebenden Stämmen einen Nachbarschaftsvertrag ab, von manchen später pompös die Verfassung von Medina genannt (die islamische Tradition spricht von *sahîfa,* d.h. Dokument). Im Vertrag, der zum ersten Mal die Selbstabgrenzung der Gemeinde dokumentiert, wird die islamische Gemeinschaft wie ein Stamm neben anderen Stämmen angeführt. So wird z.B. die Rache zwischen den Muslimen nicht mehr zulässig, aber die Tötung von Familienangehörigen, die Heiden geblieben sind, erlaubt. Diese stammhafte Dimension in der islamischen Gemeinschaft führt dazu, dass viele humane Vorschriften nur für Muslime gelten und nicht für alle Menschen.

Letztendlich beschreibt der folgende Vers 9:71 die ideale Gemeinschaft:

> Und die gläubigen Männer und Frauen sind untereinander Freunde und Beschützer (und bilden eine Gruppe für sich). Sie gebieten, was recht ist, und verbieten, was verwerflich ist, verrichten das Gebet (salaat), geben die Almosensteuer (zakaat) und gehorchen Allah und seinem Gesandten. Ih-

rer wird sich Allah (dereinst) erbarmen. Allah ist mächtig und weise.

Deshalb werden sie mit dem Einzug in die Gärten von Aden belohnt (9:72)

Mit diesem und vielen ähnlichen Versen wird die Grundlage der Beziehungen unter den Menschen auf eine gemeinschaftliche Basis gelegt. Auf der einer Seite die Gemeinschaft der Muslime, die beste aller Gemeinschaften, wobei die Ähnlichkeit mit dem Judentum nicht zu übersehen ist, und auf der anderen Seite der Rest der Menschheit. Was für die Muslime gilt, gilt nicht unbedingt für die anderen Menschen. Daher die Schwierigkeit der Muslime in den modernen Zeiten mit den Menschenrechten, die sie immer als Menschenrechte im Rahmen der Scharia definieren.

Die Scharia regelt die Beziehungen zwischen den Muslimen untereinander, weiter regelt sie die Beziehungen zwischen den Muslimen und Nicht-Muslimen. Über die Beziehungen der Nicht-Muslime untereinander sagt sie kein Wort, das bleibt den nicht-muslimischen Gemeinschaften überlassen. Trotz der Tatsache, dass die Beziehung zu Gott immer individuell ist, existiert der Mensch in der Gesellschaft immer innerhalb einer Gemeinschaft. In der islamischen Gesellschaft darf neben der Gemeinschaft der Muslime nur die Gemeinschaft der *„Leute der Schrift“*, d.h. der Juden und Christen und der Sabier existieren.

Die Scharia unterscheidet zwei Gruppen unter den Nicht-Muslimen: Die erste Gruppe besteht aus den Monotheisten, wörtlich genannt „Leute der Schrift“, das sind Juden, Christen und Sabier. Ich werde die Sabier ausklammern, weil keine Auseinandersetzung im Koran mit ihnen stattfindet. Sie werden in der Koranforschung als Mandäer, d.h. Anhänger der Täufersekte identifiziert. Die Leute der Schrift werden im minderwertigen Status des Schutzbefohlenen in der islamischen Gesellschaft akzeptiert. Sie würden an den einen Gott glauben, haben aber seine Propheten Moses und Jesus missverstanden und gefälscht und sind daher irregeführt, sonst hätten sie den Islam angenommen. In *al-fâtiha* (Sure 1), das dem Pater Noster bei den Christen gleichkommt, steht:

Führe uns auf den geraden Weg, den Weg derer, denen Du

> Gnade erwiesen hast, und die nicht deinem Zorn (Allahs) verfallen sind und nicht irregehen!

Damit sind Christen und Juden gemeint. Deshalb sollen sie in einem Stand der Demütigung gehalten werden in der Hoffnung, sie werden eines Tages den richtigen Weg finden. In Vers 9:29 wird das Verhältnis zu den „Schriftbesitzern" geregelt:

> Bekämpft diejenigen, die nicht an Gott und an den Jüngsten Tag glauben, die nicht das verbieten, was Gott und sein Gesandter verboten haben, und die nicht der rechten Religion anhängen unter denjenigen, denen die Schrift gegeben wurde, bis sie Tribut entrichten aus ihrer eigenen Hand und sich dabei demütigen.

Die Tolerierung der Schriftbesitzer ist hauptsächlich darauf zurückzuführen, dass die islamische Offenbarung sich auf deren Offenbarung stützt. In vielen Suren wird diese Tatsache erwähnt, z.B. in Vers 6:92, wo es heißt:

> Und dies ist eine von uns hinabgesandte, gesegnete Schrift, die bestätigt, was (an Offenbarung) vor ihr da war. Und du sollst damit die Mutter der Städte (umm al-quraa) und die Leute in ihrer Umgebung warnen.

Mehr noch, der Prophet Mohammad hat keine Wunder vollbracht, ein Zustand, der ihm in seiner Mission, insbesondere in seiner mekkanischen Zeit, immer vorgehalten wurde. Die Wunder im Judentum und Christentum belegen die Wahrheit der Offenbarung. Im Islam übernehmen diese Funktion die vorangegangenen Religionen:

> Das (was hier verkündet wird) steht in den ersten Offenbarungsschriften, in den Schriften von Abraham und Moses. (87:18-19)
>
> Und sie sagen: „Warum bringt er uns nicht (zur Bestätigung seiner Sendung) ein Zeichen von seinem Herrn?" Ist denn nicht in den früheren Offenbarungsschriften ein klarer Beweis zu ihnen gekommen? (20:133).

Ausdrücklich wird auf die Leute der Schrift verwiesen für die Deutung der Offenbarung:

> Und vor dir entsandten Wir nur Männer, denen Wir Offenbarungen gegeben – so fraget die, welche die Ermahnung besitzen, wenn ihr nicht wißt (16:43).

Die Schriftbesitzer bestätigen nicht nur die Wahrheit der Offenbarung, sondern auch die Eigenschaft Mohammads als Prophet:

> Die Ungläubigen sagen: „Du bist kein Gesandter." Sag: „Allah genügt als Zeuge zwischen mir und euch, und auch diejenigen, die das Wissen der Schrift besitzen." (13:43).

Aus diesen Gründen dürfen alle Schriftbesitzer im islamischen Staat bleiben, aber in einem minderen Status, und sie werden von ihrem Klerus nach ihren eigenen Regeln verwaltet. Unter den Schriftbesitzern wird eine Unterscheidung gemacht, die aber historisch irrelevant blieb. In Vers 5:82 heißt es:

> Du wirst sicher finden, dass diejenigen Menschen, die sich den Gläubigen gegenüber am meisten feindlich zeigen, die Juden und die Heiden sind. Und du wirst sicher finden, dass diejenigen, die den Gläubigen in Liebe am nächsten stehen, die sind, welche sagen: „Wir sind Christen (nasaaraa). Dies deshalb, weil es unter ihnen Priester und Mönche gibt, und weil sie nicht hochmütig sind."

Diese Aussage wurde in der Geschichte umgekehrt. Verfolgt wurden immer wieder Christen, oft als Reaktion auf die erlittenen Niederlagen gegenüber dem christlichen Westen. Die Juden dagegen fanden bei den Muslimen Zuflucht, als der Westen sie im Mittelalter verfolgte und vertrieb.

Die zweite Gruppe besteht aus den Heiden, die im Prinzip keinen Platz in der islamischen Gesellschaft haben. In Vers 9:5 heißt es:

> Und wenn nun die heiligen Monate abgelaufen sind, dann tötet die Heiden, wo (immer) ihr sie findet, greift sie, umzingelt sie und lauert ihnen überall auf!

Die Heiden haben die Wahl zwischen dem Islam oder dem Tod. Dieses Prinzip wurde in der Geschichte nicht eingehalten. Die islamischen Eroberer haben stets den Begriff des Schutzbefohlenen erweitert und angepasst, so dass sie letztendlich alle Nichtmuslime in ihrer Gesellschaft aufnehmen konnten.

Wir sprachen bislang von einer Situation, in der die islamische Gemeinschaft neben anderen Gemeinschaften besteht oder über sie herrscht. Wie soll sie sich verhalten bzw. wie soll sich der einzelne Muslim verhalten unter nicht- muslimischen Herrschaften, z.B. bei Fremdherrschaften wie in der Kolonialzeit oder in der Migration wie im Fall der Gastarbeiter? Anderes gesagt, darf ein Muslim den Schutz eines Ungläubigen akzeptieren? Die Antwort ist Nein. In diesen Fällen ist der Muslim aufgefordert, die *Taqiyya* zu praktizieren, d.h., sich nach außen konform an Gesetz und Ordnung zu halten und innerlich ablehnend. Diese Haltung ist in folgendem koranischen Text begründet:

> Die Gläubigen sollen sich nicht die Ungläubigen anstatt der Gläubigen zu Freunden und Beschützern nehmen. Wer das tut, hat keine Gemeinschaft (mehr) mit Allah. Anders ist es, wenn ihr euch vor ihnen wirklich fürchtet. (In diesem Fall seid ihr entschuldigt.) Allah warnt euch vor sich selber. Bei ihm wird es (schließlich alles) enden. Sag: Ihr mögt geheimhalten, was ihr in eurem Innern hegt, oder es kundtun, Allah weiß es. Er weiß alles, was im Himmel und auf Erden ist. (3:28-29).

Im Großen und Ganzen sind die islamischen Exegeten darüber einig, dass die Anpassung an den Ungläubigen nicht die Gewaltanwendung gegen andere Muslime einschließen darf. In der letzten Zeit waren sie allerdings mit einem heiklem Problem konfrontiert, nämlich: Dürfen muslimische Soldaten in den USA ihre Glaubensbrüder in Afghanistan töten? Der berühmte Scheich Qaradawi hat dies zuerst mit einer Fatwa verboten. Später hat er aus Gründen, die noch zu erforschen wären, die Beteiligung der muslimischen Soldaten am Krieg gegen Afghanistan genehmigt. Auf jeden Fall findet man diese Grundhaltung der *Taqiyya* bei vielen islamischen Organisationen wieder, die sagen, sie würden die Gesetze respektieren –

da haben sie eigentlich keine andere Wahl – sie sagen aber nie, dass sie die Gesetze akzeptieren.

Religion und Staat

Der Mensch unterwirft sich der Allmacht Gottes und nimmt dadurch an ihr teil. Als Vollstrecker des Willens Gottes besitzt der Mensch eine Mächtigkeit. Diese Teilhabe wird in Vers 8:17 sehr deutlich, darin geht es um die Schlacht von Badr gegen die heidnischen Mekkaner, es heißt:

> Nicht ihr habt sie getötet, sondern Gott. Und nicht du hast, als du schossest, geschossen, sondern Gott.

Auf diese Weise haben wir auf der einer Seite die Allmacht Gottes und auf der anderen die Mächtigkeit des Menschen, auf der einen Seite die Herrschaft Gottes und auf der anderen die Herrschaft des Menschen. In welcher Beziehung stehen nun diese beiden Pole in der islamischen Gesellschaft zueinander?

Die Offenbarung des Korans nahm viel Zeit in Anspruch. Zwischen dem ersten offenbarten Vers in Mekka und dem letzten in Medina vergingen 23 Jahre. Davon verbrachte Mohammad 13 Jahre in Mekka, wo er wenig Erfolg mit seiner Mission erzielte, und 10 Jahre in Medina, wo er den ersten islamischen Staat errichtete. Trotz der langen Zeit wurde es versäumt, eine klare Reihenfolge der Suren zu etablieren. Als der dritte Kalif Osman (644-656) die Suren zum Koran sammeln ließ, entschied er sich für eine Reihenfolge nach dem Umfang der Suren, die langen vorne und die kurzen hinten. Damit ging die chronologische Ordnung der Suren endgültig verloren.

Die Koranforschung hat sowohl auf islamischer Seite als auch in der westlichen Welt eine Periodisierung herausgearbeitet, die den koranischen Text in zwei Hauptperioden teilt: Die mekkanische und die medinensische, die wiederum verschiedene Phasen aufgeteilt sind. Bei den zwei Hauptperioden Mekka und Medina hat man beinahe den Eindruck, es handele sich um zwei verschiedene Bücher. In Mekka, wo Mohammad seine Mission begann, rief er die Heiden dazu auf, an Gott und das Jenseits zu glauben, den einen Gott anzubeten, das Gute zu tun, Barmherzigkeit, Menschlichkeit, Vergebung und Frömmigkeit zu üben. Er gab sich als Nachfolger des Judentums und Christentums aus, die er nun mit seiner Lehre abschließend ergänzen wollte. Er nannte sich deshalb Mahner *(bashîr)* und Warner *(nadhîr)*.

Deshalb erfolgte seine Auseinandersetzung mit den Heiden, dabei stützte er sich auf die Schriftbesitzer, die quasi seine Verbündete waren. Die Suren dieser Periode sind gekennzeichnet durch ihre Weisheit und Milde, sie sind predigend und appellieren an das Gewissen der Menschen und warnen sie vor der Irrleitung. In Mekka unterscheidet sich die islamische Lehre nicht sehr von der christlichen Lehre. Der islamische Monotheismus hat moralische Prinzipien wie der christliche, er hat aber noch kein Gesetz. Die Situation hat sich in Medina grundlegend geändert:

In der Oase Medina waren die dort ansässigen Stämme untereinander hoffnungslos zerstritten. Sie baten Mohammad, unter ihnen zu schlichten, und versprachen, ihm zu gehorchen. Er nahm das Angebot gerne an. Die Situation der Muslime in Mekka war nämlich sehr kritisch geworden. Die Ablehnung des Islam war in Hass und Aggression umgeschlagen. Die kleine muslimische Gemeinde, die nach 13 Jahren Mission circa 100 Personen umfasste, war nun bedroht, vernichtet zu werden. Man hatte sogar versucht, Mohammad zu töten. Mohammad schickte seine Anhänger nacheinander nach Medina und folgte ihnen persönlich im Jahre 622. Das ist der Beginn der islamischen Zeitrechnung.

In Medina konnte sich die islamische Gemeinschaft frei entfalten und sich zu einem Staatsgebilde entwickeln. Ton und Inhalt der Suren änderten sich vollständig. Die Normierung und Kodifizierung aller erdenklichen Glaubenspraxen und Lebenssituationen war auf der Tagesordnung. Das Gesetz, das Scharia genannt wird, wurde offenbart, die Säulen des Islam –*shahâda, zaqât, salât, saum, hajj*– wurden verkündet, verschiedene Rechtsfragen wurden erörtert. Viele Elemente wurden aus der arabischen Tradition übernommen, andere wurden verworfen und andere wiederum wurden geändert. Ein weltliches Herrschaftssystem, verkündet von Gott durch die Suren, die kontinuierlich herabgesandt wurden, war im Entstehen. Mohammad war nicht mehr ein Mahner und Warner, der die vorhergehenden Offenbarungen bestätigte und ergänzte; er wurde zu einem Propheten und einem Gesandten Allahs. Die Unterwerfung unter den Gott der mekkanischen Periode wurde in Medina zu einer

Unterwerfung unter Gott und seinen Gesandten. In 36 Versen werden die Menschen aufgefordert, Gott und seinem Gesandten zu gehorchen. In Vers 3:32 heißt es:

> Sag: Gehorchet Allah und dem Gesandten! Wenn sie sich abwenden (sind sie eben ungläubig). Allah liebt die Ungläubigen nicht.

Oder in Vers 3:132:

> Und gehorchet Allah und dem Gesandten! Vielleicht werdet ihr (dann) Erbarmen finden.

Oder auch in Vers 4:13-14:

> Das sind die Gebote Allahs. Wer nun Allah und seinem Gesandten gehorcht, den läßt er (dereinst) in Gärten eingehen, in deren Niederungen Bäche fließen, und in denen sie (ewig) weilen werden. Das ist dann das große Glück. (13) Wer aber gegen Allah und seinen Gesandten widerspenstig ist und seine Gebote übertritt, den läßt er in ein Feuer eingehen, damit er (ewig) darin weile. Eine erniedrigende Strafe hat er zu erwarten. (14)

Die Herrschaft Gottes in dieser Welt bedeutet die Herrschaft seines Gesandten Mohammad. Aus diesem Grund bilden die Handlungen und die Aussprüche des Propheten, die sehr spät, mehr als 200 Jahre nach seinem Tod, gesammelt wurden, den Korpus der Sunna. Die Sunna ist neben dem Koran die zweite Quelle für den Glauben der Muslime.

Die Offenbarung begnügte sich nicht damit, die Allmacht Gottes auf seinen Gesandten zu übertragen, sie dehnte sie auf die menschlichen Herrscher aus. Nicht nur der Prophet nahm Anteil an der Mächtigkeit Gottes, sondern auch der politische Herrscher hatte Teilhabe daran und besaß Mächtigkeit. In Vers 4:59 heißt es:

> Ihr Gläubigen! Gehorchet Allah und dem Gesandten und denen unter euch, die zu befehlen haben!

Dieser Spruch Gottes im Koran wird von einem Hadith (Überlieferung) des Propheten untermauert. In seiner Erläuterung zu Vers 4:80 führt Mohammad aus:

> Wenn einer dem Gesandten gehorcht, gehorcht er (damit) Allah. [...] Wer mir gehorcht, der hat Gott gehorcht und wer mir nicht gehorcht, ist Gott gegenüber ungehorsam geworden. Und wer dem Emir gehorcht, hat mir gehorcht und wer dem Emir nicht gehorcht, ist mir gegenüber ungehorsam geworden.[2]

Dieser Vers sollte verheerende Auswirkungen in der islamischen Geschichte haben, weil er jegliche Legitimation der Opposition gegen autoritäre Regime ablehnt. Die Diskussionen im Mittelalter über die Legitimität des Sturzes von ungerechten Herrschern *(al-bughât)* endete immer mit der Aussage, dass solange dieser Herrscher dafür sorgt, dass das Gesetz Gottes *(Scharia)* umgesetzt wird, auch seine Herrschaft nicht in Frage gestellt werden darf. Diese Auffassung ist bis heute weit verbreitet und dient der Erhaltung von Diktaturen und Despotien.

Mit dem Aufbau des islamischen Herrschaftssystems änderte sich auch das Verhältnis zu den Schriftbesitzern. In Mekka waren sie eher Verbündete und die Auseinandersetzung fand mit den Heiden statt. In Medina lebten jüdische Stämme, die sich weigerten, den Islam anzunehmen. So setzte sich die Offenbarung mit den Schriftbesitzern auseinander. Vor ihrer anhaltenden Weigerung, dem Propheten zu folgen, steigerte sich der Ton in den Suren und wurde immer bedrohlicher. Ein Teil der Juden wurde aus Medina vertrieben. Das änderte an der Haltung der Juden nichts, so wurde der Rest physisch liquidiert und schließlich wurden die Juden aus der gesamten arabischen Halbinsel vertrieben.

Die Auseinandersetzung betraf auch die Christen. Die Distanzierung von ihnen, die in der dritten und letzten mekkanischen Phase eingesetzt hatte, wurde immer deutlicher. Sie wurden wegen ihrer Trinitätslehre immer weiter in die Nähe der Polytheisten gerückt. Der Ton der Suren blieb, anders als im Fall der Juden, relativ moderat. Erst in den letzten zwei Jahren vor Mohammads Tod, als die Feldzüge gegen die Christen Südsyriens scheiterten, wurde die

2 Oft wiederholt in den verschiedenen Hadith-Sammlungen.

Sure 9 mit einer langen Tirade gegen sie, ihren Glauben und ihren Klerus herabgesandt. Sie wurden den Juden gleichgestellt und mit ihnen verflucht. In Vers 9:30 heißt es:

> Die Juden sagen: „'Uzair ist der Sohn Allahs." Und die Christen sagen: „Christus ist der Sohn Allahs." Das ist, was sie mit ihrem Mund sagen. Sie tun es denen gleich, die früher ungläubig waren. Allah bekämpft sie! Wie können sie nur so verstandlos sein!

In Mekka sprach die Offenbarung den Geist und das Herz des Menschen an. Sie versuchte zu überzeugen und zu gewinnen. In Medina rief die Offenbarung die Muslime zum Heiligen Krieg auf. Nach der islamischen Tradition war es Mohammad in Mekka verboten, Blut zu vergießen; er sollte beten, sich in Geduld üben und vergeben. Nachdem die Mekkaner nicht auf ihn hörten, sondern ihn und seine Anhänger verfolgten, erlaubte Gott dem Propheten nach seiner Flucht nach Medina Gewalt anzuwenden:

> Denjenigen, die (gegen die Ungläubigen) kämpfen, ist die Erlaubnis (zum Kämpfen) erteilt worden, weil ihnen (vorher) Unrecht geschehen ist. – Allah hat die Macht, ihnen zu helfen. (22:39).

Die Erlaubnis wurde später zu einer Aufforderung:

> Und kämpft gegen sie, bis niemand (mehr) versucht, (Gläubige zum Abfall vom Islam) zu verführen, und bis nur noch Allah verehrt wird! Wenn sie jedoch (mit ihrem gottlosen Treiben) aufhören (und sich bekehren), darf es keine Übertretung geben, es sei denn gegen die Frevler. (2:193).

Schließlich wurde der Dschihad zu einer Pflicht:

> Euch ist vorgeschrieben, (gegen die Ungläubigen) zu kämpfen, obwohl es euch zuwider ist. Aber vielleicht ist euch etwas zuwider, während es gut für euch ist, und viel-

> leicht liebt ihr etwas, während es schlecht für euch ist. Allah weiß Bescheid, ihr aber nicht. (2:216)

In der ersten Phase handelte es sich um einen defensiven heiligen Krieg für die Verteidigung der neu entstandenen islamischen Gemeinschaft. In der zweiten und letzten Phase der medinensischen Periode geht es um einen offensiven heiligen Krieg, der der Expansion des islamischen Staates dienen soll.

Zusammenfassend kann man sagen, dass die Offenbarung in Mekka als Einladung zur Annahme des Islam als Religion, zur Unterwerfung unter Gott, angefangen hat; in Medina ist die Offenbarung zu einer Aufforderung zur Unterwerfung unter den islamischen Staat geworden. In Mekka ging es um eine Religion; in Medina handelt es sich um einen Staat. Und als solcher hat der Islam überlebt.

Bibliographie

Ibn Hischâm, *Al-sîra al-nabawiyya.* Beirut 1996.

Ibn Kathîr, *Tafsîr al-Qur'ân al-'azîm.* Beirut 1969.

At-Tabarî, *Jâmi' al-bayân fi tafsîr al-Qur'ân.*

Al-Qurtubî, *Al-jâmi' li-ahkâm al-Qur'ân.*

Heribert Busse, Die theologischen Beziehungen des Islams zu Judentum und Christentum. Darmstadt 1988.

Yusuf al-Haddad, *Al-Qur'ân wal-kitâb. Atwâr al-da'wa al-qur'âniyya.* Beirut 1986.

Antoine Fattal, *Le statut des non-musulmans en pays d'Islam.* Beirut 1995.

Die Deutsche Bischofskonferenz (Hg.), Das Glaubenbekenntnis der Kirche. Bonn 1985.

Theodor Schneider, Was wir glauben. Eine Auslegung des Apostolischen Glaubensbekenntnisses. Düsseldorf 1985.

Heinrich Fries (Hg), Handbuch theologischer Grundbegriffe. München 1970.

Fundamentalismus und Islam

Friedrich-Ebert-Stiftung Berlin, 2005

In seiner Abhandlung *Islamischer Fundamentalismus – Neu bewertet*[1] kritisiert Sadiq Jalal al-Azm die Debatte über den Begriff Fundamentalismus als weitgehend nominalistisch und unproduktiv. Viele Autoren, wie Robert Mitchell, Bernard Lewis, Gilles Kepel und Seyyid Hossein Nasr beklagen die Übernahme des christlichen Begriffes für die Kennzeichnung einer islamischen Realität als irreführend, bieten jedoch für ihn keinen Ersatz und verwenden den Begriff weiter.

Angewandt wird der Begriff auch von den Betroffenen selber, die ihn ohne Bedenken übernommen haben, um sich als Fundamentalisten, auf Arabisch *usûliyyûn,* zu bezeichnen. Wichtig ist für al-Azm zunächst nicht die Herkunft des Begriffes, sondern seine Gültigkeit als sozialwissenschaftliche Kategorie für die Untersuchung sozialer Phänomene. In einem Vergleich zwischen christlichen[2] und islamischen Fundamentalisten zeigt er wie beide in ihrer Kritik des Rationalismus und der Moderne und in ihrer Verurteilung der Demokratie übereinstimmen, er zeigt auch, wie sie eine Rückkehr zu den unverfälschten ewig gültigen Grundlagen der Religion anstreben.

Der arabische Begriff *usûliyya* stammt von *asl,* was Ursprung/Grundlage bedeutet, und hat gewichtige Präzedenzfälle in der islamischen Kulturgeschichte. Die erste große Rechtssammlung stammt von dem Hanafiten al-Schaibani (gest. 189/804) und trägt den Titel *al-asl (Der Ursprung).* Der Rechtsgelehrte al-Schafei (gest. 204/819) hat in seinem Werk *al-risâla* die „Wissenschaft der Grundlagen des Rechtes“, *'ilm usûl al-fiqh* entwickelt und der Theologe al-Aschari (gest. 324/935) hat in seinem Werk „Die Erläuterung der Grundlagen der Religion“, *al-ibâna 'an usûl al-diyâna,* die orthodoxe sunnitische Doktrin geprägt. Trotz aller dieser Referenzen schreibt al-Azm:

1 Al-Azm, Sadik J., Unbehagen in der Moderne. Aufklärung im Islam, Frankfurt a.M. 1993, S. 77 ff.

2 Hauptquelle ist „Der Syllabus moderner Irrlehren“ von Papst Pius IX, vom 8. Dezember 1864.

> Die Frage, was nun genau diese Bewegungen und Organisationen unter den Rubriken „Fundamente des Islam" angeblich unverfälscht dargestellt und zurückerobert haben, kann zur Zeit nicht abschließend beantwortet werden.[3]

Die *usûliyya* ist eine Bezeichnung des Fundamentalismus, die auf die zweite Hälfte des 20. Jahrhunderts zurückgeht, der Fundamentalismus ist jedoch viel älter und auf ibn Taymiyya (1263-1327) zurückzuführen. Er trägt einen anderen Namen, nämlich der *salafiyya*, und dieser Name verrät gleich, welche Grundlagen wiederbelebt werden sollen, und zwar sind dies die Grundlagen nach welcher sich die frommen alten Vorgänger, *al-salf al-sâleh* gerichtet haben.

Al-Azm geht in seiner Abhandlung auf die *salafiyya* nicht ein. Ich werde in diesem Beitrag die historische Dimension des Fundamentalismus schildern und die Unterschiede zwischen den wichtigsten fundamentalistischen Strömungen skizzieren.

Der Vorgänger

Nicht die Kreuzritter, die sich seit zwei Jahrhunderten an die schmale Mittelmeerküste klammerten, stellten eine ernsthafte Gefahr für die Muslime dar, denn im Laufe der Zeit hatte sich eine Art Koexistenz entwickelt, die Gefahr ging vom Mongolensturm aus, vor welchem ibn Taymiyya als Kind in Begleitung seiner Eltern von seinem Geburtsort Harran nach Damaskus flüchten musste. In seiner Lebenszeit sah er die Kreuzritter verschwinden, ihre letzte Festung Akko fiel am 18. Mai 1291, die heute gängige Stilisierung ihrer Herrschaft als Bedrohung für den Islam ist ein Phänomen der Kolonialzeit im 19. Jahrhundert. Anders die Mongolen: sie hatten die Reichsstadt Bagdad 1258 zerstört und das 500 Jahre alte abbasidische Kalifat (749-1258) beendet. Sie drohten das ganze islamische Staatswesen zu vernichten.

In Anbetracht des drohenden Untergangs wollte ibn Taymiyya den Zusammenhalt der Muslime fördern und den Staat stärken. Die Überwindung der um sich greifenden Dekadenz bestehe in der Rückkehr zu den Fundamenten der Religion, des Koran und der Sunna und der Lehre der frommen Vorgänger, *al-salaf al-sâleh*, pre-

3 Al-Azm, ibid., S. 89.

digte er. Dafür sei die Überwindung der Lehre der Rechtsschulen notwendig, was die Ersetzung der Nachahmung *(taqlîd)* durch die geistige Anstrengung *(ijtihâd)* in Rechtsfragen bedeutet, und die Reinigung des Glaubens von Aberglauben und Irrlehren, verkörpert in der Praxis der Sufi-Orden, sowie der exzessiven Anwendung der Vernunft *(ra'y)* in der Rechtsauslegung. Es gelten nur die heiligen Texte wortwörtlich und anstatt Interpretation *(ta'wîl)* gilt nur die Übernahme des Alten *(naql)*. Die Lehre ibn Taymiyyas wurde bekämpft, weil er zugleich das Establishment der Ulama und die Scheichs der Sufi-Orden angriff. Beide sorgten dafür, dass er lange Zeit seines Lebens im Gefängnis verbrachte. Zur Geltung kam seine Lehre erst in modernen Zeiten durch Mohammad ibn Abdel Wahab, der Gründer des Wahabismus.

Was ibn Taymiyya nicht wusste, ist, dass die Kreuzzüge ein Teil einer Offensive waren, die das erwachende Europa im 11. Jahrhundert startete, um die Welt zu unterwerfen. Im Jahre 1031 begann die Reconquista in Spanien, 1091 eroberten die Normannen Sizilien und 1099 hissten die Kreuzritter ihre Fahnen über Jerusalem. Mit den großen Entdeckungen ab dem 15. Jahrhundert begann Europa seine Herrschaft über die Welt auszudehnen. Das Herrschaftsgebiet des Islam wurde ständig regionalisiert und verlor in der neuen Weltökonomie allmählich an ökonomischer und politischer Bedeutung. Zur Zeit des Merkantilismus (16.-18. Jh.) wurden Teile Amerikas, Asiens und Afrikas kolonisiert. Nach der industriellen Revolution setzte die Anbindung der ganzen Welt an Europa im Rahmen eines kapitalistischen Weltmarktes ein, dann folgte die direkte politische Kolonialherrschaft. Um das Jahr 1900 lebten 160 von insgesamt 200 Millionen Muslimen in den Kolonien d.h. unter europäischer Herrschaft.[4] Die Imperien entstanden, um nach dem Zweiten Weltkrieg von den Befreiungsbewegungen weggefegt zu werden. Die politische Direktherrschaft verschwand, die Herrschaft des westlichen Kapitals blieb, dies war die Zeit des Neokolonialismus. Nach 1989 ist diese Herrschaft mit dem Untergang des sowjetischen Reiches grenzenlos geworden, sie wurde global.

Der Theologe Wolfgang Beinert schreibt:

> Als es [das europäische Christentum] im Zug der Koloni-

4 Schulze, Reinhard, Geschichte der islamischen Welt im 20. Jahrhundert, München 1994, S. 39.

> sierung eine Art Weltleitkultur wurde, formierte sich aus der Furcht vor dem Identitätsverlust der Widerstand, der wenigstens teilweise fundamentalistische Züge annehmen musste.[5]

In der islamischen Welt nahm der Widerstand verschiedene Formen an, die man wie folgt klassifizieren kann:

1. Reaktionen vor der industriellen Revolution
2. Der Nationalstaat
3. Der islamische Staat
4. Der kommunitaristische Staat
5. Der theokratische Staat

Reaktionen vor der Industriellen Revolution

Der Wahabismus

Der Wahabismus ist eine Reaktion auf einerseits die Herrschaft der Stämme in Arabien, die in Wirklichkeit nie richtig islamisiert waren und die eher nach ihren Stammesregeln und Gewohnheitsrecht lebten, und anderseits auf die Herrschaft der Osmanen, die sich von der Lehre der frommen Vorgänger des Früh-Islam, *al-salaf al-sâleh,* weit entfernt hatten. Muhammad Ibn Abdel Wahab (1703-1792), der der sunnitischen Rechtsschule der Hanbaliten angehört, wollte in Arabien den Islam reformieren und predigte die Rückkehr zum wahren Islam der Vorgänger *(salaf)*. Dies ist der reine Monotheismus *(tawhîd),* der nur die Anbetung Gottes duldet. Er verurteilte deshalb alle anderen Formen der Verehrung von Heiligen, Schreinen und Grabstätten. Er lehnte die Anwendung der Ratio für die Koran-Exegese ab. Es galt für ihn nur der literalistische Sinn des Textes, und insoweit hat er den Weg zur Erneuerung des Islam verbaut. Der wahre Islam ist in der Praxis der Salaf zu finden, alles was später dazu gekommen ist, wie der Mystizismus, der Asketizismus, die Bruderschaften und die Rituale, die nicht im Koran vorgeschrieben sind, betrachtet Ibn Abdel Wahab als verwerfliche Erneuerungen

5 Beinert, Wolfgang, Religiös-politische Gegenwelten am Beispiel des christlichen Fundamentalismus, in Materialdienst der EZW 8/2001, S. 256.

(bida'), die beseitigt werden müssen. Er folgt damit seinem Lehrmeister, dem Hanbaliten Ibn Taymiyya (1263-1328), der seiner Zeit auch die Rückkehr zum Salaf predigte und die Erneuerungen *(bida')* bekämpfte. Insoweit war der Wahabismus puritanistisch. Sein Rigorismus war extrem, Muslime waren nur diejenigen, die seiner Lehre folgten, alle anderen sind Ungläubige und müssen bekämpft werden. Damit hat er zwei Kategorien eingeführt, die bei den späteren Islamisten verheerende Auswirkungen haben werden: den *takfîr* (das Erklären anderer Muslime zu Ungläubigen) und die Pflicht zum *jihâd* (heiliger Krieg).

Das Bündnis Ibn Abdel Wahabs mit einem Stammesführer, Muhammad ibn Saud, im Jahre 1745 verlieh der Bewegung der Wahabiten die notwendige Schlagkraft für die Unterwerfung der Stämme. Die Wahabiten erklärten ihnen den heiligen Krieg. 1773 eroberten sie Riad und gründeten einen islamischen Staat, in dem die Menschen ganz nach den Geboten der gereinigten Scharia ein puritanistisches, pietistisches Leben führen konnten. Man ging so weit, Musik und Tabak zu verbieten.

Der indische Wahabismus

Mit dem Zerfall der islamischen bzw. dem Zuwachs der britischen Herrschaft auf dem indischen Subkontinent entwickelten sich sogenannte Erneuerungsbewegungen mit ähnlichen Zielen wie die der Wahabiten Arabiens. Sie beabsichtigten die Stärkung islamischen religiösen Lebens durch einerseits die Ausrottung der vom Hinduismus ererbten Bräuche und Rituale und anderseits durch eine klare Darstellung des islamischen Rechtes, damit dieser das Leben besser und straffer begleiten kann. Hauptfigur der Bewegung ist Schah Waliullah (1703-1763), ein Zeitgenosse Ibn Abdel Wahabs (1703-1792). Er war der erste Islamreformer, der die Gefahren des westlichen Modernismus für den Islam begriffen hat, und war Zeuge des Verfalles des Mogulreiches (1526-1857). Er predigte den *Dschihad* und lehrte, dass die politische und militärische Herrschaft der Muslime um jeden Preis erhalten bleiben muss. Seine Ideen wurden später von der Bewegung der *Mujâhidîn* (Gotteskrieger) übernommen, die unter der Leitung ihres Führers Sayyid Ahmed Barelwi (1786-1831), eines ausgewiesenen Wahabiten, sich noch intensiver und deutlicher für die Erhaltung der muslimischen Gemeinschaft in Indien und die Bekämpfung aller hinduistischen Einflüsse im privaten und sozialen Leben der Muslime einsetzte. Er ging soweit, die politische Spaltung von den Hindus zu betreiben und gründete in der Tat ein theokratisches Fürstentum, das 1831 von den Sikhs überrannt wurde, wobei er sein Leben verlor.

Die theokratischen Staaten Westafrikas

Ähnlich sind die sogenannten theokratischen Staaten Westafrikas einzuordnen. Auch sie können als Versuche angesehen werden „Inseln einer neuen Ordnung inmitten der Unordnung zu schaffen", wie Montgomery Watt schreibt. Wobei die Unordnung hier hauptsächlich auf die Ankunft europäischer Händler an der Küste und den ansteigenden Sklavenhandel zurückzuführen ist. Im 18. Jahrhundert erschienen, noch vor den Wahabiten Arabiens, Dschihadi-Bewegungen in Westafrika, die zentralistische islamische Staaten errichteten. Das Imamat von Timbo in Futa Jalon (Senegal/Gambia) ist der erste durch Dschihad errichtete islamische Staat (1728). Der Dschihad war gegen Nichtmuslime gerichtet. Unter der Herrschaft Ibrahim Soris (1751-1791) entpuppte sich aber der aggressive heilige Krieg gegen die Nachbarländer als nichts anders als eine organisierte Sklavenbeschaffung. Die nicht verkauften Sklaven wurden in Dörfern gesammelt und schufteten für ihren Besitzer. Die Muslime durften nicht versklavt werden, was wiederum die Verbreitung des Islam förderte.

Das Imamat in Futa Toro ist auch das Ergebnis eines Dschihad in den Jahren 1760 bis 1780, der aber gegen die eigene Elite geführt wurde, da diese die Sicherheit des Landes vor Sklavenrazzien nicht schützen konnte. Genau wie das Imamat in Futa Jalon hat die neue islamische Oligarchie in Futa Toro das Land islamisiert und lebte von den Einkünften aus den eigenen Sklavendörfern, sowie der Besteuerung des Handels mit den Europäern, hauptsächlich des Sklavenhandels.

Die Dschihad-Bewegungen erreichten einen Höhepunkt im Jahre 1804, als Shehu Usuman dan Fodio nach dem Vorbild Ibn Abd al-Wahabs gegen andere Hausa-Muslime in heutigen Nigeria rebellierte. Er verurteilte sie als Ungläubige und erklärte ihnen den heiligen Krieg. Anders als die früheren Imamate hatte die Bewegung von Shehu Usuman wahabitische, puritanische Züge. Im Jahre 1808 gründete er ein Fulani-Kalifat in Sokoto (Nigeria), das hundert Jahre später 1903 von den Briten annektiert wurde.

Shehu Ahmadu Lobbo (1775-1844) war von der Lehre dan Fodios beeinflusst und hatte die gleiche fundamentalistische Einstellung. Er erklärte 1818 den heidnischen Fulani und Bambara den heiligen Krieg und errichtete in Macina (Mali) einen theokratischen Staat, der 1862 von Hajj Umar besiegt wurde. Hajj Umar (ca. 1794/1796-1864) begann seinen Dschihad im Jahre 1852 gegen die Heiden in Segu und Karta, um 1862 den Staat Macina zu überrennen. 1891 eroberten die Franzosen sein Reich.

All diese islamischen Staaten haben mit der Einführung der Scharia als Herrschaftssystem die Islamisierung ihrer Gesellschaften vorangetrieben. Moscheen und Koranschulen wurden überall errichtet. Die Imame übernahmen die religiösen, die juristischen und nicht selten die politischen Funktionen in den Dörfern. Die Einkünfte der Staaten im 19. Jahrhundert stammten weniger aus dem Sklavenhandel als aus der religiösen Almosensteuer, dem Zakat, was auf eine fortgeschrittene Islamisierung der heidnischen Bevölkerung hinweist. Letztendlich erweiterten die Dschihad-Bewegungen das Herrschaftsgebiet des Islam beträchtlich.

Die Bildung eines Nationalstaates

Der Nationalstaat

Der jahrhundertealte feste Glauben an die Überlegenheit des *Dar al Islam* (Gebiet des Islam) zerschellte an den Mauern von Wien 1683. Und die verheerende Niederlage der osmanischen Armeen in der russischen Steppe überzeugte die Osmanen nach dem Friedensvertrag von Kuchuk Kainarji 1774 von der Notwendigkeit von Reformen nach europäischem Muster. Sie begannen mit der Übernahme der Technik, dann der militärischen Organisation und schließlich führten sie im 19. Jahrhundert wirtschaftliche und politische Reformen, genannt Tanzimat, nach europäischem Vorbild durch und verwandelten ihr zerfallendes Reich in einen zentralistischen Nationalstaat. Selbst die Ideologie des Nationalismus wurde übernommen. Die Einführung des europäischen Rechtes verdrängte allmählich die Scharia, bis sie von Atatürk 1926 endgültig abgeschafft wurde.

Die Nahda

Neben dem aufgeklärten Beamtentum und den Nationalisten wirkte auch eine Gruppe von religiösen Gelehrten zugunsten des Nationalstaates: Das sind die Islamreformer der Nahda (Renaissance) um die Scheichs Gamal al-din al-Afghani (1838-1897) und Mohammad Abdu (1849-1905). Sie wehrten sich gegen den modernen Säkularismus der Nationalisten, aber auch gegen die islamische Tradition, die im Laufe der Jahrhunderte die Religion korrumpiert hatte. Sie wollten zum wahren Islam bzw. zu den Quellen zurückkehren. Insoweit waren sie strukturell Fundamentalisten wie die Wahabiten, aber nur strukturell, weil sie inhaltlich eine ganz andere Position vertraten. Sie glaubten einen pluralistischen, demokratischen Staat mit einer Verfassung errichten zu können, auf der Basis eines reformierten Islam, der auf einer modernen rationalen Interpretation des koranischen Textes basiert. Von den alten frommen Vorgängern wollten sie weniger die Lehre übernehmen, wie es die Wahabiten getan haben, sondern deren Haltung. Wie die Vorgänger zu ihrer Zeit den Koran als erste und daher neu interpretiert haben, so steht es den Gelehrten in jeder Zeit zu, den Text neu zu interpretieren. Es trifft nicht zu, dass alles ausgelegt worden ist, die Koranexegese muss weiter gehen und darf nie aufhören. Bei den Islamreformern war nicht mehr die Rede von der *Umma*, Gemeinschaft der Muslime und Dar al-Islam, Gebiet des Islam, sondern von islamischen Staaten im Rahmen eines lockeren internationalen Verbundes. Das war der Ansatz einer Trennung von Staat und Religion. Die Nationalstaaten wurden akzeptiert, die Religion wurde auf eine Metaebene ohne politische Konkretisierung verschoben. Die Denker der Nahda waren islamische Modernisten und keine islamischen Salafiten.

Das Scheitern der Verwestlichung

Die Bemühungen um einen modernen Nationalstaat in den islamischen Ländern waren in der Türkei erfolgreich, wo 1924 der erste laizistische Nationalstaat auf islamischen Boden errichtet wurde. Im selben Jahr legten die Wahabiten mit der Eroberung des Hedschas (heutiges westliches Saudi-Arabien) den Grundstein für die Errichtung des ersten islamischen Staates, 1932 in Saudi-Arabien. Alle anderen islamischen Länder standen unter der Direktherrschaft der

Europäer. In der Kolonialzeit haben liberale nationale Eliten ihre Länder auf den Weg der Unabhängigkeit geführt und Nationalstaaten gebildet, die zu schwach waren, um unter imperialistischen Verhältnissen zu bestehen. So entwickelten sich pan-nationalistische Bewegungen wie der Panarabismus, der Nasserismus und der Baathismus mit sozialistischer Färbung sowjetischer Prägung, um ihren Völkern Wohlstand zu bringen. Sie mündeten aber alle in autoritären bis diktatorischen Regimes. Liberalismus, Nationalismus und Sozialismus haben es nicht geschafft den Völkern Wohlstand, Gerechtigkeit und Rechtssicherheit zu bringen. Im Gegenteil, mit der Perfektionierung der Unterdrückung ihrer eigenen Völker zwecks ungezügelter Ausbeutung haben die Herrschenden ab den 70er Jahren das Volk in die Arme der Islamisten getrieben. Mit der islamischen Revolution im Iran 1979 erzielten die Islamisten einen entscheidenden Sieg. Seitdem spricht man von der islamischen Erweckung.

Die Bildung eines islamischen Staates

Die Spaltung der Nahda

Im Jahre 1924 hat Atatürk das Kalifat abgeschafft. Die Nahda, deren Absicht die Versöhnung des Islam mit der Moderne war, spaltete sich in eine säkulare und eine salafitische Strömung. Die Säkularen plädierten für eine weitere Reform des Islam bis zur Trennung von Staat und Religion. Ihre Leitfigur war der ägyptische Scheich Ali Abdel-Raziq (1888-1966), der in seinem 1925 erschienenen Buch *Islam und die Grundlagen der Herrschaft* den Säkularismus islamisch zu begründen versuchte. Die Salafiten dagegen vertraten mit ihrer Leitfigur Scheich Raschid Rida einen hanbalitischen Fundamentalismus und traten für die Wiederherstellung des Kalifatsstaates ein. Diese ideologische Ausrichtung brachte sie dem Wahabismus nahe, der auf der arabischen Halbinsel wieder siegreich war.

Die Muslimbruderschaft

Der Schüler von Raschid Rida, Hassan Al-Banna (1906-1949) gründete 1928 die Muslimbruderschaft. Wie die Wahabiten bezieht auch er sich auf den Koran, die Sunna und die Lehre der alten frommen Vorgänger *al-salaf*, seine Bewegung unterscheidet sich jedoch von den Wahabiten in ihrer Ausrichtung, sie ist primär politisch motiviert und nicht religiös, deshalb stellt sie den Beginn des modernen politischen Islam dar. Das Ziel der Muslimbruderschaft ist die Errichtung des islamischen Staates, bis 1939 war die Rede von der Wiederherstellung des Kalifats. Danach waren sie der Meinung, dass ein islamischer Staat in einer Demokratie möglich wäre, wenn die Scharia die von Menschen erfundene Verfassung ersetzen würde. Die Wahabiten legen viel Wert auf die Reinheit der Lehre ohne Rücksicht auf die Anhängerschaft und die Politik. Die Muslimbrüder dagegen werben um die Gunst der Bevölkerung und streben eine einheitliche islamische Front an. Al-Banna sagt: „Lass uns handeln nach dem, was uns eint und die strittigen Fragen entschuldigen." Deshalb suchen sie im Gegensatz zu den Wahabiten die Zusammenarbeit mit den Schiiten und dulden die Sufi-Orden. Ihre Haltung zur Moderne ist auch anders, Osman Abdel Salam Nuh fasst in seinem Buch über die Divergenzen und Stimmigkeiten zwischen Wahabiten und Muslimbruderschaft die Unterschiede in einem Satz zusammen:

> Sollen die modernen Erneuerungen der Scharia untergeordnet sein oder soll die Scharia sich der modernen Erneuerungen und der politischen Entwicklung unterordnen?[6]

Beide gehen von der Scharia aus. Die Wahabiten verstehen sie als starr und unantastbar, sowohl ihre Grundlagen, *al-usûl*, als auch ihre Untergliederungen, *al-furû'*, sind allgemein gültig. Für die Muslimbrüder unterliegen die Untergliederungen *furû'* den Gegebenheiten von Ort und Zeit, daher lautet ihre Maxime: Alles, was den Grundrinzipien des Islam nicht widerspricht ist islamisch. Sie zeigen daher eine Anpassungsfähigkeit, die aber in Wirklichkeit eine Täuschung ist, weil sie nicht bereit sind auf das Recht Gottes zu verzichten, ob es um Yusuf al-Qaradawi, Tariq Ramadan oder die islamischen Fiqh-Räte im Westen geht, sie akzeptieren eine Trennung von Religion und Politik bzw. Staat nicht. Die Wahabiten sind, wenn man so will, die konservativen Salafiten und die Muslimbrü-

6 Nûh, Osman Abdel Salam, *Al-tarîq ila al-jamâ'at al-'um*, S. 5.

der die liberalen Salafiten oder wie sie sich selber nennen Salafi-Reformer.

Wie die Wahabiten schreibt sich auch die Muslimbruderschaft den heiligen Krieg auf ihre Fahne und teilt die Welt in das Gebiet des Islam, des Krieges und des Vertrages ein. Auf ihrem fünften Kongress 1945 beschloss sie in allen islamischen Ländern tätig zu werden und 1982 wurde ihre Weltorganisation gegründet.[7] 1962 entwarf Said Ramadan, der Vater von Tariq Ramadan, die Satzung der islamischen Weltliga mit Sitz in Saudi-Arabien, welche der Verbreitung des wahabitischen Salafismus dient.

Was die Muslimbrüdern charakterisiert, ist ihre zwiespältige Haltung zur Gewalt. Sie sind im Prinzip für einen Weg durch die Institutionen und lehnen eine gewaltsame Ergreifung der Macht ab, gleichzeitig schließen sie die Anwendung von Gewalt in der Form von Attentaten nicht aus, das belegt die 1942 gegründete Geheimorganisation, die zwischen 1945-48 u.a. den Premierminister und einen Richter tötete sowie viele Studenten und Juden überfiel. Zeitweilig verlassen sie auch den institutionellen Weg, wie im Jahre 1948, als ihre Verschwörung gegen den Staat entdeckt wurde, was zu ihrem Verbot führte. Ein Charakteristikum der Muslimbrüder bildet das Phänomen, dass immer wieder Teile ihrer Mitglieder abdriften und sich radikalisieren. Den ersten Fall bilden die *Shabâb Mohammad* (die jungen Mohammads), die sich 1940 abspalteten, viel bedeutender aber ist die Strömung von Sayyed Qutb, der von al-Maududi beeinflusst war.

Die Herausbildung des Kommunitarismus

Der Kommunitarismus

Mit der Absetzung des letzten islamischen Mogul-Kaisers Bahadur Shah Zafar durch die Briten im Jahre 1857 endete auch die formale islamische Herrschaft in Indien und die Muslime wurden zu einer Minderheit in einem nicht-islamischen Staat. Indien wurde zu *dâr al-harb* (Gebiet des Krieges) und ein guter Muslim sollte nach *dâr al-islâm* (Gebiet des Islam) auswandern *(hijra)*. Die wichtigsten

7 Tammam, Hisam, *Al-tanzîm al-duwali lil-ikhwân, in al-Manâr al-jadid,* Nr. 27, Sommer 2004.

muslimischen Bewegungen entschieden sich für die innere Migration, für einen inneren Rückzug in die Festung ihres Glaubens.

Die erste ist die 1867 entstandene Deobandi-Bewegung. Sie beruft sich auf die Tradition von Schah Waliullah und ist streng fundamentalistisch. Sie beabsichtigt die Wiederbelebung des klassischen Islam und seine Reinigung von Fremdeinflüssen als Grundlage für eine starke islamische Identität. Sie betreibt eine rege juristische Aktivität (*fiqh*), um alle erdenklichen Lebenssituationen in einem nichtislamischen Staat nach der Scharia zu regeln. Sie setzt sich für eine strikte Geschlechtertrennung ein und hält die Männer für intelligenter als die Frauen, die die Schule nach ihrem achten Lebensjahr nicht mehr besuchen dürfen. Ihr Ziel war die Abkoppelung von den Hindus und die Bildung einer islamischen Gemeinschaft. Die Bewegung ist eng mit dem islamischen Bildungszentrum *dâr al-'ulûm*, das 1866 in der Stadt Deoband gegründet wurde, verbunden. *Dâr al-'ulûm* ist heute die zweitgrößte islamische Universität weltweit, nach der Universität al-Azhar in Kairo. Im Jahre 2001 haben 65.000 Absolventen die Uni verlassen. Sie haben tausende von Schulen *(madrasa)* gegründet. In Asien gab es im selben Jahr 15.000 *madrasa* darunter 4.000 in Pakistan, die sich Deobandi nannten. Aus der Deobandi-Bewegung stammen die Taliban.

Die zweite ist die 1904 entstandene Sufi-Bewegung der Barelvi, die eine ähnliche Abgrenzung der islamischen Gemeinschaft von der Umwelt wie die Deobandis forderte. Sie bezweckt die Stärkung des Islam bei einfachen Leuten durch die Propagierung der Scharia durch angesehene Mittler wie die Scheichs der Sufi-Orden. Sie betrachtet den Propheten Mohammad als übernatürliches Wesen. Ihr populärer Pietismus, der gar nicht so weit vom Hinduismus entfernt ist, ruht auf seiner Quasivergöttlichung. Mohammad bildet die Identität der Gruppe, seine Beleidigung ist gleich eine Beleidigung der Gruppe. Das erklärt ihre heftige Reaktion in Großbritannien auf *Die satanischen Verse* von Salman Rushdie.

Aus der Deobandi-Bewegung stammen zwei Strömungen, die sich für die totale Abgrenzung von der Umwelt einsetzen. Die erste ist die *jamâ'at al-tablîgh* (1927), die sich ganz auf die eigene Gemeinschaft zurückziehen will und eine totale Abschottung betreibt, ohne den umgebenden Staat ändern zu wollen. Sie verkörpert die reine Form des islamischen Kommunitarismus. Der Kommunitarismus bezweckt die Aufteilung des Gemeinwesens in verschiedene religiöse Gemeinschaften, die auf diese Weise ihre Identität und ihre Lebensart bewahren können. Er ist eine Art Notlösung für die Muslime, die als Minderheit in einem nichtislamischen Staat leben. Daher ist er eine vorübergehende Lösung, bis der islamische Staat Wirklichkeit wird. Im Jahre 1992 machten die islamischen Kommunitaristen in Großbritannien einen Test, sie wählten ein selbsternanntes „muslimisches Parlament" als Alternative zum britischen Parlament. Das war ein Schock für die britische Öffentlichkeit.

Die zweite ist die von Maududi 1941 gegründete *jamâ'at al-islâmiyya*, die sich ähnlich abschottet, aber für die Errichtung des idealen islamischen Staates kämpft. Mit ihrer Hakimiyyat-allah Theorie lieferte sie der Dschihadi-Strömung ihre ideologische Grundlage.

Der theokratische Staat

Al-Maududi

Al-Sayyid Abul-Ala Maududi (1903-1979) war von Hassan al-Banna, dem Begründer der Muslimbruderschaft in Ägypten, beeinflusst und hat 1941 die Theorie von der Herrschaft Gottes, *Hakimiyyat Allah*, entwickelt. Im traditionellen und salafitischen Verständnis verfügt der Mensch als Stellvertreter Gottes über die Welt und verwaltet sie nach dem göttlichen Gesetz. Der Mensch muss Gott, seinem Propheten und den Machtinhabern gehorchen. Nach Maududis Auffassung steht die Welt einschließlich des Menschen Gott unmittelbar zur Verfügung, für die Führung der Gemeinschaft ist allerdings ein Kalif als Vertreter Gottes, beraten von anerkannten Gelehrten, notwendig. Gott herrscht in dieser Welt, das ist Theokratie, und da diese Herrschaft nirgends zu finden ist, leben wir in der *jâhiliyya*, d.h. der heidnischen vorislamischen Zeit und man muss den heiligen Krieg gegen die Ungläubigen führen, bis die ganze Welt unter die Herrschaft Gottes bzw. des Islam gebracht wird.

Maududi geht nicht soweit, die Muslime als Ungläubige zu bezeichnen, sein Dschihad richtet sich gegen die Nichtmuslime. Mit seinem *jâhiliyya*-Begriff ebnet er allerdings den Weg für Sayyed Qutb.

Sayyed Qutb und die Dschihadis

Sayyed Qutb (1906-1966), Mitglied der Muslimbrüder, führte die Lehre al-Maududis von Hakimiyyat Allah in Ägypten im Jahre 1952 ein. In den 60er Jahren radikalisierte er die Lehre weiter. Ausgehend vom *jâhiliyya*-Begriff Maududis erklärte er die islamischen Gesellschaften für nichtislamisch und die Muslime zu Ungläubigen: Deshalb gehören sie nicht mehr dem Gebiet des Islam *dâr al-islâm*, an, sondern dem Gebiet der Ungläubigen, d.h. des Krieges, *dâr al-harb*. Man muss ihnen den heiligen Krieg erklären. Der Dschihad richtet sich gegen sie genauso, wie gegen den Westen. Diese Kriegserklärung führte zur Hinrichtung Qutbs 1966. Die Saat für den Terrorismus ab den 70er Jahren war aber gesät. 1969 kam es zu einem Bruch zwischen den Muslimbrüdern und den Anhängern des gewaltsamen Dschihad, bekannt als Dschihadis. Die Dschihadis betrachten die Demokratie als *jâhiliyya* (Zeit des Unglaubens) und wollen sie zerstören. Die Muslimbrüder akzeptieren die Demokratie als politisches System und wollen sie islamisieren. Die Dschihadis betrachten das Fehlen eines islamischen Staates mit einem Kalifen als Grund für den *takfîr* der Muslime. Die Muslimbrüder betrachten die Staaten als islamisch, selbst ohne Kalif. Die Dschihadis betrachten sich als die wahre Gemeinschaft *(Umma)* der Muslime, alle anderen sind *kuffâr* (Ungläubige). Die Muslimbrüder betrachten sich als eine Gemeinschaft von Muslimen unter anderen. Die Dschihadis stammen alle aus den Reihen der Muslimbrüder. Die bekanntesten sind die o.g. *schabâb Mohammad* von Saleh Sariye, der 1975 hingerichtet wurde, *al-tawaqquf wal-tabyîn*, *al-takfîr wal-hujra* und *tanzîm al jihâd*, die Sadat 1981 ermordeten und *munazzamat al-jihâd al-islâmi* von al-Zawahiri, die sich 1998 mit Bin Laden vereinigte.

Zusammenfassung

Die theokratische Strömung gehört meines Erachtens nicht zu den Fundamentalisten. Für ihr Verständnis von Hakimiyyat Allah, von *jâhiliyya*, von *takfîr* und von Dschihad finden sich in der Geschichte und der Doktrin des Islam keine Präzedenzfälle, der Bezug auf die Kharijiten, der oft erwähnt wird ist unrealistisch und konstruiert. Ihr Verständnis beruht auf Interpretationen *(ta'wîl)*, die im Lichte des politischen Kampfes gegen den Westen vorgenommen wurden. Bei dieser Auseinandersetzung suchen die Salafiten eine sichere Grundlage in der Vergangenheit, um sich vor den Umwälzungen der Moderne zu schützen bzw. die Moderne zu bewältigen. Die Liberalreformer der Nahda versuchen diese Grundlage neu zu interpretieren, um den Einstieg in die Moderne zu vollziehen und die Theokraten und Dschihadisten flüchten in das Jenseits und wollen die Moderne und die ganze Welt zerstören.

LER Berlin, 2005

Muslime in Deutschland

Die Demokratie

Es wird oft die Frage nach der Vereinbarkeit von Islam und Demokratie als Prüfstein für die Modernisierungsfähigkeit der islamischen Länder gestellt. Um die Antwort vorweg zu nehmen, weise ich darauf hin, dass im Koran kein politisches System erwähnt wird. Es geht nur um die Herrschaft und die Menschen werden in 36 Koranversen aufgefordert, Gott und seinem Prophet zu gehorchen und in einem einzigen Vers (4:59) wird hinzugefügt, dass sie denjenigen, die unter ihnen das Sagen haben, auch gehorchen müssen. Über die Interpretation dieses Verses waren sich die Exegeten nicht einig. Manche sahen darin die politische Herrschaft des Emirs gemeint, andere (al-Tabari) die religiöse Herrschaft der Gelehrten . Unabhängig davon entwickelte sich spontan nach dem Tod Mohammads die Institution des Kalifats (bzw. für die Schiiten des Imamats), sie ist im Koran auch nicht vorgesehen. Das geschah im siebten Jahrhundert.

Später, im 10. Jahrhundert, tauchte mit den türkischen Invasionen die Institution des Sultanats auf, und die Staatstheoretiker dieser Zeit, al-Mawardi (974-1058) und Nizam al-Mulk (1018-1092), versuchten diese neue Institution in die islamische Herrschaftstheorie zu integrieren. Sie erzielten einen Kompromiss, der die Koexistenz beider Institutionen gewährleistete. Das Kalifat garantiert den islamisch-religiösen Charakter der Herrschaft, während die reale politische Macht in den Händen des Sultans liegt. Mit den Osmanen werden im 16. Jahrhundert beide Institutionen in einer Person vereint. Der Herrscher verstand sich lange Zeit primär als Sultan und erst Ende des 19. Jahrhunderts hat Sultan Abdulhamid II seinen Kalifentitel in den Vordergrund gestellt, um mit seiner Politik des Pan-Islamismus die Einheit des zerfallenden Reiches zu retten. Das war, wie wir wissen, vergebens. Kemal Atatürk, der Gründer der modernen Türkei, schaffte 1924 das Kalifat und mit ihm das Sultanat ab.

Die klassische Staatstheorie rechtfertigt die Despotie der Militärkaste und verpflichtet die Untertanen im Namen der Religion, den Despoten zu gehorchen, so lange er für die Einhaltung der Scharia-Vorschriften sorgt, unabhängig davon, ob er ungerecht, ignorant, willkürlich und grausam ist. In der Moderne und unter dem Einfluss des Westens kam die Demokratie in der islamischen Welt auf die Tagesordnung. Alle Islamreformer, ob Islamisten oder Liberale, greifen von unterschiedlichen Standpunkten auf den unscharfen Begriff der *shûra*, d.h. Beratung, zurück, der im Koran vorkommt, dort heißt es im Vers 42:38 „sich untereinander beraten" und im Vers 3:159 „und ratschlage mit ihnen über die Angelegenheit!", sie beabsichtigen damit, die Demokratie als ur-islamisch zu begründen. Die konservativen Islamisten, vertreten durch den Wahabismus (Saudi-Arabien) lehnen die Demokratie grundsätzlich ab und halten an der alten mittelalterlichen Theorie fest, die zum Gehorsam gegenüber dem Machthaber verpflichtet. Die Reformer unter den Islamisten, vertreten durch die Strömung der Muslimbruderschaft, sind der Demokratie nicht abgeneigt, betrachten sie allerdings nur formal, als ein gut funktionierendes Kontrollsystem, und lehnen ihre Grundlage ab, die aus den Menschenrechten besteht. So erklärt der deutsche Konvertit Murad Hofmann in einem Interview auf der Webseite des Zentralrates der Muslime,[1] dass die Demokratie

> ...nicht nur mit dem Islam kompatibel, sondern jeder anderen Regierungsform überlegen [sei, und] Als eine Ideologie können wir uns mit Demokratie nicht anfreunden, aber als ein Mechanismus zur Verhinderung von Machtmissbrauch.

Wie das zu verstehen ist, erklärt er: Die Parlamente können nicht willkürlich entscheiden, meint er, da sie

> ...an unabänderliche Verfassungsvorgaben gebunden [sind.] Bei Muslimen spielt halt die göttliche Scharia diese begrenzende Verfassungsrolle.

Die islamische Demokratie, die er anstrebt, sieht dann wie der islamische Staat im Iran aus, die konservative undemokratische Herr-

1 Interview mit Murad Hofman, islam.de, Montag, 30.08.2004.

schaft dagegen verkörpert der islamische Staat im Königreich Saudi-Arabien und schließlich gedieh der islamische Terrorstaat zur Zeit der Taliban in Afghanistan. Alle diese Formen berufen sich auf die Scharia, die als Alternative zu den Menschenrechten verstanden wird. Und das ist die Kernfrage, die eigentlich zu stellen wäre, nämlich die Frage nach der Kompatibilität des Islam mit den Menschenrechten.

Die Menschenrechte entstammen der Würde des Menschen und die Menschenwürde ist nach Dieter Hesselberger

> ein naturrechtlicher Begriff, der seine geistesgeschichtliche Wurzel nicht in der Rechtswissenschaft, sondern in Philosophie und Theologie hat.[2]

Die Würde gehört zur Natur des Menschen, kann aber genauso gut mit der menschlichen Vernunft als auch mit der göttlichen Offenbarung begründet werden. Beide Wege sind in unserem Grundgesetz vorgegeben, in dessen Präambel heißt es „Im Bewusstsein seiner Verantwortung vor Gott und den Menschen." Das Christentum hat seit Thomas von Aquin eine Versöhnung zwischen menschlicher Vernunft und Glaube realisiert, die trotz mancher kirchlicher Widerstände letztendlich zur vollen Anerkennung des säkularen Rechtes führte. Eine solche Versöhnung hat sich in der islamischen Welt nicht durchgesetzt, die meisten, die versuchen mit ihrer Vernunft die Religion zu hinterfragen, werden auf die eine oder andere Weise zum Schweigen gebracht. Im Islam ist die Geltung der Religion noch absolut und der Wahrheitsanspruch noch uneingeschränkt, anders als in den beiden monotheistischer Religionen der Juden und Christen.

Spätestens seit dem Zweiten Vatikanischen Konzil (1964) hat das Mainstream-Christentum seinen Absolutheitsanspruch auf die Wahrheit aufgegeben. Es ist nicht soweit gegangen, den anderen Religionen einen selbständigen Heilsweg zuzugestehen, es akzeptiert aber immerhin, dass ihre Anhänger sich als Individuen und außerhalb des Christentums durch ihren Glauben an Gott und ihre Lebensführung auf den Heilsweg begeben können; selbst Atheisten, die sich auf ihr Gewissen berufen, können ihr Heil finden, weil seit der An-

2 Hesselberger, Dieter, Das Grundgesetz. Kommentar für die politische Bildung, Berlin 1999, S. 69.

kunft Jesu der Heilige Geist bei allen Menschen wirkt und daher der Heilsweg für alle Menschen offen ist. Unter Mainstream-Christentum verstehe ich die offiziellen Kirchen und nicht die Fülle von fundamentalistischen Strömungen, deren gemeinsamer Nenner der Glaube an die Wortwörtlichkeit der Bibel ist. Man kann sie verkürzt als Kreationisten kennzeichnen, und sie stellen ein wachsendes Potential, das die Vernunft und damit die Menschenrechte gefährdet. Eine Erhebung von Juli dieses Jahres in den USA ergab, dass 42 Prozent der Amerikaner der Auffassung sind, dass die heute auf der Erde lebenden Wesen in gleicher Erscheinungsform seit dem Anbeginn der Zeit existiert haben. Zwei Drittel der Befragten (*2000*) sind der Meinung, kreationistische Ideen sollten an Schulen gelehrt werden, in Konkurrenz zu wissenschaftlichen Erkenntnissen über die Evolution, 38 Prozent forderten sogar die Evolutionslehre an der Schulen durch kreationistische Aussagen zu ersetzen. Schließlich erklären 63 Prozent der Anhänger des Kreationismus, sie seien „sehr sicher" über ihre Sichtweise, bei den Verteidigern der Evolutionstheorie waren es nur 32 Prozent.[3] Wer geglaubt hat, alle Gefechte für die Durchsetzung der Vernunft der Aufklärung seien bereits ausgefochten, irrt, Rückschläge sind, wie wir sehen, immer möglich. Das Christentum hat trotz alledem seine Menschenrechtsfähigkeit bewiesen und steht hier nicht zur Debatte. Wie sieht es mit dem Islam aus?

Der Wahrheitsanspruch

Als letzte der drei monotheistischen Religionen erhebt der Islam den Anspruch, diese zu ergänzen und die Offenbarung abzuschließen. Im Vers 33:40 steht: „Er [Mohammad] ist vielmehr der Gesandte Allahs und das Siegel der Propheten." Was das für die anderen Religionen bedeutet, steht im Koran und liefert die Grundlage für die Organisation des Zusammenlebens mit den Nichtmuslimen. Die Offenbarung des Korans nahm viel Zeit in Anspruch. Zwischen dem ersten offenbarten Vers in Mekka und dem letzten in Medina vergingen 23 Jahre. In den ersten dreizehn Jahren in Mekka hatte Mohammad wenig Erfolg, im Gegensatz zu den zehn Jahren in Medina, wo er den ersten islamischen Staat errichtete. In Mekka ähnel-

3 Süddeutsche Zeitung vom 1.September 2005: Darwins schwerer Stand.

te die Botschaft Mohammads der christlichen Lehre. Er gab sich auch als Nachfolger des Judentums und Christentums aus, er nannte sich deshalb Mahner *(bashîr)* und Warner *(nadhîr)*. Er scheiterte jedoch in seiner Mission und hatte kaum einhundert Anhänger. Man trachtete ihm nach dem Leben, er flüchtete 622 nach Medina.

In Medina begannen der Aufstieg der islamischen Gemeinschaft und die Herausbildung eines Staatsgebildes. Ton und Inhalt der Suren änderten sich vollständig. Die Normierung und Kodifizierung aller erdenklichen Glaubenspraxen und Lebenssituationen war auf der Tagesordnung. Das Gesetz, das Scharia genannt wird, wurde offenbart und ein weltliches Herrschaftssystem von Gott verkündet. Mohammad war nicht mehr ein Mahner und Warner, der die vorangegangenen Offenbarungen bestätigte, er wurde zu einem Propheten und einem Gesandten Allahs. Die Unterwerfung unter den Gott der mekkanischen Periode wurde in Medina zu einer Unterwerfung unter Gott und seinen Gesandten. Die oben erwähnten 36 Verse stammen alle aus dieser Zeit. Staat und Religion wurden im islamischen Staat von Medina vereint und stellen bis heute ein Problem dar.

In Mekka garantierten die in Nachfolge Abrahams stehenden Offenbarungen der Juden und Christen den Wahrheitsgehalt des Islam, so werden die Muslime aufgefordert bei ihnen das Wissen zu suchen (Vers 16:43). Am Ende dieser Periode jedoch beginnt Mohammad eine eigene Religion nach den Bedürfnissen der damaligen arabischen Gesellschaft zu gestalten. Er distanziert sich allmählich von den Juden und Christen, und knüpft an Abraham an, von dem er nun direkt seine Legitimation bezieht, in 16:123 steht: „Daraufhin offenbarten wir dir: Folge der Religion Abrahams, eines Hanifen, – er war kein Heide." Hanifen sind die Menschen, die aus eigener Kraft den Glauben an Gott finden. Das ist möglich, weil der Mensch seiner Natur *(fitra)* nach ein Gläubiger und daher ein Muslim, d.h. Gott ergeben ist, der sich allerdings verirrt hat. Er kann aus eigener Kraft den Weg zu Gott finden, dann ist er ein Hanif wie Abraham, die Mehrheit der Menschen braucht aber von Gott gesandte Propheten, die ihnen den Weg weisen und die Offenbarung bringen. Christen und Juden haben die Botschaft erhalten und sind Gott ergeben *(muslimûn)*. Mit den Muslimen bilden sie eine einzige Umma (Gemeinschaft) (21:92, 23:49-53).

Einmal in Medina angekommen, beginnt Mohammad mit der

Gründung und dem Ausbau der islamischen Gemeinschaft. Dafür trennt er sie von den anderen Gemeinschaften und macht sie zur Gemeinschaft (Umma) der Mitte und Zeuge über sie, d.h. nach den Exegeten zum Maßstab des Wahrheitsgehaltes anderer Religionen.

> Und so haben wir euch (Muslime) zu einer in der Mitte stehenden Gemeinschaft gemacht, damit ihr Zeugen über die (anderen) Menschen seid und der Gesandte über euch Zeuge sei. (2:143)

Sie ist die richtige Umma und Abraham gehört natürlich zu ihr und hat mit Juden und Christen nichts mehr zu tun:

> Abraham war weder Jude noch Christ. Vielmehr war er ein Hanif, ein Muslim, und kein Heide. (3:67)

Und Abraham wurde zum Erbauer der Kaaba (2:127). Der Islam wird zur einzigen richtigen Religion:

> Als (einzig wahre) Religion gilt bei Allah der Islam. *(3:19)*
> Wenn sich aber einer eine andere Religion als den Islam wünscht, wird es nicht von ihm angenommen werden. Und in Jenseits wird er verloren sein (3:85)

Als Inhaber der besten Religion sind die Muslime die besseren Menschen:

> Ihr (Gläubigen) seid die beste Gemeinschaft, die unter den Menschen entstanden ist. Ihr gebietet, was recht ist, verbietet, was verwerflich ist, und glaubt an Allah. Wenn die Leute der Schrift (ebenfalls) glauben würden, wäre es besser für sie. Es gibt (zwar) Gläubige unter ihnen. Aber die meisten von ihnen sind Frevler. (3:110)

Unter diesen Umständen wird klar, dass die Harmonie und Kontinuität der monotheistischen Offenbarung wegen der Vereinnahmung Abrahams durch die Muslime verloren gegangen ist, die Zeit, in der es noch hieß, dass alle Monotheisten eine Umma bilden, ist vorbei, Juden und Christen wurden aufgefordert, den Islam anzunehmen (2:40-43); sie weigerten sich. Der Koran warf ihnen vor die Wahrheit zu verheimlichen:

> Ihr Leute der Schrift! Warum verdunkelt ihr die Wahrheit mit Lug und Trug und verheimlicht sie, während ihr (doch um sie) wißt?" (3:71)

Sie sollen ihre eigenen Schriften gefälscht haben, daher die Warnung in Vers 2:79:

> Aber wehe denen, die die Schrift mit ihrer Hand schreiben und dann sagen: „Das stammt von Allah", um sie zu verschachern! Wehe ihnen im Hinblick auf das, was ihre Hand geschrieben hat! Wehe ihnen im Hinblick auf das, was sie begehen!

Das blieb wirkungslos. Es folgte die Verfluchung, Vers 2:89:

> Und als zu ihnen ein Buch von Allah kam, ihre frühere Offenbarung zu bestätigen – und zuvor hatten sie um Sieg über die Ungläubigen gefleht -, und als nun zu ihnen kam, was sie kannten, da verleugneten sie es. Drum Allahs Fluch auf die Ungläubigen!

und dann die Verdammung, Vers 98:6:

> Diejenigen von den Leuten der Schrift und den Heiden, die ungläubig sind, werden (dereinst) im Feuer der Hölle sein und (ewig) darin weilen. Sie sind die schlechtesten Geschöpfe.

und am Ende erklärt ihnen Gott den Krieg, Vers 9:30:

> Die Juden sagen: „'Uzair ist der Sohn Allahs" Und die Christen sagen: „Christus ist der Sohn Allahs." Das ist, was sie mit ihrem Mund sagen. Sie tun es denen gleich, die früher ungläubig waren. Allah bekämpft sie! Wie können sie nur so verstandlos sein!

Ist nach dieser Kriegserklärung ein Zusammenleben zwischen Muslimen und den ungläubigen Juden und Christen noch möglich? Der Koran bejaht die Frage unter einer Bedingung, Vers 9:29:

> Kämpft gegen diejenigen, die nicht an Allah und den jüngsten Tag glauben und nicht verbieten, was Allah und sein Gesandter verboten haben, und nicht der wahren Religion angehören – von denen, die die Schrift erhalten haben – (kämpft gegen sie), bis sie kleinlaut aus der Hand Tribut entrichten!

Damit ist die Kopfsteuer gemeint. Juden und Christen dürfen als Schutzbefohlene mit eingeschränkten politischen und sozialen Rechten unter der Herrschaft des Islam leben, obwohl sie Ungläubige sind. Die Exegeten erklären uns, dass die Ungläubigkeit der Leute der Schrift, d.h. der Bibel, darin besteht, dass sie an die Offenbarung Mohammads nicht glauben trotz ihres Monotheismus, sie haben unter anderen alle Hinweise auf die Botschaft Mohammads in ihrer Schriften gestrichen. Damit unterscheiden sie sich von den Ungläubigen, die nicht an den einen Gott glauben, das sind die Heiden und für diese ist kein Platz im islamischen Staat, sie haben die Wahl zwischen Konversion oder Tod.

Der Koran stellt nicht nur die Grundlage der inneren Organisation, der islamischen Herrschaft dar, sondern schildert auch, wie die Verhältnisse zur Außenwelt aussehen sollen. Einen wesentlichen Bestandsteil des islamischen Staates bildet der heilige Krieg. Nach der Flucht Mohammads und seiner Gefährten aus Mekka mussten sie sich vor den Mekkanern verteidigen, Gott erlaubte ihnen die Anwendung von Gewalt (22:39-40), um ihren Glauben zu verteidigen, das bezeichnet der Koran als Dschihad auf dem Pfad Gottes, übersetzt als der heilige Krieg, er hatte einen Abwehrcharakter, Vers 2:190:

> Und bekämpft in Allahs Pfad, wer euch bekämpft; doch übertretet nicht; siehe, Allah liebt nicht die Übertreter.

Dann wurde er zur Pflicht, Vers 2:216:

> Euch ist vorgeschrieben, (gegen die Ungläubigen) zu kämpfen, obwohl es euch zuwider ist.

Nach dem Erstarken der Muslime und dem Einlenken der Mekkaner im Jahre 628 (Friedensvertrag von *al-hudayba)* gewann der heilige Krieg einen offensiven Charakter, Vers 9:5:

> Und wenn nun die heiligen Monate abgelaufen sind, dann tötet die Heiden, wo (immer) ihr sie findet, greift sie, umzingelt sie und lauert ihnen überall auf! Wenn sie sich aber bekehren, das Gebet verrichten und die Almosensteuer geben, dann lasst sie ihres Weges ziehen! Allah ist barmherzig und bereit zu vergeben.

Damit begann die Expansion des Islam. Die Welt wurde in das Gebiet des Glaubens, in dem der Islam herrscht, und des Unglaubens, in dem die Heiden und die Christen herrschen, aufgeteilt.

Fazit: Der Islam ist die beste Religion, die Umma der Muslime ist die beste Gemeinschaft unter den Menschen, ihr Auftrag ist es, die Herrschaft des Islam auf die ganze Welt auszudehnen und die Menschheit auf den Weg Gottes hinzuweisen oder wie im Fall der Heiden, sie dazu zu zwingen. Wenn ein Muslim an die Wortwörtlichkeit dieser Offenbarung glaubt, und das tun die meisten Muslime, weil der Koran das Wort Gottes ist, dann haben wir bezüglich der Menschenrechte ein massives Problem. So bleibt die Forderung nach einer Modernisierung des Islam nach wie vor eine dringende Angelegenheit. Welche Stellung haben die Menschenrechte in diesem absoluten Glaubenssystem?

Die Menschenrechte

In den humanistischen Vorstellungen besitzt der Mensch durch seine bloße Existenz eine Würde und ein Recht auf Freiheit, Gleichheit und Solidarität. In der *Allgemeinen Erklärung der Menschenrechte* von 1948 heißt es in Artikel I:

> Alle Menschen sind frei und gleich an Würde und Rechten

> geboren. Sie sind mit Vernunft und Gewissen begabt und sollen einander im Geist der Brüderlichkeit begegnen.

Im Christentum ist die Würde des Menschen in seiner Natur als Ebenbild Gottes begründet. In der Bibel steht:

> Und Gott schuf den Menschen ihm zum Bilde, zum Bilde Gottes schuf er ihn; männlich und weiblich schuf er sie. (1. Mose 1.27).

Das gilt uneingeschränkt für alle Menschen. Im Koran bildet der Glaube den entscheidenden Aspekt in der menschlichen Natur und nicht die Würde, die Vernunft oder das Gewissen. In Vers 30:30 heißt es:

> Richte nun dein Antlitz auf die (einzig wahre) Religion! (Verhalte dich so) als Hanif! (Das ist) die natürliche Art, in der Gott die Menschen erschaffen hat.

Der Mensch wurde erschaffen und seine Natur wurde so geformt, dass er Gott anbetet. Seine Würde bezieht der Mensch aus seiner Eigenschaft als bestes Geschöpf, er wurde in bester Form erschaffen (95:4), und von Gott geehrt (gewürdigt) (17:70), der Würdigste bei Gott ist allerdings, der am frömmsten ist (49:13). Mit anderen Worten gilt die Würde in vollem Sinn nur für die Gläubigen. Die Ungläubigen sind krank, in ihren Herzen taub, stumm und blind und lassen sich deswegen nicht bekehren (2:18). Sie werden aufgefordert, wie die Menschen zu glauben (2:13), d.h., ihrer Natur zu folgen, sonst verlieren sie ihre menschlichen Eigenschaften, in 8:22 steht:

> Als die schlimmsten Tiere gelten bei Gott die tauben und stummen, die nicht begreifen. (8:22)

Der Exeget Ibn Kasir erklärt uns, dass die Tiere Gott gehorsam sind, indem sie den Schöpfungszweck erfüllen, die Ungläubigen tun es nicht und sind daher schlechter gestellt als sie. Der Orientalist Johann Christoph Bürgel kommentiert:

> Aus dieser Einschätzung der Ungläubigen wird nun auch verständlich, dass der Gläubige sie bekämpfen muss, und vollends ist klar, dass, wer in ihre Reihen abirrt oder zurückfällt, nichts anderes als den Tod verdient hat.[4]

Der Mensch muss den Schöpfungszweck erfüllen, seiner Natur folgen und Gott anbeten. Darin besteht seine Würde. Als bestes Geschöpf ist der Mensch auch der Stellvertreter Gottes *(khalîfa)* auf Erde. Und als solcher ist er beauftragt, dem Willen Gottes zu folgen, indem er sein Gesetz *(scharî'a)* umsetzt. Das Gesetz regelt die Beziehungen der Menschen zu Gott *('ibâdât)* sowie die Beziehungen der Menschen untereinander *(mu'âmalât).* Die Beziehung zu Gott besteht in der bedingungslosen Unterwerfung unter seine Allmacht. Im Diesseits hat der Mensch den Auftrag *(taklîf),* die Welt nach dem Gesetz Gottes zu verwalten und nicht über die Welt frei zu verfügen, wie es die Bibel vorsieht; dort sagt Gott zu Adam und Eva:

> Seid fruchtbar und mehret euch und füllet die Erde und machet sie euch untertan und herrschet über die Fische im Meer und über die Vögel des Himmels und über alles Lebendige, was auf Erden kriecht!“ (1. Mose 1.28).

Im Koran dagegen steht:

> Hast du denn nicht gesehen, dass Gott (alles), was auf der Erde ist, in euren Dienst gestellt hat, desgleichen die Schiffe, damit sie – auf seinen Befehl – auf dem Meer fahren, und (dass er) den Himmel (oben) hält, so dass er nicht – außer mit seiner Erlaubnis – auf die Erde fällt?“ (Vers 22:65).

Der Mensch herrscht nicht, sondern verwaltet nach dem im Koran offenbarten Willen Gottes, verkörpert in der Scharia. Daher gebietet er das Recht und verbietet das Verwerfliche und glaubt an Gott (3:110), damit regelt er seine Beziehungen, wie schon erwähnt als Gemeinschaft der Mitte, zu den anderen Menschen und zum Rest der Welt.

---

4 Bürgel, Johann Christoph, Allmacht und Mächtigkeit. Religion und Welt im Islam, München 1991, S. 36.

Nach dieser Auffassung ist der Islam eine Gesetzesreligion, die den Menschen keine Rechte einräumt, sondern nur Pflichten auferlegt, nämlich den Glaube an Gott und die Umsetzung der Scharia. Natürlich ist der Glaube freiwillig „Es gibt keinen Zwang im Glauben" (2:256) steht im Koran, die Konsequenzen sind aber im Diesseits für die Ungläubige schon furchterregend genug, geschweige denn im Jenseits, dass dieser Spruch seines Sinnes entleert wird. Die Umsetzung der Scharia ist eine Pflicht, weil sie das Erlangen des Heils im Jenseits durch die Gewährleistung der Herrschaft Gottes im Diesseits sicherstellt. Im Rahmen dieser göttlichen Herrschaft bzw. der Scharia werden Rechte abgeleitet, die sich nach dem Glauben richten. Das elementare Recht auf Leben z.B. existiert nicht für alle, wie es die Zehn Gebote bei den Christen implizieren, das erste Gebot heißt einfach: Töte nicht! Im Koran ist das Töten immer bedingt verboten: „Und tötet niemanden, den (zu töten) Gott verboten hat, außer wenn ihr dazu berechtigt seid!" (17:33 auch 6:151, 25:68), die Berechtigung betrifft das Töten der Ungläubigen und der Apostaten, sowie die politische Opposition und die unzüchtigen Frauen und die Homosexuellen. Das Fehlen vom Recht auf Leben wird deutlicher im islamischen Strafrecht. Das Strafrecht besteht aus dem Recht Gottes und dem Recht des Menschen. Das Recht Gottes verkörpern die *hudûd*-Strafen, sie werden bei folgendem Fehlverhalten vollstreckt: Ehebruch, die falsche Aussage bezüglich des Ehebruches, Alkoholtrinken, Diebstahl, Störung der öffentlichen Ordnung und Apostasie. Die Strafe muss auf jeden Fall vollstreckt werden, der Mensch kann sie nicht vergeben. Alle anderen Straftaten einschließlich des vorsätzlichen Mords fallen unter das Recht des Menschen und sind verhandelbar. Die Angehörigen des Getöteten können sich mit einem Blutgeld zufriedengeben oder den Tod des Täters verlangen, die Entscheidung darüber liegt bei ihnen und nicht beim Staat (17:33), der kein öffentliches Interesse an der Verfolgung der Tat zeigt wie im Fall der *hudûd*-Strafen. Das Recht auf Leben hat keinen absoluten Wert und ist eher ein Eigentumsrecht des Familienverbandes, das man entschädigen kann ohne weitere rechtliche Konsequenzen.

Diese Darstellung des Islam anhand der koranischen Texte ist in der Sunna, d.h. der Überlieferung des Propheten, die die zweite Quelle des Glaubens darstellt, noch ausgeprägter, wir haben auf ihre Einbeziehung in diesem Vortrag verzichtet. Diese Darstellung scheint zuerst eine Kompatibilität zwischen der Religion Islam und den Menschenrechten auszuschließen. Das ist historisch richtig, genau wie es richtig ist, dass in Europa vor der Aufklärung und im Rest der Welt, die Menschenrechte, die wir heute kennen, unbekannt waren. Mit der Ausdehnung der europäischen Hegemonie auf der ganzen Welt im 19. Jahrhundert waren die islamischen Länder mit den westlichen Werten des Nationalstaates konfrontiert, die sie jedoch als Unterlegene negativ erlebten, aber gleichzeitig als Quelle der Macht hochschätzten. So wurden Reformen eingeleitet, um den Rückstand nachzuholen, eine islamische Aufklärung, die Nahda, d.h. die Renaissance, startete und konservative Reaktion fand durch die Islamisten statt. Die Frage der Menschenrechte wurde aber erst in der zweiten Hälfte des 20. Jahrhunderts so aktuell, dass die Muslime sich verpflichtet fühlten, in ihrer Auseinandersetzung mit dem Westen dazu Stellung zu beziehen Unabhängig davon hat sich ein innerislamischer Menschenrechtsdiskurs entwickelt. Der sudanesische Forscher al-Baqer al-Afif unterscheidet in einer Studie über die Menschenrechte im Denken der Muslime neun Arten, die die Vielfalt der Diskurse abdecken.[5]

Die **erste** ist die ehrliche Art und redet Klartext. Sie gibt zu, dass die Scharia die Menschen nach ihrer Religion, ihrem Geschlecht und ihrem Stand als Freie oder Sklaven unterscheidet und lehnt die Menschenrechte ab. Die Leute des Buches als Monotheisten haben Rechte, aber, weil sie nicht an Mohammad glauben, nicht so viele wie die Muslime. Die Heiden und Polytheisten haben keine Rechte und die Humanisten und Atheisten sind am schlimmsten und müssen vernichtet werden. Im Hinblick auf die Geschlechter ist die Frau dem Mann unterlegen und muss ihm gehorchen (4:34), aus diesem Grund darf keine muslimische Frau einen Nichtmuslim heiraten, damit er nicht über Muslime herrscht. Hier gewinnt die gemeinschaftliche Dimension die Oberhand gegenüber den individuellen Rechten, meint Ann Elizabeth Mayer in ihrem Buch *Islam and Human Rights. Tradition and Politics*, die Muslime sind den anderen überlegen, wenn ein Muslim z.B. eine Christin heiratet, ändert sich nichts an der sozialen Hierarchie, wenn eine Muslimin einen Christ heiratet, dann muss sie ihm als Frau gehorchen, obwohl sie ihm als Muslimin überlegen ist, und das stört die hierarchische soziale Ord-

5 Al-'Afîf, al-Bâqer, Die Menschenrechte im Denken der Islamisten, Kairo 2000.

nung und wird von der Scharia verboten.[6] Diese Art des Denkens entspricht der traditionellen Art, die seit Jahrhunderten im islamischen Recht festgelegt ist und die allen Denkarten zugrunde liegt, die die Reformen des Islam ablehnen.

Die **zweite** ist die Art des Verschweigens. Die Autoren gehen von der Tradition aus und versuchen die Übereinstimmung des islamischen Rechtes mit den Menschenrechten zu erklären, indem sie scheinbar übereinstimmende Fragen behandeln und die heiklen Fragen bewusst verschweigen. So spricht der Islamist al-Maududi aus Pakistan vom Recht auf Sicherheit, Eigentum, Ehre, Keuschheit der Frau und vermeidet von der Gleichheit zwischen Mann und Frau, Muslim und Nichtmuslim zu reden, geschweige denn von Religions- und anderen Freiheiten. Diese Art von Diskurs kennzeichnet insbesondere den politischen Islam. Der Islamist Hassan al-Turabi aus dem Sudan verfährt ähnlich: in einer langen Rede über die Beteiligung der Frau und des Mannes an den unterschiedlichen Lebensbereichen erwähnt er in einem Satz, dass der Mann nur in der Ehe über die Frau herrscht und das nur durch die Ausgaben, das Befehlen und die Züchtigung. Man fragt sich, was übrig bleibt außer über Leben und Tod noch zu entscheiden. Die Angaben des Autors sind außerdem falsch, selbst außerhalb der Ehe wird die Frau von Männern beherrscht, wenn sie die Funktion des Vormunds erfüllen; das sind entweder die Väter, die Brüder oder die Onkel.

Eine verbreitete Methode der Verdunkelung bei dieser Denkart besteht darin, über die Verbindlichkeit der zitierten Koranverse zu schweigen. Bevorzugt wird diese Methode u.a. von dem Ex-Marxisten und jetzigen Islamisten Muhammad Amara aus Ägypten. Wir haben von der Entwicklung, beinahe Umkehrung der Offenbarung während ihrer 23-jährigen Laufzeit gesprochen. Viele frühere Aussagen wurden revidiert und geändert. Am Beginn der medinensischen Periode, als die flüchtigen Muslime noch schwach waren und mit den Juden zusammenleben mussten, wurde der Vers 2:256 herabgesandt: *„es gibt keinen Zwang im Glauben."* Am Ende dieser Periode, als die Muslime erstarkten und die Juden vertrieben und vernichteten, erhielten sie von Gott den Befehl, die Heiden zu töten (9:5) und die Leute des Buches zu unterwerfen (9:29). Das Beispiel ist kein Einzelfall. Viele der grundsätzlichen Aussagen der mekkani-

---

6 Mayer, Ann Elizabeth, Islam and Human Rights. Tradition and Politics, London 1991, S. 152.

schen und frühmedinensischen Periode, als es noch kein Gesetz gab, wurden später inhaltlich revidiert. Das stellt die Muslime vor eine heikle Frage: Woran sollen sie glauben? Und noch gravierender bei einer Gesetzesreligion: Wonach sie sich in ihrer Rechtsfindung richten sollen? Die islamischen Gelehrten haben die Wissenschaft der Abrogation *(al-nâsekh wal-mansûkh)* entwickelt, um diese Frage zu beantworten. Abrogation besagt, dass die späteren Verse die früheren tilgen, es gelten nur die späteren Bestimmungen. Muhammad Amara zitiert oft die ersten Verse und verschweigt, dass sie ungültig sind. Das ist Betrug und das findet sehr oft im interreligiösen Dialog statt. Ob der Tatbestand der Verdunkelung und Irreführung diesbezüglich bewusst vollzogen wird, mag ich aus eigener Erfahrung bezweifeln, dennoch sollen die Dialogpartner auf die Klärung der relevanten Verse bestehen und sich nicht mit den abrogierten Versen abspeisen lassen.

Die **dritte** ist die rechtfertigende Art. Sie geht vom traditionellen Verständnis des Islam aus und verheimlicht die problematischen Punkte in der Religion nicht. Im Gegenteil, sie spricht sie offen an und versucht sie zu rechtfertigen. In der Frage der Gleichheit von Mann und Frau z.B. wird sehr oft auf die biologischen Unterschiede zwischen den Geschlechtern hingewiesen. Die Befürworter dieser Begründung, darunter viele konvertierte westliche Frauen, realisieren nicht, dass diese Biologisierung eine Form der Diskriminierung darstellt. Nicht weit davon entfernt liegt das Argument der Triebhaftigkeit des Mannes. Die Religion würde die Monogamie empfehlen, aber der Mann hält sich nicht an diese Empfehlung und um ihn vor der Sünde zu bewahren, wurde die Polygamie erlaubt. Das ist eine Entwürdigung des Mannes durch seine Reduktion auf seine unkontrollierten animalischen Triebe. Die Ungleichheit in der Erbschaft wird damit begründet, dass der Mann den Lebensunterhalt bestreiten muss. Selbst wenn das zutrifft, kann man daraus die Rechte des Mannes, von der Frau Gehorsam einzufordern und sie zu züchtigen, nicht ableiten. Außerdem ist diese Rollenzuweisung in unserer Zeit auch in der Praxis in der Dritten Welt längst überholt, Frauen und Kinder werden dort wegen ihrer niedrigen Bezahlung sehr oft beschäftigt.

Die **vierte** ist die defensive Art. Sie greift den dekadenten Westen an, um die Überlegenheit des Islam zu zeigen. Hauptkritikpunkt sind die individuellen Menschenrechte der UN-Deklaration für

Menschenrechte. Die Rechte des Individuums würden auf Kosten von Staat und Gesellschaft überbewertet, die Konsequenz ist der moralische Zerfall. Die Freiheit des Einzelnen, die *liberté*, wird zur Libertinage. Die sexuelle Freizügigkeit schwappt auf die sozialen Verhältnisse über und bedroht die Familie und das öffentliche Leben. Das ist im Islam strikt verboten. Diese Denkart ist grundsätzlich falsch, weil sie statt des Islam diesmal die UN-Deklaration falsch darstellt und das auch nicht ohne Absicht. In Artikel 29 heißt es nämlich:

> 1. Jeder hat Pflichten gegenüber der Gemeinschaft, in der allein die freie und volle Entfaltung seiner Persönlichkeit möglich ist.
> 2. Jeder ist bei der Ausübung seiner Rechte und Freiheiten nur den Beschränkungen unterworfen, die das Gesetz ausschließlich zu dem Zweck vorsieht, die Anerkennung und Achtung der Rechte und Freiheiten anderer zu sichern und den gerechten Anforderungen der Moral, der öffentlichen Ordnung und des allgemeinen Wohles in einer demokratischen Gesellschaft zu genügen.

Der Vorwurf der Dekadenz ist immer an die Sexualität gebunden. Nicht der Kapitalismus und die Konsumgesellschaft, sondern nur die Sexualmoral macht den Muslimen zu schaffen. Entgegen gängiger Meinung, der Islam wäre im Vergleich zum Christentum sexualitätsfreundlich, verrät diese Art von Kritik die höllische Angst der Muslime vor unkontrolliertem Sex. Unzucht wird mit Steinigung bestraft. Kopftuch und Geschlechtertrennung sorgen für eine Kontrolle von außen, weil eine innere Kontrolle nicht akzeptiert wird. Wenn Mann und Frau in Kontakt kommen, dann ist das Sündigen unvermeidlich. In einer Überlieferung (Hadith) des Propheten heißt es, wenn eine Frau und ein Mann sich treffen, dann ist der Teufel der Dritte. Mustafa al-Siba'i, der Gründer der Muslimbrüder in Syrien, glaubt, dass die Größe der islamischen Zivilisation der Geschlechtertrennung zu verdanken sei. Dagegen habe die Geschlechtervermischung in der griechischen, der römischen und der westlichen Zivilisation zu ihrem Niedergang geführt.[7] So kann man die Weltgeschichte auch erklären.

7 Mustafa al-Sibâ'i, *al- mar'a bain al-fiqh wa l-qânûn*, Beirut 1984, S. 186-187.

Die **fünfte** ist die täuschende Art. Ihre Anhänger haben ein traditionelles Verständnis der Religion und wissen ganz genau, dass es mit den Menschenrechten nicht zu vereinbaren ist. Sie wollen mit der Moderne mithalten, wissen aber nicht welche Reformen geeignet sind. Sie möchten ihre Überzeugungen zeigen, befürchten aber für rückständig gehalten zu werden. Das teilen sie mit den Anhängern der zweiten Denkart des Verschweigens, sie unterscheiden sich jedoch von ihnen, indem sie die Streitfragen nicht verheimlichen, sondern ansprechen, aber auf eine täuschende Art. Sie versuchen zu zeigen, dass der Islam alle Werte einschließlich der Menschenrechte beinhaltet, trotz ihres Wissens vom Gegenteil. Beispiele dafür liefern die *Allgemeine Erklärung der Menschenrechte im Islam* vom 19. September 1981 und die *Kairoer Erklärung der Menschenrechte im Islam* vom 5. August 1990.

Die Erklärung vom 1981 wurde vom in London ansässigen Internationalen Islamrat ausgearbeitet, der an die Islamische Weltliga angeschlossen ist. Die Weltliga ist eine von Saudi-Arabien unterstützte Organisation, die den islamistischen Islam der Wahabiten weltweit verbreitet. Sie hat am 12. April 1980 eine *Islamische Welterklärung* über die Menschenrechte verabschiedet, die mit den Worten beginnt:

> Die Welt hat eine Ordnung, die Gott festgelegt hat und Gott hat die Aufgabe des Menschen bestimmt als er aus ihm seinen Vertreter auf Erden machte

und mit den Worten endet:

> Lass unseren Slogan sein: Wir unterwerfen uns der Herrschaft Gottes, und mit der Herrschaft Gottes herrschen wir. Wir gehorchen keinen Regierenden und keiner Regierung, bis sie den Koran als Verfassung akzeptieren und mit seinen Prinzipien regieren.

Ein Jahr später erscheint eine neue Menschenrechtserklärung, gerichtet an dem Westen. Sie wurde auf dem Sitz der UNESCO in Paris mit großem Medienaufwand und in Anwesenheit von hochrangigen islamischen Politikern verkündet. Sie ist sehr milde im Ton, enthält jedoch nach wie vor klare Täuschungsabsichten; in ihrer Präambel steht:

> Vor vierzehn Jahrhunderten hat der Islam auf eine umfassende und tiefe Weise Gesetze für die Menschenrechte gegeben, er hat sie mit Garantien abgesichert und eine soziale Ordnung gestaltet, die diese Rechte unterstützten und zur Geltung brachten.

Wenn wir bei dem Punkt des Rechts auf Leben bleiben, lesen wir unter Artikel 1 folgendes:

> a) Das Leben des Menschen ist geheiligt. Niemand darf es verletzen: »Wenn einer jemanden tötet, (und zwar) nicht (etwa zur Rache) für jemand (anders, der von diesem getötet wurde) oder (zur Strafe für) Unheil (das er) auf der Erde (angerichtet hat), so soll es so sein, als ob er die Menschen alle getötet hätte, und wenn einer jemanden am Leben erhält, soll es so sein, als ob er die Menschen alle am Leben erhalten hätte« (Koran 5, 32). Diese Heiligkeit kann nur durch die Macht der šarî'a und durch die von ihr zugestandenen Verfahrensweisen angetastet werden.

Da haben wir die alte traditionelle Vorstellung, nur der unachtsame Leser oder diejenigen, die sich unter Scharia nichts vorstellen können, werden hier irregeführt. Um die Täuschung noch wirksamer zu machen, wurde die Gliederung der UN-Menschenrechtsdeklaration nachgeahmt.

Die Kairoer Erklärung von 1990 ist nicht anders. Nach einer langen und schönen Präambel wird im vorletzten Artikel 24 knapp und kurz gesagt:

> Alle Rechte und Freiheiten, die in dieser Erklärung erwähnt sind, unterliegen der islamischen Scharia.

und, um Missverständnisse zu vermeiden, findet eine Doppelung im letzten Artikel 25 statt:

> Die islamische Scharia ist die einzige Referenz für die Interpretation und Deutung der Artikel dieser Erklärung.

Zu den Traditionalisten gehört auch die **sechste Denkart**. Sie ist eine Variante der rechtfertigenden Art und verfährt viel subtiler, indem sie die Logik verdreht, deshalb ihre Kennzeichnung als verdrehende Art. Ein Vertreter dieser Richtung ist der ägyptische Islamist Fehmi Huwaidi, der mit scheinbar logischen Gedankengängen versucht, die Fakten auf den Kopf zu stellen, indem er z.B. die Ungleichheit zwischen Mann und Frau als Ausdruck der Gerechtigkeit beweist. Dies betrachtet er als Erneuerung des Islam, was eine grobe Täuschung darstellt. Die Erneuerung besteht in der Änderung der sozialen Verhältnisse und nicht der Logik, um die alten Verhältnisse zu bewahren.

Alle obigen sechs Arten haben ein traditionelles Verständnis des Islam und halten an die Scharia fest. Die jetzt folgenden drei Arten zählen zu den liberalen Richtungen und stimmen der UN-Deklaration zu.

Die **siebente** ist die eklektische Art. Ihre Anhänger akzeptieren die Menschenrechte und distanzieren sich vom traditionellen und islamistischen Islam, sie betrachten mit Sorge den politischen Islam, besitzen aber nicht ausreichend Mut, um klare säkularistische Positionen zu beziehen. Sie wollen den Islam anhand von Zitaten aus dem Koran mit den Menschenrechten vereinbaren, wissen aber wenig über ihre eigene Religion und begehen unbeabsichtigt dieselben Verdrehungen wie die Traditionalisten.

Die **achte** ist die deklamatorische Art. Es handelt sich bei ihren Anhängern um von den Menschenrechten überzeugte Säkularisten, die diese Rechte in ihrer eigenen Tradition gern hätten. Um dies zu belegen, vermeiden sie die religiösen Quellen und berufen sie sich auf die Geschichte. So geben sie allgemeine undifferenzierte Erklärungen ab, wie z.B. dass die wesentlichen Menschenrechte unter der islamischen Herrschaft schon verwirklicht waren, ohne sich um ihren Wahrheitsgehalt zu kümmern.

Die **neunte** und letzte Art ist die globale liberale Art. Genau wie die erste, ehrliche, traditionelle Art gesteht sie die Unvereinbarkeit der traditionellen Scharia mit den Menschenrechten ein, und schlägt die Reform des Islam vor. Die Annäherung zu den Menschenrechten findet nicht in einer Entfernung von der Religion statt, sondern durch ein tiefes Eindringen zu ihrem Kern. Ein Vertreter dieser Linie ist der Sudanese Abdallah al-Naim, der dem reformistischen Ansatz seines Lehrers, dem Sudanesen Mahmud Mohammad Taha, folgt. Taha wurde 1985 für seine reformistischen Einsichten als Apostat verurteilt und hingerichtet. Taha meint, dass es zwei Arten der Scharia im Koran gibt Die erste ist verkörpert in der mekkanischen Periode; sie beinhaltet die allgemeinen wahren Prinzipien. Die zweite ist verkörpert in der Periode von Medina, die die erste abrogiert, d.h. tilgt und ersetzt und allein gültig geblieben ist; sie beinhaltet auch die Vorschriften, die das Leben der Muslime bestimmen. Entgegen der traditionellen Auffassung ist Taha der Ansicht, dass die erste Botschaft von Mekka nicht endgültig, sondern vorübergehend abrogiert wurde, die zweite Botschaft von Medina entspricht einer Anpassung der allgemeinen Botschaft an die historischen Gegebenheiten des siebten Jahrhunderts und hat keinen Ewigkeitscharakter. Zu dieser Zeit galten keine allgemeinen Menschenrechte, heute sieht es anders aus und wir müssen die erste Botschaft wieder in Kraft setzen. Das folgende Beispiel erläutert den Unterschied zwischen den beiden Botschaften. In Mekka wurden folgende Verse herabgesandt:

> Warne nun (deine Landsleute)! Du bist (ja) nur ein Warner (22) und hast keine Gewalt über sie (so dass du sie etwa zum Glauben zwingen könntest) (88:21-22).

Sie wurden mit den so genannten Schwertversen von Medina, die zum Dschihad aufrufen, abrogiert:

> Und wenn nun die heiligen Monate abgelaufen sind, dann tötet die Heiden, wo (immer) ihr sie findet, greift sie, umzingelt sie und lauert ihnen überall auf! Wenn sie sich aber bekehren, das Gebet verrichten und die Almosensteuer geben, dann laßt sie ihres Weges ziehen! Gott ist barmherzig und bereit zu vergeben. (9:5).

Al-Naim meint, dass es, wenn diese Reform stattfindet, keine Probleme mit den Menschenrechten und der Demokratie mehr gibt. Praktisch bedeutet die Reform die Abschaffung der Scharia im Diesseits und die Trennung von Staat und Religion. Diese Auffassung teilen die meisten Islamreformer von Nuri Öztürk in der Türkei bis Souheib Benscheich in Frankreich, die alle im Grund genommen die Anwendung der historisch-kritischen Methode in den Koranstudien verlangen, wie die Christen es seit ein paar Jahrhunderten in der Bibelforschung auch tun.

Deutschland

Es stellt sich nun die Frage nach dem Bezug dieser geistigen Haltungen zur Realität. Inwieweit ist das Zusammenleben mit Muslimen von diesen Vorstellungen bestimmt?

Wir können drei große Strömungen unterscheiden: eine traditionalistische, eine islamistische und eine liberale. Die traditionalistische, ob mit offener oder versteckter Haltung, akzeptiert die westlichen Werte nicht und versteht die Auswirkungen der Moderne, wie z.B. den Laizismus in der Türkei, als notwendiges Übel. Deshalb betrachtet sie das Zusammenleben in Europa als eine Koexistenz nebeneinander, die man nicht vermeiden kann, schließlich sind die Muslime nach Europa nicht freiwillig, sondern wegen ökonomischer Zwänge ausgewandert, und sie versuchen ihre religiöse Identität und Kultur zu bewahren, indem sie die Kontakte zur Gastgesellschaft auf ein Minimum reduzieren.

Die islamistische Haltung ist auch traditionalistisch, unterscheidet sich aber dadurch, dass sie die moderne Entwicklung nicht hinnimmt, sondern aktiv verhindern will. Das ist der politische Islam der Islamisten. Sie begnügen sich nicht damit, die Einflüsse des Westens abzuwehren, sondern erstreben aktiv die Islamisierung der sozialen Verhältnisse mit dem langfristigen Ziel, eine islamische Ordnung herzustellen und schließlich den islamischen Staat auszurufen. Die Kämpfe um das Kopftuch und die Geschlechtertrennung in den westlichen Gesellschaften sind das Ergebnis solcher Bestrebungen.

Die liberale Haltung akzeptiert die westlichen Werte und versucht die Religion neu auszulegen, damit eine vollständige Kompatibilität zwischen dem Islam und der Moderne realisiert wird. Zu dieser Strömung gehört die Mehrheit der Muslime, die stillschweigend und ohne Kenntnis der Religion die westlichen Werte so verinnerlicht haben, dass sie diese Kompatibilität als selbstverständlich betrachten. Das wird sichtbar, wenn sie ihre Empörung über Aspekte ihrer Religion zeigen und bestreiten, dass sie zur Religion gehören, weil sie nicht fassen können, dass ihre Religion so etwas beinhaltet. Sie haben sozusagen ohne große theologische Auseinandersetzung intuitiv ihre Religion modernisiert. Das folgende Beispiel illustriert diesen Gedanken am besten: Im Koran steht, dass der Muslim bis zu vier Frauen gleichzeitig haben kann, das wissen alle, auch die spontan Liberalen, im Koran steht auch, dass der Muslim zusätzlich uneingeschränkt Sklavinnen besitzen kann, mit denen er auch sexuell verkehren darf. Vor der Abschaffung der Sklaverei füllten sie zu Tausenden den Harem der Reichen und Mächtigen und vereinzelt die Haushalte der einfachen Untertanen. Der spontan Liberale ist empört, wenn er dies erfährt und bestreitet es, er kann sich nicht vorstellen, dass die Sklaverei im Koran erlaubt ist. Die Hauptschwierigkeit bei dieser Strömung liegt darin, dass die Theoretiker des Liberal-Islam und die spontan-liberale Masse der Muslime nicht zueinander gefunden haben. Die Islamreformer haben keinen institutionellen Rahmen wie die islamischen Rechtsgelehrten, um mit Rechtsgutachten (Fatwa) die liberalen Muslime in ihrem Alltag zu begleiten, eine Ausnahme bildet der Theologe und Dekan der Theologischen Fakultät in Ankara, Yasar Nuri Öztürk, mit seinen Artikeln in der türkischen Presse und seinem Buch *Vierhundert Antworten auf vierhundert Fragen*. Außerhalb der Türkei werden die Liberalen verfolgt, Taha wurde in Sudan hingerichtet, Faraj Fuda wurde in Ägypten ermordet und Nasr Hamid Abu Zayd vertrieben.

In Deutschland finden wir die drei Strömungen wieder, mit einem wesentlichen Unterschied, nämlich dem Fehlen einer intellektuellen Schicht, die die Diskussion über theologische Fragen führen kann, wie es der Fall in Frankreich, Großbritannien und Nordamerika ist. Der organisierte Islam (circa 10 Prozent der Muslime) ist von den Islamisten und den Traditionalisten beherrscht und sehr stark an die Mutterorganisationen in den Herkunftsländern gebunden, was die Entwicklung eines selbständigen, den Bedürfnisse unserer Gesellschaft angepassten Diskurses verhindert. Durch seine Ausrichtung trägt er entscheidend zur Selbstabgrenzung eines Teils der Muslime und ihrer Selbstorganisation in den so genannten Parallelgesellschaften bei.

In den letzten Jahren beginnt eine Polarisierung unter den Muslimen, deren Haupttrend wie folgt aussieht: Die islamistische Szene orientiert sich immer mehr an dem von der *Muslim Weltliga* geförderten Weltislam. Dieser Weltislam ist vom Geld der islamistischen Wahabiten Saudi-Arabiens und von der islamistischen Organisation der Muslimbruderschaft getragen. Seine Institutionen sind die islamischen Fiqh-Gremien in Europa und Amerika, im letzten Jahr ist die größte islamistische Organisation, die islamische Gemeinschaft Milli Görüs dem europäischen Fiqh-Rat beigetreten, was eine Annäherung zwischen den beiden islamistischen Dachverbänden, dem Islamrat und dem Zentralrat der Muslime in Deutschland, bedeutet und diesen Trend bestätigt. Ein weiterer Hinweis auf diesen Trend liefert auch die Gründung eines Rates für die Vorbereitung einer einheitlichen Vertretung der Muslime in Deutschland.

Den Islamisten gegenüber steht die traditionalistische Strömung, vertreten durch DITIB (Türkisch-Islamische Union der Anstalt für Religion e.V.). Sie hat in den letzten zwei Jahren an Bedeutung gewonnen, weil sie vom Staat als Ansprechpartner ausgesucht wurde. Die dritte und letzte Strömung der Liberalen hat erst im letzten Juni [2005] mit ihrer Selbstorganisation begonnen und hat eine unsichere Zukunft. Sie will der Masse der spontan Liberalen eine Stimme geben. Es bleibt offen, wie sie klingen wird.

Der Multikulturalismus als Ideologie der Desintegration

11. Wiener Kulturkongress 2005

> Moderne hochkomplexe Gesellschaften sind nach einer ersten Betrachtungsweise wegen ihrer kulturellen Differenziertheit ungeachtet ihrer spezifischen Ausprägung prinzipiell multikulturell[1]

schreibt Alf Mintzel in seinem Buch *Multikulturelle Gesellschaften in Europa und Nordamerika*. Das ist zunächst eine empirische Feststellung, die die tatsächliche Multikulturalität der Gesellschaft beschreibt. Multikulturalität ist aber mit Multikulturalismus nicht zu verwechseln, weil der Multikulturalismus eine Philosophie der Anerkennung ist, die in einer Politik der Akzeptanz der kulturellen Differenz ihren Ausdruck findet. Der Multikulturalismus ist eine Ideologie, die in den multikulturellen Gesellschaften den von dem angeblich homogenen Nationalstaat verursachten Rassismus und die Diskriminierung bekämpfen will.

Es ist daher kein Zufall, dass der Multikulturalismus als Ideologie sich zuerst in den Einwanderungsgesellschaften Kanada und Australien entwickelte, um die Koexistenz der neu angekommenen, unterschiedlichen kulturellen Gruppen friedlich zu gestalten und die einheimische Bevölkerung (Indianer, Aborigenes) vor der totalen Ausrottung zu schützen. Die Debatten darüber in den 60er Jahren führten in der folgenden Dekade dazu, dass der Multikulturalismus in Kanada 1971 und in Australien 1977 offizielle Politik wurde.[2] In den USA und Europa entbrannten in den 60er Jahren ähnliche Debatten über die Ethnizität, die ab den 80ern in einen multikulturalistischen Diskurs mündeten.

Die Ethnizitätsdebatte der 60er Jahre ist auf Frederik Barth zurückzuführen, der die Bedeutung der ethnischen Grenzen hervorhob.[3] Statt Ethnizität und ethnische Identität als kulturelles Phäno-

---

1 Mintzel, Alf, Multikulturelle Gesellschaften in Europa und Nordamerika. Konzepte, Streitfragen, Analysen, Befunde, Passau 1997, S. 219.

2 Piller, Bernhard, Mutikulturalität, Winterthuhr 1998, S. 7.

3 Barth, Frederik (ed.), Ethnic Groups and Boundaries. The Social Organization of Culture Difference, London 1969, S. 10 ff.

men zu definieren, das aus der Gleichsetzung Stamm/Kultur hervorgeht, wie in der Anthropologie der Kolonialzeit, betont Barth, dass sie das Ergebnis der Grenzziehung im Rahmen der Interaktion mit anderen Ethnien ist und daher nur in polyethnischen Systemen existieren kann. Die Ethnien organisieren ihre Beziehungen zueinander auf der Basis der kulturellen Unterschiede und in der Form der „Exklusion und Inkorporation", die eine Dichotomie von wir/ihr, eigen/fremd für die Gruppenidentifikation schafft.[4]

Der Siegeszug des Begriffs Ethnizität seit den 60er Jahren hängt mit der Entstehung neuer ethnischer Bewegungen und dem Kampf gegen Rassismus, Kolonialismus und Assimilationismus in der herrschenden weißen Kultur zusammen. Es sei hier nur an den Vietnamkrieg und an den Kampf der Schwarzen unter Martin Luther King erinnert.

In den 80er Jahren verbreiteten sich die Ideen von „Differenz" und „Multikulturalismus" infolge der Neustrukturierung des Weltkapitalismus[5] (Migration, Informatik).[6] Der Wandel des Kapitalismus änderte den Charakter des Nationalstaates. Sein Projekt der Homogenität ging zugunsten der Diversität langsam verloren. Der Ansatz von Barth gewann eine neue Bedeutung und diente nun der Rechtfertigung der Unterschiede und nicht mehr ihrem Verständnis. Eine Essentialisierung machte sich breit, die die Identitäten der Menschen unwiderruflich festlegte, man war z.B. Latino, Afroamerikaner, gebürtiger Amerikaner trotz der Beimischung, die jeder hatte.[7] Bei der Zuweisung von unveränderlichen Differenzmerkmalen wurden neue rassistische Tendenzen sichtbar.[8] Die Ethnizität als ein Instrument der Emanzipation zur Kolonialzeit wird nun selbst ein Problem und dient der Abgrenzung und der Repression.

In der Soziologie zeichnete sich ein ähnlicher Trend ab. Im Zusammenhang mit der so genannten Postmoderne fanden eine „Entstrukturierung" des Sozialen und eine Betonung von Diversität, He-

---

4 Barth, ibid., S. 16.

5 Verdery, Katherine, Ethnicity, Nationalism and State-making, in: Vermeulen (ed.), S. 51 ff.

6 Vgl. Dörre, Klaus, Modernisierung der Ökonomie – Ethnisierung der Arbeit: Ein Versuch über Arbeitsteilung, Anomie und deren Bedeutung für interkulturelle Konflikte, in: Heitmeyer, Wilhelm (Hg.), Was treibt die Gesellschaft auseinander? Frankfurt a.M. 1997, S. 69-117.

7 Verdery, Katherine, ibid., S. 52-53.

8 Ibid., S. 55.

terogenität oder Segmentierung statt.[9] Die Prinzipien eines moralischen Universalismus, die auf Freiheit, Gleichheit, Anerkennung und Solidarität basieren, wurden als Repression und Unterdrückung des Partikularen kritisiert.[10]

Ethnizität, Postmoderne und Multikulturalismus, bestimmten die Globalisierungsdebatte in den 90er Jahren, der unaufhaltsame Zuwachs der Arbeitslosigkeit und die Zuspitzung der sozialen, insbesondere der ethnischen Konflikte (z.B. Balkan, Sri Lanka) riefen allerdings ein kritisches Umdenken hervor. Die Gefahren der Essentialisierung der Identitäten wurden offensichtlich. Selbst Frederik Barth warnte fünfundzwanzig Jahre nach Erscheinen seines Werkes über die ethnischen Grenzen davor, alle Formen des kulturellen Pluralismus unter Ethnizität zu subsumieren und die kulturellen Unterschiede überzubewerten.[11]

Die Berücksichtigung der ethnischen Zugehörigkeiten zwecks gezielter Förderung, um die gesellschaftliche Integration zu realisieren, wie z.B. mit der *affimative action* der 60er Jahre in den USA, verwandelte sich in den 90ern in eine Politik der Anerkennung. Von einer Politik, die tendenziell auf die Abschaffung der Unterschiede zielte, indem sie durch geeignete Förderung benachteiligten ethnischen Gruppen die Voraussetzung für Wahrnehmung der Chancengleichheit in einer liberalen demokratischen Staatsordnung schaffen wollte, entwickelte sich eine Politik der Anerkennung der Differenz, die zur Desintegration oder mindestens zur Erhaltung von desintegrativen Aspekten führte. Der Multikulturalismus, der die Ideologie dieser Politik bildet, beabsichtigt eine gesellschaftliche Integration mit Beibehaltung der Unterschiede in ihrer ganzen Bandbreite zu realisieren. Nicht die Selbsterhaltung durch Aneignung materieller und geistiger Güter stellt die treibende existenzielle Kraft beim Menschen dar, sondern die Verwirklichung der eigenen kulturellen Identität. Daher wird die gesellschaftliche Auseinandersetzung durch den Kampf um Anerkennung und nicht mehr durch den Kampf um die materiellen Lebensbedingungen charakterisiert. Die Kultur ersetzt die Klasse.

Der Hauptideologe der politischen Philosophie des Multikultura-

9 Peters, Bernhard, Die Integration moderner Gesellschaften, Frankfurt a.M. 1993, S. 14 ff.

10 Ibid., S. 26-27.

11 Barth, Frederik, Enduring and Emerging Issues in the Analysis of Ethnicity, in: Vermeulen (ed.), ibid., S. 20.

lismus ist Charles Taylor. Er versucht das alte semantische Feld der Klassenkämpfe gegen das Kapital, das nach dem Scheitern der Arbeiterbewegung in den 70er Jahre brach lag, neu zu formulieren. Als zweite der drei Ursachen des Unbehagens an der Moderne nennt Taylor die Entzauberung der Welt durch den Vorrang der „instrumentellen Vernunft",[12] das ist die Art der ökonomischen Rationalität, die nach der maximalen Effizienz bzw. nach dem günstigsten Verhältnis zwischen Kosten und Produktivität sucht. Sie droht unser Leben zu beherrschen, indem sie andere Kriterien für die Bestimmung der Dinge, die der Produktionssteigerung und des Wirtschaftswachstums nicht dienen, ausschließt. Die instrumentelle Vernunft macht uns glauben, dass wir für alle unsere Probleme technische Lösungen suchen sollen, diese dominierende Stellung der Technik trägt aber zur Verengung und Verflachung unseres Lebens bei. Außerdem scheinen die ökonomischen Zwänge die Mechanismen des Lebens zu steuern und erzwingen ungewollte Entscheidungen. Dieser schicksalhafte Verlauf der Ereignisse erzeugt ein Gefühl der Bedrohung. Die Aussichtslosigkeit einer Revolution heute – er spricht wörtlich von Demontage von Marktwirtschaft und Staat – erzeugt ein Gefühl der Ohnmacht. Für seine Kritik der Moderne übernimmt Taylor ausdrücklich die Kapitalismuskritik von Karl Marx und Max Weber, ohne jedoch der Begriff Kapitalismus zu erwähnen, er spricht stattdessen von der Moderne und er formuliert die Hauptpunkte dieser Kritik neu: Der Begriff Profit als Verwertung des Kapitals weicht vor dem Begriff instrumenteller Vernunft, und anstelle von Entfremdung durch Verdinglichung menschlicher Beziehungen tauchen die Begriffe Verengung, Verflachung, Bedrohung und Ohnmacht auf.

Taylor wehrt sich gegen den schicksalhaften Geschichtsverlauf und postuliert das Vorhandensein eines bestimmten Grades an Freiheit, der uns erlaubt, gegen die herrschende Rolle der instrumentellen Vernunft vorzugehen. Bei diesem Kampf geht es darum, der Technik einen moralischen Rahmen zu geben, sie soll in den Dienst einer Ethik des Wohlwollens gegenüber wirklichen Menschen aus Blut und Fleisch gestellt werden. Wenn das geschieht, dann wird die Technik auf eine Weise erlebt,[13] die die Freiheit durch Selbstbestim-

12 Taylor, Charles, Das Unbehagen an der Moderne, Frankfurt a.M. 1995, S. 11 ff.
13 Ibid., S. 119-120.

mung erlaubt[14] und damit wird die Möglichkeit der Selbstverwirklichung gegeben.[15]

Die Selbstverwirklichung ist hier nicht im Sinne einer in den modernen Gesellschaften sehr verbreiteten narzisstischen Ich-Bezogenheit des Individualismus zu verstehen, sondern im Sinne einer individualistischen ich-bezogenen moralischen Authentizität. Die erste Form der Selbstverwirklichung stellt eine der oben erwähnten drei Ursachen des Unbehagens an der Moderne dar und besteht in dem Sinnverlust und Verblassen des moralischen Horizonts, die dazu führen, dass das individuelle Leben in den Mittelpunkt gestellt wird. So wird der Individualismus eine Konzentration auf das Selbst, die zu einer Verflachung und Verengung des Lebens führt, weil er gerade die sinnstiftenden Fragen nach Religion, Politik und Geschichte ausklammert und eine Kultur der Trivialität und der Hemmungslosigkeit erlaubt. Der Verlust des moralischen Horizonts ist wie der Vorrang der instrumentellen Vernunft ein Zeichen der Entzauberung der Welt.[16]

Die zweite Form der Selbstverwirklichung nach Taylor gründet auch in der Selbstbezogenheit, sieht aber im Individualismus ein moralisches Ideal, das in der Treue zu sich selbst besteht, in der Authentizität. Mit moralischem Ideal

> ist ein Bild einer eventuell besseren oder höheren Lebensweise (gemeint), wobei „besser" und „höher" nicht im Sinne unserer zufälligen Wünsche oder Bedürfnisse definiert sind, sondern ein Maßstab dessen bieten, was wir wünschen sollten.[17]

Das ist weder Narzissmus noch Hedonismus, die mit der Befriedigung des Wunsches verwirklicht werden, sondern die moralische Kraft, die hinter den Wünschen steht, und hat mit Egoismus nichts zu tun. Die Authentizität, die darauf basiert, ist reicher und stabiler als die der ersten Form, die verflacht und entleert wirkt und daher unsichere Identitäten begründet.

Die Authentizität definiert Taylor als die Ausstattung jedes

14 Ibid., S. 37.
15 Ibid., S. 120.
16 Ibid., S. 10, 17.
17 Ibid., S. 23.

Menschen mit einem moralischen Sinn und einem intuitiven Gefühl für das, was richtig und was falsch ist.[18] Diese Authentizität ist das Ergebnis eines Austauschs mit anderen, die uns etwas bedeuten, d.h. „signifikanten anderen", wie z.B. den Eltern. Auf diese Weise wird die Identität geformt, sie beinhaltet die Antwort auf die Fragen, wer wir sind und woher wir kommen und bildet den Hintergrund unserer Wünsche und Bestrebungen und verleiht ihnen einen Sinn. Die Identität bildet den Inhalt des moralischen Ideals der Authentizität, deren Selbstverwirklichung durch ein selbstbestimmtes Handeln das gute Leben bedeutet. Sie bildet den Bedeutungshorizont, durch den manche Dinge wertvoll und andere wertlos werden, und dies, ehe eine Wahl getroffen wird, insoweit ist der Horizont etwas Gegebenes.

Das moralische Ideal des Individualismus betont nicht nur die Freiheit des Einzelnen allein, sondern beinhaltet ein Gesellschaftsmodell des Zusammenlebens mit anderen. Die Identität wird im Dialog mit anderen entdeckt und muss die Anerkennung durch einen Austauschprozess erringen, sie kann dabei aber versagen. Die Verweigerung der Anerkennung kann schädlich sein, auf jeden Fall stellt sie im Rahmen der Rassenbeziehungen und in multikulturellen Gesellschaften eine Form der Unterdrückung dar. Es reicht nicht aus, die individuellen Unterschiede auf der Basis der gemeinsamen Prinzipien eines Gemeinwesens anzuerkennen (d.h. des moralischen Universalismus), weil dies die Nichtanerkennung der Ausnahme von diesen Prinzipien beinhaltet. Eine wahre Anerkennung der Unterschiede bedeutet die Anerkennung des gleichen Wertes verschiedener Existenzweisen und die Aufforderung der Politik, die Gleichwertigkeit verschiedener Identitäten anzuerkennen. Es geht nicht mehr darum, die Gleichwertigkeit zu begründen, sondern durch ein politisches Leben der Beteiligung die Wertungsgemeinsamkeiten auszubauen und zu pflegen.

Die kulturelle Identität des Einzelnen ist etwas Gegebenes, das durch einen Dialog mit „signifikanten anderen" hergestellt und ausgehandelt wird, um zu einem eigenen Bedeutungshorizont zu werden. Die eigene Identität hängt also von dialogischen Beziehungen zu anderen ab, dies führt zur Herausbildung gruppenspezifischer und gemeinschaftsbezogener Identitäten, an deren Bewahrung die Gruppe ein hohes Interesse zeigt. Auf diese Weise wird die große

18 Ibid., S. 34.

Bedeutung kollektiver Lebenszusammenhänge für die Identität des Individuums betont, das sich eben nicht nur als Einzelperson, sondern ebenso sehr als Angehöriger einer Religion oder einer ethnischen Minorität versteht und definiert.[19] Damit erweist sich Taylor als Kommunitarist.

Wie die Kommunitaristen, die in den frühen achtziger Jahren in den USA entstandenen sind und eine Gegenposition zum Liberalismus bezogen, in dem sie den Akzent statt auf das autonome, als ungebunden und egoistisch kritisierte Individuum auf die Gemeinschaftsbezogenheit („community") jedes Menschen legten, kritisiert Taylor den Liberalismus der Neutralität, der zur Fragmentierung der Gesellschaft führt, d.h. zu einer Gesellschaft, „deren Angehörigen es immer schwerer fällt, sich mit ihrer politischen Gesellschaft als einer Gemeinschaft zu identifizieren."[20] Diese Haltung reflektiert eine atomistische Einstellung, meint Taylor, bei der die Menschen, die Gesellschaft rein instrumentell sehen und die Fähigkeit zum wirksamen gemeinsamen politischen Handeln abhanden gekommen ist, und die Menschen dadurch auf sich selbst zurückgeworfen werden. Das bedeutet ein Verlust an Selbstbestimmung und Freiheit. Um dem entgegenzuwirken ist eine Besinnung auf das moralische Ideal der Authentizität d.h. auf die eigene Identität erforderlich, eine Identität, die per Definition in einer Gemeinschaft eingebettet ist, deren gemeinsames Handeln für die Anerkennung ihrer kulturellen Eigenschaften zugleich ein Kampf für die Freiheit ist.

Der Wunsch nach Selbstverwirklichung durch Anerkennung der eigenen Identität verweist auf die Selbstbezogenheit der Identitätssuche, auf ihre Subjektivität, und die Verwirklichung des Selbst durch die Anerkennung anderer verweist auf die intersubjektive Dimension des Phänomens. Mit den Sphären der Subjektivität und Intersubjektivität begeben wir uns in die Welt der Psychologie. Einer der bedeutendsten Vertreter der These der Anerkennung ist der deutsche Philosoph Axel Honneth. Die gesellschaftliche Ausgrenzung, meint er, beruht primär auf Erniedrigung und Scham, die durch mangelnde Anerkennung ausgelöst werden.[21] Die Erfahrung sozialer Missachtung oder Erniedrigung gefährdet die Identität von

19 Charles Taylor, Multikulturalismus und die Politik der Anerkennung, Frankfurt am Main 1993. S. 55ff.
20 Ibid., S. 131.
21 Vgl. Honneth, Axel, Kampf um Anerkennung. Zur moralischen Grammatik sozialer Konflikte, Frankfurt a. M. 2003, S. 212 ff.

Menschen genauso wie Krankheiten ihr physisches Wohlbefinden bedrohen. Er kommt zu dem Schluss, psychische Deprivation sei die zentrale Ursache von Ungerechtigkeit und Ungleichheit. dass die letzte Pisa-Studie über das Schulsystem in Deutschland z.B. den Zusammenhang zwischen der niedrigen sozialen Herkunft und den schlechten Beschäftigungsperspektiven wiederholt betont, hat für die Multikulturalisten wie Honneth wenig mit dem angestrebten guten Leben zu tun, das gute Leben ist primär die Verwirklichung des kulturellen Selbst. Die Anerkennung meiner kulturellen Spezifizität, meiner Identität macht mich erst glücklich.

Mit diesem Ansatz findet eine Verschiebung von strukturellen Problemen der Gesellschaft auf die kulturelle Ebene statt. Eine moralisierende Haltung, das moralische Ideal der Authentizität, das in der Psyche des Einzelnen wurzelt und von einer Gruppe von Menschen geteilt wird, wird zum Maßstab aller Dinge erhoben. Die Umsetzung des moralischen Ideals findet außerhalb der Strukturen einer funktional differenzierten modernen Gesellschaft, in der Lebenswelt, statt, in der der Kampf um Anerkennung sich abspielt, daher gewinnt der Alltag, wie Radtke meint, eine höhere Rationalität und Dignität, die es zu rekonstruieren und normativ, z.B. für soziale Interventionen zu nutzen gilt. Ausgehend von der Kapitalismuskritik der Marxschen Tradition, die im Modernisierungsprozess die Ursachen der Entfremdung und der Zerstörung der Subjektivität sieht, schlägt der Multikulturalismus nicht etwa eine strukturelle gesellschaftliche Änderung, sondern eine davon unabhängige Rekonstruktion der Subjektivität vor. Radtke schreibt:

> „Religion", „Alltag", „Gemeinschaft" und „Lebenswelt" stehen für die Utopie vom guten Leben, bezeichnen Bastionen, in denen sich das Subjekt verschanzen und seine partikulare Identität gegen die Übergriffe des „Systems" zu retten versuchen kann. Die empirische Beobachtung, dass dies so geschieht, wird normativ gewendet, so als ob in der „unberührten" Lebenswelt eine tiefere Humanität zu vermuten sei.[22]

22 Radke, Frank-Olaf, Zur Konstruktion des Fremden im Diskurs des Multikulturalismus, in: Das Eigene und das Fremde, Hrsg: Uli Bielefeld, Hamburg 1991.

Aus dieser Perspektive wird die Emanzipation aus Familie, Gemeinschaft und Herkunft nicht als Chance, sondern als Entfremdung begriffen und die Vorzüge der vormodernen kommunitaristischen Lebensweisen werden glorifiziert. Die Ehre ersetzt die Würde, es geht nicht mehr um die Autonomie, die Gleichheit und Selbstverwirklichung der Individuen, sondern um die Vermeidung ihrer Kränkung, Beleidigung, Missachtung und die Verletzung ihres Selbstwertgefühles, kurz, um die Nichtanerkennung ihrer Identität.

Nach der Psychologisierung der sozialen Verhältnisse wird eine Verrechtlichung der intersubjektiven Anerkennung verlangt, die zugleich die Psychologisierung des Rechtes bedeutet. Der Staat soll die Integrität der Person, d.h. ihre physische, rechtliche und kulturelle Unversehrtheit schützen. Die Integritätsverletzung, die es zu verhindern gilt, sind nach Axel Honneth die Missachtung der leiblichen Integrität durch körperliche Gewalt, die Missachtung des normativen Selbstverständnisses durch strukturellen Ausschluss aus dem Rechtsverband und schließlich die „Herabwürdigung von individuellen oder kollektiven Lebensweisen."[23] Charles Taylor plädiert auch für einen rechtsstaatlichen Schutz der Lebensformen und Traditionen, in denen sich Angehörige diskriminierter Gruppen wiedererkennen können. Der Rechtsstaat soll die kollektive Integrität bestimmter Gruppen vor den Ansprüchen einzelner Individuen sowie vor den Ansprüchen anderer Kollektive schützen, sobald diese Ansprüche die distinkte Besonderheit eines Kollektivs in ihrer Existenz gefährden. Im Fall einer Kollision von individuellen und kollektiven Anerkennungsansprüchen sind die kollektiven Ansprüche unter Umständen über die Ansprüche des Individuums zu stellen, die Integrität der Gemeinschaft stünde in bestimmten Fällen über der Integrität der Person.[24]

Diese kommunitaristische Auffassung steht in Widerspruch zum Liberalismus, der grundsätzlich die Integrität des Individuums über die Integrität der Gruppe stellt. Taylor kritisiert den liberalen individualistischen Universalismus als eine Spiegelung ganz bestimmter, besonderer Kulturen des säkularisierten, westlichen Abendlandes und damit ein Partikularismus unter der Maske des Universellen

23 Axel Honneth, Integrität und Ächtung, in: Merkur, 44. Jg. (1990), Nr. 501, S. 1045ff. Zitiert in: Andrea Albrecht, Politik der Differenz oder Politik des Universalismus? Fragen nach der europäischen Integrität. Internet-Zeitschrift für Kulturwissenschaften, 15. Nr. Juli 2004.

24 Ibid. Und Taylor, Multikulturalismus, S. 55.

sei.[25] Der differenzblinde Politik des Universalismus der individuellen Grundrechte sei eine Politik der Differenz an der Seite zu stellen, die den Fortbestand der Unterschiedenheit und die Integrität bestimmter Kollektive wie Familie, Glaubensgemeinschaft, ethnische und kulturelle Minderheiten, sichere.[26] Steven Rockefeller befürchtet,

> dass es aus einer separatistischen Mentalität, die die ethnische Identität über die universell menschliche Identität stellt, im Laufe der Zeit zu einer Aushöhlung fundamentaler Menschenrechte kommen kann.[27]

Diese Gefahr ist nicht ganz von der Hand zu weisen, meint Walter Kälin in seinem Buch *Grundrechte im Kulturkonflikt. Freiheit und Gleichheit in der Einwanderungsgesellschaft.* Taylor bleibt bezüglich der Grenzen der Anerkennung, jedenfalls aus juristischer Sicht, eigentümlich unbestimmt.[28]

Nicht nur im Bezug auf die Menschenrechte ist der Multikulturalismus fragwürdig, sondern auch bezüglich der sozialen Integration, die eigentlich sein Hauptanliegen ausmacht. Er erhebt nämlich den Anspruch, die vorgegebene konfliktreiche Multikulturalität friedlich und integrativ zu gestalten. Um es vorweg zu nehmen, kommt die Assimilation für den Multikulturalismus nicht in Frage, weil sie, wie Taylor schreibt, „die Todsünde gegen das Ideal der Authentizität ist",[29] nur die Integration kommt in Betracht. Frank-Olaf Radtke, der dieser Frage nachgeht, stellt erst fest, dass der Begriff „multikulturell" vor 1980 im deutschen Diskurs fehlte, nicht weil die Ausländer fehlten, es lebten schon viereinhalb Millionen im Lande, sondern weil eine Umstellung der Semantik, genau wie vorher in Amerika stattgefunden hat. Die in der Gesellschaft vorgefundenen Kategorien der ethnischen Diskriminierung werden für die Beschreibung der sozialen Verhältnisse benutzt und diese angeblich

25 Taylor, Multikulturalismus, S. 34.
26 Ibid., S. 59.
27 Rockefeller, Steven C.: Kommentar, in: Taylor, Charles, Multikulturalismus und die Politik der Anerkennung, Frankfurt am Main 1993, S. 101.
28 Kälin, Walter, Grundrechte im Kulturkonflikt. Freiheit und Gleichheit in der Einwanderungsgesellschaft, Bern 2000, S. 88.
29 Taylor, Multikulturalismus, S. 28.

neue Realität erforderte eine Neukonzipierung der Dichotomie vom Eigenen und Fremden, von Innen und Außen.

In der modernen, funktional differenzierten Gesellschaft kann die traditionelle Unterscheidung von eigen/fremd der massenhaften Anwesenheit von Menschen an einem Ort, wie z.B. der Stadt, nicht mehr Rechnung tragen und muss mit einer strukturellen Figur des „neutralen Fremden" ergänzt werden, meint Radtke. Das bedeutet, dass wir auf Straßen und Plätzen, in Bussen und Fahrstühlen Menschen grußlos begegnen können, ohne dass dies als Unhöflichkeit oder gar Feindseligkeit gedeutet wird. Das ist eine Form der modernen Sozialität, die auf wahrgenommene Differenz mit Nicht-Entscheidung, also mit Gleichgültigkeit und Indifferenz reagiert. Dieser Umgang der Unbeteiligung gehört in einer modernen Gesellschaft zur öffentlichen Sphäre, in der auch gleichzeitig Dienstleistungen beansprucht werden. In diesem Fall begegnen sich die Menschen in spezifischen Funktionsrollen, die von ihren sichtbaren kulturellen Merkmalen abzusehen helfen. Die berechtigte Erwartung, dass sich ein Arzt wie ein Arzt verhält, ist so groß, dass die Tatsache, dass er Merkmale des anderen Geschlechts, einer anderen Religion oder Region oder einer anderen ethnischen Gruppe hat, im Regelfall übersehen werden kann. Anders in der Privatsphäre, in der die Wahrnehmung aller Merkmale der Person stattfindet. Die Gleichgültigkeit hat in der Privatsphäre keinen Platz, sie wird als Kälte und Gefühllosigkeit wahrgenommen.

Der Multikulturalismus, ausgehend von der Erfahrung der Diskriminierung in der neutral vorausgesetzten öffentlichen Sphäre, schlägt die ausdrückliche Kenntnisnahme der ethnischen Differenz vor. Differenz soll bewusst erlebt und gelebt werden; nicht als Bedrohung, sondern als Anregung. Dieser Ansatz ist pädagogisch und wird hauptsächlich von den Kirchen und den Wohlfahrtsverbänden getragen. Er setzt wegen seiner Betonung der Fremdheit einen Extrawillen zu mehr Toleranz voraus, deren Erbringung keine Selbstverständlichkeit ist. Die Ethnizität soll als Anderssein verstanden und dennoch nicht im sozialen Prozess als Ressource der Unterscheidung (d.h. der Diskriminierung) verwendet werden. Nicht nur die Funktionsrollen, auch die kulturellen Merkmale sollen als gleich gültig anerkannt und damit relativiert werden. Eine weitere Schwierigkeit ist struktureller Natur. In differenzierten Gesellschaften betreffen Innen und Außen, Eigen und Fremd kontextabhängig jeweils nur Teilsysteme, wie Wirtschaft, Bildung und Kultur, deren Regeln funktional bestimmt sind. Die Anerkennung ethnischer Unterschiede konstruiert ein unverlierbares, übergreifendes Merkmal, das zur Essentialisierung führt. An die Stelle von Solidarität, die ein Prinzip der Auseinandersetzung mit Diskriminierung und Unterdrückung wäre, tritt ein Pluralismus der Herkünfte, charakterisiert durch den Rückzug in die Authentizität der kulturellen Identität und eine Kompromissbildung zwischen kollidierenden Normen wird immer schwieriger. Radtke kommt zu dem Schluss, erst die Gleich-Gültigkeit des Lebensrechts aller Mitglieder der Gesellschaft machte es möglich, bestimmten Differenzen gegenüber gleichgültig zu sein.

Frank Furedi stellt in seinem Aufsatz *Akzeptiere mich, so wie ich bin!* die These auf, dass es sich bei der Integrationspolitik der Multikulturalisten eigentlich um eine therapeutische Politik handelt.[30] Das Selbst mit seinem Wunsch nach Selbsterfüllung und Selbstverwirklichung wird erst durch Anerkennung aktualisiert, damit bewegen wir uns in der engen Sphäre der Intersubjektivität. Diese Politik, die als Reaktion auf eine real existierende Diskriminierung erscheint, ist eher die Folge einer Legitimitätskrise der Institutionen des westlichen Staates. Der homogene Nationalstaat mit seiner gemeinsamen Kultur und geteilten Weltanschauungen, sei es z.B. in Form der deutschen Leitkultur, der französischen *citoyenneté* oder des *American Way of Life* hat seine identitätsstiftende Funktion weitgehend eingebüßt, eine Identitätspolitik war die Konsequenz. Die Neuausrichtung der Politik auf das Individuum und dessen subjektive Empfindungen ist Teil einer geistigen Strömung der Subjektivierung der westlichen politischen Ideologie. Das Recht auf Anerkennung postuliert, dass die Selbstdarstellung nicht hinterfragbar und hinzunehmen sei. An die Stelle der Konzepte sozialer Gleichheit tritt das Konzept der Gleichheit der Werte, das mit den Vorstellungen von Chancengleichheit und Verteilungsgerechtigkeit noch wenig zu tun hat.

Mit der Politik der öffentlichen Anerkennung versucht die Politik den verlorenen Kontakt zu den marginalisierten Teilen der Gesellschaft wieder herzustellen, und eine soziale Inklusion zu realisieren, die aber kaum als Integration bezeichnet werden kann. Es handelt sich eher um eine therapeutische Verwaltung sozialer Pro-

30 Furedi, Frank, Akzeptiere mich, so wie ich bin! NOVO 58/59 Mai-August 2002.

bleme. So ist für den US-Senator John Vasconcellos, den Hauptgestalter dieser Politik, die Selbstachtung ein „sozialer Impfstoff", der vor einer Vielzahl sozialer Übel schützt. Margaret Thatcher hat in den 80er Jahren diese therapeutische Politik in Großbritannien eingeführt, sie gilt bis heute. So ist Ausgrenzung für Tony Blair weniger ein Problem materieller Benachteiligung als der Beeinträchtigung der Selbstachtung und seine Regierung hat wiederholt verlautbart, dass geringe Selbstachtung für eine ganze Reihe von Problemen verantwortlich sei, darunter Kinderprostitution, Obdachlosigkeit, minderjährige Mutterschaften, Drogenmissbrauch und viele Formen antisozialen oder destruktiven Verhaltens. Gesellschaftliche Probleme werden zunehmend als Folge von Psychopathologien betrachtet, die therapeutischer Behandlung bedürfen, meint Furedi.

Die Sprache der Anerkennung setzt ein schwaches Selbst voraus, das seine Bestätigung nicht durch seine eigene Aktivität und seine Beziehungen zu den anderen, sondern durch die behördliche Anerkennung realisiert. Das ist eine Sprache der Unfreiheit, weil sie Vergangenes institutionell und gesetzlich verankert und damit eine künftige Entwicklung verhindert. Außerdem wird die Autonomie, die den wesentlichen Aspekt der Menschenwürde bildet, gegen die Scheinlösung institutionell bestätigter Identität eingetauscht. Das Konzept der Gleichwertigkeit verstärkt den Trend zu moralischem Relativismus und damit zur Unfreiheit, weil die Anerkennung nicht von allgemein geteilten moralischen Kriterien, sondern vom institutionellen Anerkenner abhängt, also letztlich vom Therapeuten.

Anthony Giddens definiert in diesem Sinne die Aufgabe der Wohlfahrt neu, sie ist im Wesentlichen kein ökonomisches, sondern ein psychisches Konzept, denn worum es geht, ist das Wohlbefinden, meint er. Die Wohlfahrt ist nicht mehr da, um Menschen, die von funktionalen Teilsystemen abgefallen sind, aufzufangen um sie wieder einzugliedern, sondern um sie zu therapieren. Giddens schreibt: „Psychische Beratung kann beispielsweise oft hilfreicher sein als direkte finanzielle Unterstützung."[31] Der therapeutische Ansatz gewinnt beunruhigende Dimensionen, wenn er den rein ökonomischen Bereich erfasst. In einem Papier des Finanzministeriums in London heißt es, dass „wirtschaftliche Benachteiligung durch

31 Giddens, Anthony, Der Dritte Weg. Die Erneuerung sozialer Demokratie, Suhrkamp Verlag, Frankfurt am Main 1999. Zitiert in Furedi, ibid.

Förderung des Selbstwertgefühls der Armen" zu überwinden sei. Die therapeutische Politik ermuntert die Menschen, sich ihrem Schicksal zu fügen und ihre Erwartungen niedrig zu halten, sie wolle den Menschen helfen „mit der Unvermeidbarkeit von Enttäuschungen zurechtzukommen." Frank Furedi kommt zu dem Schluss:

> Die therapeutische Politik stützt sich auf eine Kultur, die Menschen auffordert, ihre Erwartungen herunterzuschrauben und sich ein reduziertes Selbstbild zu Eigen zu machen.

Der Multikulturalismus mit seinem Inklusionsbegriff realisiert keine Integration, sondern eine begrenzte und oberflächliche soziale Partizipation in bestimmten kulturell geprägten Funktionssystemen. Ausgehend von seiner intersubjektiven Politik der Anerkennung fördert er hauptsächlich Sport, Kunst und kulturelle Initiativen für die Stärkung des Selbstwertgefühls und erweist sich hilflos in Fragen der hohen Arbeitslosigkeit, der mangelhaften Bildung und der Ghettoisierung der Migranten. Der erlittene Verlust an Integrationskraft versucht der Staat durch die multikulturalistische Politik der Anerkennung zu kompensieren, indem er sich in die Rolle eines Verwalters der emotionalen Ängste begibt. Er hofft, dadurch die Kontrolle über abdriftende Segmente der Gesellschaft wieder zu gewinnen.

Anders als in den klassischen Einwanderungsländern bestand Europa nach dem Zweiten Weltkrieg, als die moderne Einwanderung einsetzte, weitgehend aus homogenen Nationalstaaten. Die Multikulturalität war eine Folge der Migration und hatte zwei Ursachen, eine strukturelle und eine soziopolitische, die je nach Ländern unterschiedlich gewichtet waren. Zu den Ländern, die die strukturelle Multikulturalität begünstigen, zählen Großbritannien und die Niederlande.[32]

Das erste Immigrationsgesetz in Großbritannien, *The Nationality Act* von 1948, war sehr liberal und förderte die Einwanderung. Die Einwanderer kamen in den 50er Jahren als Bürger des Commonwealth und erlangten durch Registrierung die britische Bürgerschaft. Sie wurden zu Staatsbürgern mit Wahlrecht, ohne dass von

32 Vgl. Ghadban, Ralph, Reaktionen auf muslimische Zuwanderung in Europa, Bundeszentrale für politische Bildung, Bonn 2003, B 26/2003, S. 26-32.

ihnen eine Integration verlangt wurde. Das war ein normaler Vorgang, weil die Staatsbürgerschaft in Großbritannien nicht die Zugehörigkeit zu einem auf einer Nationalität basierenden Nationalstaat bedeutet, sondern die Zugehörigkeit zu einem Staat mit mehreren Nationalitäten: Schotten, Waliser, Iren und Engländer. Das britische System sucht keine Assimilation der Staatsbürger, sondern begünstigt ein Nebeneinander der politischen Identitäten. Auf diese Weise haben die Afrokariben, die Inder und die Pakistaner ihre geschlossenen Gesellschaften ohne jede Störung aufgebaut.[33]

Das Säulensystem in den Niederlanden schreibt die Freiheit der Bildung in der Verfassung fest. Das bedeutet, dass neben den neutralen staatlichen Schulen die konfessionellen Schulen mit 100 Prozent staatlicher Finanzierung existieren dürfen und keinen staatlichen Kontrollen unterliegen. Das Säulensystem umfasst nicht nur die Bildung, sondern auch die Wohlfahrt, die Krankenhäuser und die Medien, und der Staat ist berechtigt, aus Erwägungen des öffentlichen Interesses die religiösen Gruppen für den Ausbau und Erhalt ihrer Infrastrukturen zu unterstützen. Der Islam wurde als neue Säule des Systems behandelt, so konnten die Muslime, Türken und Marokkaner mit staatlicher Hilfe ihre geschlossenen Gesellschaften aufbauen.

In Frankreich und Deutschland hat die Multikulturalität soziopolitische Gründe. In Frankreich wurde 1945 mit der Gründung des *Office national de l'immigration* (ONI) eine offene Immigrationspolitik gestartet. Sie sollte nicht nur den Bedarf an Arbeitskräften decken, sondern auch die chronische demographische Schwäche des Landes durch die permanente Ansiedlung der Immigranten kompensieren.[34] In der zweiten Hälfte der 50er Jahre begann die Wirtschaft, das Immigrationssystem zu unterlaufen und illegale Arbeitskräfte, die *clandestins*, die unter Tarif schwarzarbeiteten, in großem Stil zu rekrutieren. Der Anteil der Illegalen an der gesamten Einwanderung erreichte im Jahre 1960 53 Prozent und stieg in den folgenden Jahren weiter (1964 69 Prozent, 1967 79 Prozent, 1968 82 Prozent) und erreichte 1973 90 Prozent. Die illegale Einwanderung wurde zur Regeleinwanderung. Schlecht bezahlt und ohne staatli-

33 Kepel, Gilles, Allah im Westen. Die Demokratie und die islamische Herausforderung, München 1996, S. 143ff.

34 Granotier, Bernard, Les travailleurs immigrés en France, Paris 1979, S.48 ff. Castles, Stephen, Migration und Rassismus in Westeuropa, Berlin 1987, S.52 ff.

che Fürsorge gruppierten sich die armen Immigranten in den Armenvierteln, bekannt als *Bidonvilles*, die als Vororte der Großstädte bis heute ein ständiger Herd für soziale Unruhen wurden und wegen des hohen Anteils der Muslime das Gesicht des Islam in Frankreich prägen.

In Deutschland setzte die Masseneinwanderung von Nichtdeutschen ab 1961 spät ein. Vorher waren vierzehn Millionen deutsche Vertriebene, Umsiedler und Aussiedler ins Land gekommen und integriert worden. Die nichtdeutschen Migranten, die sogenannten Gastarbeiter, wollte die Politik nicht integrieren. Eine Rotationspolitik wurde betrieben, die die Arbeitskräfte jährlich wechseln ließ. Sie wurde schnell von der Wirtschaft wegen der Kosten des Anlernens neuer Arbeiter ausgehöhlt. Der Aufenthalt der Gastarbeiter wurde verlängert, ihre Zahl wuchs und eine Integrationspolitik war immer noch nicht in Sicht. Es hieß bis 1998 offiziell und trotz der Anwesenheit von circa acht Millionen Ausländern, Deutschland sei kein Einwanderungsland.

In allen Ländern setzte die Politik auf die Integrationskräfte der Gesellschaft, insbesondere der Arbeit. Es schien, dass eine Integration durch Arbeit unvermeidlich sei, zwei Entwicklungsprozesse machten jedoch den Politikern einen Strich durch die Rechnung. Der erste ist der Prozess der Unterschichtung, die Arbeitsmigranten wurden in den unteren Stufen des Funktionssystems der Wirtschaft eingegliedert und belegten die schweren, unqualifizierten Arbeitsplätze überwiegend an den Fließbändern in den Fabriken. In Deutschland der 60er Jahren z.B. sind zwei Millionen deutsche Arbeiter zu Angestellten aufgestiegen und überließen ihre Arbeiterstellen den Gastarbeitern. Der zweite Prozess besteht in der Neuorganisation der Arbeitswelt infolge der Informatikrevolution, die zur Rationalisierung der Produktion führte. Die Roboter ersetzten ab Mitte der 70er Jahre allmählich die Arbeiter an den Fließbändern, die Arbeitslosigkeit wuchs ununterbrochen bis heute. Die Arbeitslosigkeit z.B. in Deutschland beträgt 11,7 Prozent, in Berlin 18,5 Prozent, unter den türkischen Berlinern 48,5 Prozent und den arabischen Berlinern über 90 Prozent. In den 80ern begann man von Identitätspolitiken und Multikulturalismus zu sprechen.

Parallel zum Bedeutungsverlust der Arbeit als Integrationskraft spielten in allen Ländern der Rassismus und die Diskriminierung durch ihre Ausgrenzungskraft eine wichtige Rolle bei der Entstehung der Multikulturalität. Die offene, d.h. gewalttätige Ausländerfeindlichkeit begann in Großbritannien in den 60ern, in Frankreich in den 70ern und in Deutschland in den 80ern. In Holland war der gewaltlose Rassismus so wirkungsvoll, dass die Regierung 1983 offiziell eine multikulturelle Politik betrieb, die noch desintegrativer wirkte, weil sie die Strukturen der schon vorhandenen und anerkannten Gemeinschaften verfestigte und damit der Gesellschaft eine kommunitaristische Fragmentierung drohte. Im Jahre 1994 verabschiedete sich die niederländische Regierung offiziell von ihrer multikulturalistischen Politik und begann die Gemeinsamkeiten anstatt der Unterschiede zu pflegen. In Großbritannien hatte vorher der Durchbruch des Multikulturalismus mit dem *Race relations act* von 1976 zur Errichtung einer Kommission für Rassengleichheit geführt, wodurch Minderheitsidentitäten institutionalisiert wurden. Das setzte eine kommunitaristische Entwicklung und damit eine Fragmentierung der Gesellschaft in Gange.

In Deutschland und Frankreich wurde, wenn nicht offiziell, doch de facto, auf Umwegen eine multikulturelle Politik praktiziert. Das Vereinsgesetz von 1981, geändert 1987, schaffte in Frankreich die staatliche Kontrolle ab, machte damit den Weg frei für die Entstehung zahlreicher islamischer Vereine und verbesserte ihre finanzielle Ausstattung. Durch eine französische Besonderheit, die die Religion als Teil der allgemeinen Kultur betrachtet, war es möglich die religiösen Vereine durch den laizistischen Staat zu finanzieren. Diese Vereine, die von den Islamisten beherrscht sind, spielten eine entscheidende Rolle bei der Polarisierung der benachteiligten zweiten Generation und der Verleihung einer islamischen Identität. In Deutschland, wo eine Politik der Ausgrenzung praktiziert wurde, wandte sich die zweite Generation Ideologien zu, die ihre Selbstabgrenzung unterstreichen konnten, und sie fanden sie bei den Islamisten, die ihnen die Religion als identitätsstiftend anboten. Wegen der Sonderstellung der Religion im Grundgesetz haben die Migranten und ihre Kinder eine Anerkennung als Muslime erlangt, die ihnen als einfache Menschen bislang verweigert wurde. In den 90er Jahren blühte der interreligiöse Dialog auf. Die staatlichen Institutionen erkannten die islamischen Moscheevereine und Verbände immer mehr an und ließen sie wohlwollend Teile ihrer Aufgaben übernehmen. Genau wie in Frankreich kamen Teilbereiche der Bildung, Erziehung, Sozialarbeit und des Sports in die Zuständigkeit dieser Vereine, die zum großen Teil unter dem Einfluss der Islamisten stehen. Sie waren in der Lage, eine Ideologie des Hasses gegen den Westen und eine Lebensweise zu verbreiten, die mit dem westlichen demokratischen Rechtsstaat in vielen Punkten kollidiert. So entstanden die so genannten Parallelgesellschaften, die sich nach eigenen Normen richten und eine alternative Lebensweise anbieten. Sie unterscheiden sich von den kommunitaristischen Gemeinschaften in Großbritannien und Holland dadurch, dass sie keine institutionelle Anerkennung genießen, vom Inhalt und der Funktion sind sie aber ähnlich.

Am Vorabend des 11. September waren die Migrantenkinder der inzwischen dritten Generation überall in Europa weitgehend nicht integriert. Eine Multikulturalität herrschte überall entweder in der Form von Parallelgesellschaften oder von kommunitären Gemeinschaften. Die Terroranschläge in den USA verursachten nicht die sozialen Konflikte, sondern setzten sie lediglich frei. Am heftigsten waren die Reaktionen in den Ländern, die offiziell eine multikulturalistische Politik betrieben. Diese Länder, Großbritannien und Holland, haben auch inzwischen unter dem Deckmantel der Terrorbekämpfung die schärfsten Migrationsgesetze verabschiedet. In Frankreich wird offiziell dem Kommunitarismus der Krieg erklärt. In Deutschland wird das Ende des Multikulturalismus verkündet, überall findet eine Besinnung auf die alten Grundlagen der Demokratie statt. Chancengleichheit und Verteilungsgerechtigkeit, die die Solidarität aller Gesellschaftsmitglieder gegen Diskriminierung und Ausgrenzung erfordern, stehen wieder auf der Tagesordnung. Statt der Differenz wird die Gemeinsamkeit betont, statt der trügerischen Wärme der Gemeinschaft, wird die schützende Hand des nationalen Wohlfahrtsstaats gesucht. Ob der Staat, der damals durch den Verlust seiner identitätsstützenden Funktion das Aufkommen des Multikulturalismus begünstigte, heute in der Lage ist, die an ihn gerichteten Erwartungen zu erfüllen, bleibt allerdings ungewiss.

Kulturelle Selbstbestimmung in der Rechtsgemeinschaft

Evangelische Akademie Landau, 2006

Eine islamische Perspektive

Viele Muslime sind schon im Westen integriert und bestehen auf keinen kulturellen Sonderstatus, der sie von der Mehrheitsgesellschaft absondert. Viele andere Muslime streben diese Art der Integration immer noch an und bekämpfen die Diskriminierung und die Fremdenfeindlichkeit, die ihnen im Wege stehen. Von diesen Muslimen wird in diesem Referat nicht die Rede sein, auch nicht von denjenigen, die sich unter dem Deckmantel des Islams für die Anerkennung ihrer aus dem Herkunftsland mitgebrachten rückständigen patriarchalischen Vorstellungen bemühen. Genauso wenig wird die Wechselbeziehung zwischen Ethnie und Religion hier behandelt. Thema dieses Vortrages bilden diejenigen Muslime, die sich seit mehreren Jahrzehnten für die Anerkennung einer islamischen Identität mit der dazugehörigen islamischen Lebensweise einsetzen. Sie meinen, dass ihre Identität wegen ihrer grundsätzlichen Verschiedenheit in einer pluralistischen Demokratie nicht genug Beachtung findet, und erheben den Anspruch auf einen Sonderstatus.

Nach ihrem Verständnis ist der Islam das offenbarte Gesetz Gottes, die Scharia, und reglementiert ihre Existenz. Die Scharia wurde in der Offenbarung des Korans vermittelt, in der Sunna des Propheten Mohammad erklärt, durch den Konsens und die Fiqh-Tätigkeit *(qiyâs* und *ijtihâd)* der Gelehrten ergänzt, erreichte ihre vollständige Form im 11. Jahrhundert und gilt seitdem für alle Zeiten und Orte. Sie ist universell und absolut. Die Scharia erfasst die gesamte Religion. Im Koran steht: „Er hat euch als Religion verordnet" (Vers 42:13) *[scharra'a la-kum min al-dîn]*. Auf diese Weise hat jede Religion ihre Scharia, selbst das Christentum, das bekanntlich eine Gewissens- und keine Gesetzesreligion ist. Die Scharia wird aber mit dem islamischen Recht gleichgesetzt. Das islamische Recht ist die Verrechtlichung der Offenbarung, die juristische Form der Religion und umfasst, was wir öffentliches, Straf- und Zivilrecht nennen und deckt damit beide Bereiche sowohl des Staates als auch der Gesellschaft ab. In meinen Ausführungen werde ich den Begriff Scharia in diesem geläufigen engeren Sinn benutzen, für den erweiterten Sinn gilt der Begriff Religion. So stehen Scharia und Religion zueinander wie Recht und Moral.

Die Muslime, die die Anerkennung ihrer muslimischen Identität verlangen, orientieren sich an dem religiös-rechtlichen Islambild des 11. Jahrhunderts, in der Überzeugung, sie würden sich nach der Idealgesellschaft des Propheten in Medina und der drei nachfolgenden Generationen der frommen Vorgänger, *al-salaf al-sâleh,* richten. Das Missverständnis ist auf die ahistorische Betrachtung der klassischen islamischen Scharia des 11. Jahrhunderts zurückzuführen, die Scharia wird, weil sie universell und allgemein gültig ist, als identisch mit der Zeit des Propheten angenommen. Eine nähere Betrachtung der historischen Wirklichkeit vermittelt allerdings ein anderes Bild.

Von einer Religion zu einem Herrschaftssystem

Beim Lesen des Korans fallen viele Ungereimtheiten auf, wie z.B. im Fall der Christen, die mal als Gläubige, mal als Ungläubige bezeichnet werden. Das ist auf die Historizität der Offenbarung zurückzuführen. Im Laufe der fast dreiundzwanzigjährigen Offenbarungszeit, von 610 bis 632, entwickelte sich der Islam von einer Religion in Mekka (610-622) zu einem Scharia-System in Medina (622-632), das man als Herrschaftssystem kennzeichnen kann und dessen Bestandteile die Gesandtschaft Mohammads, der Heilige Krieg *(jihâd),* und die Gemeinschaft der Muslime *(umma)* bilden.

In Mekka wurden die Menschen aufgerufen, sich Gott zu unterwerfen. In Medina werden sie in circa 36 Versen aufgefordert, Gott und seinem Gesandten Muhammad zu gehorchen. Die Herrschaft Mohammads ist der Herrschaft Gottes gleich. In einem einzigen Vers (4:59) wird hinzugefügt, dass die Muslime auch denjenigen unter ihnen gehorchen sollen, die zu befehlen haben. Daraus wurde die Legitimität des Kalifats und aller anderen despotischen Herrschaften abgeleitet.

In Mekka war den Muslimen verboten, Gewalt anzuwenden, in Vers 16:125 steht:

> Ruf (die Menschen) mit Weisheit und einer guten Ermah-

> nung auf den Weg deines Herrn und streite mit ihnen auf eine möglichst gute Art. Dein Herr weiß sehr wohl, wer von seinem Weg abirrt, und wer rechtgeleitet ist.

Einmal in Medina angekommen, wird den flüchtigen Muslimen die Gewaltanwendung erlaubt (2:193, 22:39-41). Bald werden sie auf den Heiligen Krieg eingeschworen (2:190, 195). Der Dschihad hat zuerst einen Abwehrcharakter, am Ende ist er offensiv, der berühmte „Schwertvers" besagt:

> Und wenn nun die heiligen Monate abgelaufen sind, dann tötet die Heiden, wo (immer) ihr sie findet. (Vers 9:5)

Der Dschihad wird schließlich zur Pflicht (2:216). In Mekka begann der Islam als Bestätigung der früheren Offenbarungen (6:92). Die Orientalisten unterscheiden in der mekkanischen Periode drei Etappen, in der dritten und letzten mekkanischen Etappe sehen sie den Beginn der Verselbständigung des Islams als Religion. So bilden Juden, Christen und Muslime immer noch eine einzige Gemeinschaft, Umma, (23:52) eine Distanzierung zeichnet sich jedoch ab, es heißt dann:

> Und streitet mit den Leuten der Schrift nie anders als auf eine möglichst gute Art – mit Ausnahme derer von ihnen, die Frevler sind! Und sagt: „Wir glauben an das, was (als Offenbarung) zu uns, und was zu euch herabgesandt worden ist. Unser und euer Gott ist einer. Ihm sind wir ergeben. (29:46).

Dieser Vers wird oft zitiert und soll die Dialogbereitschaft der Muslime belegen. Leider bleibt die Offenbarung nicht dabei.

In Medina lösen sich die Muslime von der Gemeinschaft der Monotheisten ab und erklären sich zuerst zur Gemeinschaft der Mitte (2:143). Weiter wird der gemeinsame Vater aller Monotheisten, Abraham, von den Muslimen vereinnahmt:

> Abraham war weder Jude noch Christ. Vielmehr war er ein Hanif, ein Muslim, und kein Heide. (3:67)

Die Muslime sind auf dem richtigen Weg, weil sie Abraham folgen (4:125), die Christen dagegen übertreiben, wenn sie an Christus als Sohn Gottes glauben (4:171). Sie sollen an den Islam glauben, das gilt auch für die Juden (2:40-43), die ihre heiligen Bücher verfälscht haben (2:79). Aus diesen Gründen steht in Vers 3:19:

> Als (einzig wahre) Religion gilt bei Allah der Islam.

Juden und Christen weigern sich aus böser Absicht Mohammad zu folgen, der Koran fragt:

> Ihr Leute der Schrift! Warum verdunkelt ihr die Wahrheit mit Lug und Trug, und verheimlicht sie, wo ihr doch (um sie) wißt? (Vers 3:71)

Deshalb kommen sie nicht ins Paradies (3:85) und werden von Gott verflucht (2:89), in die Hölle verdammt (98:6) und sogar bekämpft (9:30).

Als Inhaber der besten Religion sind die Muslime die besseren Menschen (3:110). Daher können sie als Überlegene ihre Beziehung zu den anderen Menschen nicht auf der Basis der Gleichberechtigung, sondern nur als Herrschaft ordnen. Vers 9:29 regelt die unterlegene Position der Leute der Schrift:

> Kämpft gegen diejenigen, die nicht an Gott und den jüngsten Tag glauben und nicht verbieten, was Gott und sein Gesandter verboten haben, und nicht der wahren Religion angehören – von denen, die die Schrift erhalten haben – (kämpft gegen sie), bis sie kleinlaut aus der Hand Tribut entrichten!

Dieser Vers begründet das System der Schutzbefohlenen, *dhimma,* die als Bürger zweiter Klasse *(dhimmi)* im islamischen Staat leben dürfen. Sie sind besser gestellt als die Heiden, die, wie im Schwertvers gesehen, vor die Wahl zwischen Konversion oder Tod gestellt werden.

Die Herrschaft des Gesandten *(rasûl),* später des Kalifen, über die Muslime, die Herrschaft der Muslime über die Nichtmuslime und ihre Unterwerfung der ganzen Welt durch den Heiligen Krieg bilden die Grundlagen des islamischen Staates. Es stellt sich aber die Frage nach dem Umgang der Muslime mit den divergierenden und manchmal gegensätzlichen Aussagen im Koran. Wenn das alles das Wort Gottes ist, welche Version ist dann verbindlich?

Zu Lebzeiten des Propheten war die Situation klar, der Vermittler der Offenbarung war auch ihr bester Deuter. Die Entwicklung der Offenbarung wurde nicht als widersprüchlich wahrgenommen, weil sie das Leben der Gemeinschaft begleitete und daher eine nachvollziehbare Logik besaß. Die Änderung der Gebetsrichtung im Jahre 624 von Jerusalem nach Mekka z.B. war allen verständlich, weil sie das Zerwürfnis Mohammads mit den jüdischen Stämmen in Medina als Zeuge und Beteiligte miterlebten. Nach dem Ableben des Propheten wurde dies allerdings zu einem Problem, vor allem in dem sehr schnell von Südeuropa bis China entstehenden Weltreich. Das Problem war auch den Muslimen bewusst und die Gelehrtenzunft, die zu einem späteren Zeitpunkt entstand, hat deswegen im Laufe der Zeit die koranische Wissenschaft der Abrogation (Tilgung), *al-nâsekh wal-mansûkh,* entwickelt, die ein Teil der klassischen Methode des 11. Jahrhunderts wurde und zur Bildung der Scharia beiträgt.

Gemäß dieser Wissenschaft ist die letzte Fassung der Offenbarung verbindlich, der späteste Vers tilgt die früheren Verse und setzt ihre Verbindlichkeit außer Kraft. So hat der oben zitierte Schwertvers die Gültigkeit von 124 früheren Versen getilgt, die bedeutend toleranter waren.[1] In unserer Zeit und mit der Ausbreitung der Dialogindustrie, insbesondere der abrahamitischen Bewegung, zitieren die Muslime bevorzugt die Verse der dritten und letzten mekkanischen Periode, die die Gemeinsamkeit in der Differenz unterstreichen. Es ist zu fragen, inwieweit die nichtmuslimischen Dialogpartner sich darauf verlassen können. Besonders beunruhigend wird es, wenn die Muslime sich gleichzeitig weigern, über die späteren medinensischen Elemente ihres Glaubens wie die Abrogation der anderen Religionen durch den Islam und sein alleiniger Wahrheitsanspruch sowie die Überlegenheit der Muslime zu reden. Sie fühlen sich in diesem Fall der klassischen Methode verpflichtet, sie hat aber die Dialogverse abrogiert. Anstatt Verständnis und Annäherung schafft der Dialog dann Unglaubwürdigkeit und Misstrauen.

1 Caspar, Robert, Traité de théologie musulmane, Histoire de la pensée religieuse musulmane Rome 1996, Tome I S. 44.

Die Scharia, d.h. das Gottesrecht, das man als allgemein gültig versteht, beruht auf der klassischen Methode des 11. Jahrhunderts. Diese Methode bestimmt die Quellen der Religion, Koran, Sunna, Konsens und Analogieschluss *(qiyâs)*. Sie bestimmt wie die Rechtsbestimmungen, *ahkâm*, mit Hilfe der Sprach- und Koranwissenschaften zustande kommen. Sie regelt das hermeneutische Verfahren und legt den Rahmen des Religionsverständnisses fest, das zur immerwährenden Erzeugung desselben Sinns führt. Um den Koran und die Praxis des Propheten errichtet sie ein Doktrinengebäude, das den Zugang zu den Originalquellen einschränkt und selbst als Quelle des religiösen Wissens fungiert. Sie schließt die Theologie und die Philosophie als Erkenntniswege aus und konzentriert sich auf das islamische Recht, den Fiqh.

Wie die Offenbarung ist die Scharia aber auch in der Geschichte entstanden. Ihre klassische Form hat sie mehrere Jahrhunderte nach der Offenbarung erreicht. Zu Lebenszeiten vereinigte der Prophet alle Gewalten, die religiöse, die politische, die juristische und die militärische, in seiner Person. Als er starb, hatte er keinen Nachfolger ernannt und kein ausführliches Gesetzeswerk hinterlassen, von den 6236 Versen des Korans haben circa 600 einen normativen Charakter und behandeln hauptsächlich gottesdienstliche Fragen wie Beten, Pilgern, Essvorschriften und Reinheitsgebote, nur circa 80 von ihnen behandeln rechtliche Fragen wie Straf- und Zivilrecht.[2] Das ist wenig zum Regieren. Das Manko wurde durch das Handeln des Propheten wettgemacht. Mohammad hatte es aber verboten, dass seine Taten und Aussprüche, später bekannt als Sunna, festgehalten werden, er befürchtete zurecht, dass damit ein Parallel-Koran entstehen würde. So waren bei seinem Tod viele Fragen offen.

Zunächst entbrannte der Machtkampf um seine Nachfolge und führte unter dem vierten Kalifen Ali zum Bürgerkrieg und zur Spaltung der erst dreißig Jahre alten Gemeinschaft in Schiiten, Kharijiten und Sunniten. Ein Kharijit tötete Ali, Muawiya wurde Kalif und gründete die Dynastie der Omayyaden.

Der Klan der Omayyaden war in Mekka mächtiger als der Klan von Mohammad, die Banu Haschim, und ist sehr spät dem Islam beigetreten. Mit Ausnahme von Osman gehörten sie nicht zu den

2 Coulson, Noel, A History of Islamic Law, Edinburgh 1964, S. 12.

Gefährten des Propheten und hatten daher weder eine verwandtschaftliche noch eine islamische Machtlegitimation, sie hatten nur eine militärische Basis. Sie versuchten ihre profane Macht religiös zu begründen und bedienten sich der infolge der Machtkämpfe entstandenen theologischen Diskussion. Die Muslime haben sich die Frage gestellt, ob das Begehen einer Großsünde zum Abfall vom Islam führt, insbesondere wenn es um die Führer geht. Die Kritik richtete sich u.a. auch gegen die Omayyaden, die durch ihre profane Herrschaftsführung den Islam verraten haben sollen. Der Kalif Muawiya hatte gerade seinen Sohn zum Nachfolger ernannt und damit aus dem Kalifat eine königliche Erbdynastie gemacht. Die Frage der Sünde führte zur Frage der Verantwortung. Die Qadriten gingen von der individuellen Verantwortung aus und sprachen sich für die Bestrafung der Sünder aus. Die Jabriten plädierten für die Prädestination; alles was geschieht, ist von Gott gewollt. Und schließlich haben die *Murji'a* das Problem vertagt. Über Gut und Böse entscheidet Gott im Jenseits. Im Diesseits muss man sich jeder Herrschaft unterwerfen, um die Anarchie zu vermeiden.

Die Omayyaden unterstützten die Lehre der Prädestination und erklärten ihre Herrschaft als schicksalhaft, sie gehört zum göttlichen Plan, sonst wäre sie nicht geschehen und deshalb können sie ihren Untertanen Gehorsam abverlangen. Die Omayyaden sahen sich nicht mehr als Kalifen in der Nachfolge des Gottesgesandten Mohammad, sondern als Stellvertreter Gottes auf Erde.[3] Damit haben sie ihrer Herrschaft einen islamischen Anstrich verpasst, sie blieb trotzdem säkular und hatte ganz offensichtlich einen ethnisch-arabischen Stammescharakter. Tilman Nagel bemerkt:

> Für die Omaijaden war Muhammads Werk nur ein Meilenstein auf dem Weg des Quraisch zur Herrschaft über die Araber.[4]

Unter ihrer hundertjährigen Herrschaft gab es die Scharia noch nicht. Das rudimentäre islamische Recht reichte gerade für den Gottesdienst, das Ehe- und Erbrecht und die Kriegsführung. Für den Rest wurde das vorgefundene Gewohnheitsrecht übernommen. Da-

3 Nagel, Tilman, Geschichte der islamischen Theologie. Von Mohammed bis zur Gegenwart, München 1994, S. 42.
4 Ibid., S. 44.

rüber hinaus wurde auf die Sunna des Propheten und noch mehr auf die Praxis der ersten vier Kalifen, die das Weltreich errichteten, zurückgegriffen.

Die Abbasiden, die die Omayyaden ablösten, gehörten zum Klan des Propheten. Ihre Referenz al-Abbas war der Onkel Mohammads und gehörte zu seinen frühen Gefährten. Auf diese Weise waren sie doppelt legitimiert. Sie stärkten den religiösen Charakter ihrer Herrschaft, indem sie ihre Stellvertreterfunktion eher als Vollstrecker des Willens Gottes auf Erde betrachteten. Unter ihnen begannen die Islamisierung der Gesellschaft und die Schaffung der Scharia und ihrer Institutionen, wie das Mufti- und das Kadi-Amt. Die Gelehrten sammelten die Sunna und es entstanden die Rechtsschulen. Über die älteste und meistverbreitete Rechtsschule der Hanafiten schreibt Chehata:

> So wird uns bewusst, dass das hanafitische System nichts anderes ist als die Herauskristallisierung eines Rechts mit irakischem Grundstock, angepasst an die Bedürfnisse der islamischen Gesellschaft, durch die Intervention der Rechtsgelehrten[5]

Es folgten die anderen Rechtsschulen der Malekiten, Schafeiten und Hanbaliten. Trotz all ihrer Bemühungen gelang es den Rechtsgelehrten nicht, die Vielfalt des Lebens im engen Korsett der Scharia einzufangen. Die politische Macht des Kalifen, obwohl religiös legitimiert, entwickelte mit dem Beschwerdeamt *(sâhib al-mazâlim)* eine eigene profane Gerichtsbarkeit. Coulson sieht darin eine säkularistische Dimension. Er schreibt:

> Die Unterscheidung zwischen der Mazalim- und Scharia-Jurisdiktion kam der Teilung zwischen säkularen und religiösen Gerichten sehr nah.[6]

Dieser Charakter wurde durch die Vereinnahmung der Strafjustiz durch die Politik noch gestärkt. Das auf dem Koran basierende Strafrecht ist sehr rudimentär. Deshalb hat die politische Macht von Anfang an ganz legal auf dem Weg des *ta'zîr,* d.h. des Handelns we-

5 Chéhata, Chafik, Études de droit musulmans, Paris 1971, S. 17.
6 Coulson, ibid., S. 128.

gen fehlender Scharia-Vorschriften, weite rechtliche Bereiche erobert und in die Hände des bei der Polizei angesiedelten Zuständigen für die Kriminalfälle *(wâli al-jarâ'im)* gelegt.

Mit der späteren Erfindung der *siyâsa shar'iyya* (scharia-gemäßen Politik), durch Ibn Taymiyya, die auf dem allgemeinen Interesse beruht, wird die idealisierte Scharia zur Makulatur. Baber Johansen schreibt:

> Im Kontext der *siyâsa shar'iyya* wird ein Argument verwendet, um im Grunde genommen alle Maßnahmen zu rechtfertigen: das allgemeine Interesse. Folter, Vertreibung, Häuserzerstörung, Konfiszierung von Eigentum sind nicht mehr nur Handlungsmethoden der Behörde, sondern Teil des Gesetzes, das tiefe Eingriffe in das System der legalen privaten Beziehungen erlaubt.[7]

Ibn Taymiyya schreibt zu einer Zeit, in der die Politik längst ihren religiösen Charakter verloren hat. Im 10. Jahrhundert, unter den persischen Buyuden, entsteht das Amt des Emirs der Emire *(amîr al-umarâ)* als säkularer Gegenpol zum Kalifen, der seine politische Macht verliert und sich langsam zu einer rein religiösen Figur entwickelt. Im 11. Jahrhundert, mit der Ankunft der türkischen Seldschuken, löst das Sultanat das Emirat ab und institutionalisiert die Trennung. Al-Mawardi, der sich um die Verdrängung des Islam sorgt und deshalb das Kalifat zu retten versucht, erkennt in seinem Buch *al-ahkâm al-sultâniyya* mit seinem Begriff „Emirat der Usurpation" *(imârat al-istîlâ')* die illegale militärische Macht an, wenn sie nur die formelle Bestätigung durch den Kalifen erhält. Al-Ghazali, der die klassische Methode vervollständigt und abschließt, geht einen Schritt weiter und postuliert, dass der Kalif jede militärische Herrschaft bestätigen muss, das wäre besser als Anarchie. Ibn Taymiyya, der im 13. Jahrhundert zur Zeit der mongolischen Invasionen schreibt, erweitert die Zuständigkeiten der profanen politischen Macht und verlangt als Gegenleistung die Beteiligung der Gelehrten, die für die religiöse Färbung des Staates sorgen sollen.

Das blieb ohne Folgen und die Mamluken entmachteten endgül-

7 Johansen, Baber, The Claims of men and the Claims of God: The Limits of Government Authority in Hanafite Law, in: Plutiformiteit en verdeling van der Macht in het Midden-oosten, M.O.I. publicatie 1980, S. 88.

tig den Kalifen. Er sorgte nur für die formale religiöse Legitimierung ihrer Macht. Nach ihnen spielte er bei den Osmanen überhaupt keine Rolle. Der Herrscher nannte sich Sultan und bis zu modernen Zeiten nie Kalif. Das säkulare Recht der Türken, verkörpert im Lehnwesen *(Iqtâ'-*System), verdrängte die Scharia noch mehr. Es gewann unter den Mamluken an Konturen und verselbständigte sich im osmanischen Gesetz, genannt *kanûn.* Die Scharia verlor die Hoheit über fast das gesamte öffentliche und Strafrecht. Die Scharia wurde auf den Bereich des gottesdienstlichen *('ibâdât)* und des Zivilrechts eingeschränkt.

Wie wir sehen, ist die Scharia spät entstanden und stellt den Versuch dar, die Lebensverhältnisse zu islamisieren, um eine islamische Herrschaft zu legitimieren. Sie versucht ständig die Politik zu vereinnahmen. Das hat ihre Verdrängung aus der Politik trotzdem nicht verhindert, wobei sie allerdings als von der Praxis losgelöstes ideologisches Gebäude an Stabilität und Rigidität gewann. Als die Scharia im 11. Jahrhundert den Boden unter den Füßen verlor, eroberte sie den Geist der Muslime weltweit. Das Werk z.B. von al-Mawardi, *al-ahkâm al-sultaniyya,* wurde und wird bis heute als Muster für die klassische islamische Herrschaft betrachtet. Das Buch ist aber eine Fiktion, es beschreibt etwas, was kaum je existiert hat, aber tief im Herzen der Muslime gewünscht war.

Nach dem 11. Jahrhundert geriet die klassische Methode in Vergessenheit und die Dekadenzzeit begann. Die Scharia beschränkte sich auf das Verständnis der Rechtsschulen, deren Rechtsbestimmungen von ihren Anhängern nachgeahmt wurden *(taqlîd).* Eine freie Betätigung des Geistes war nicht mehr möglich. Die Religion wurde durch Aberglaube, Irrlehren und Sitten und Gebräuche durchdrungen. Ein Volksislam, der heute als traditioneller Islam gekennzeichnet wird, machte sich breit, und wird in der Moderne von allen Reformbewegungen als Urheber der islamischen Rückständigkeit bekämpft.

Die Moderne zwischen Akzeptanz, Ablehnung und Vereinnahmung

Die koloniale und später die imperialistische Expansion Europas riefen verschiedenen Reaktionen unter den Muslimen hervor. Diese Expansion hatte nach dem Ersten Weltkrieg ihren Höhepunkt erreicht. Von damals 200 Millionen Muslimen lebten 175 Mio. unter direkter europäischer Herrschaft. Der Islam als Herrschaftssystem hatte auf ganzer Linie verloren, die Muslime waren tief in ihrem Selbstbewusstsein getroffen. Sie haben Jahrhunderte lang die schlimmsten Despoten ertragen, die formale islamische Herrschaft garantierte ihnen jedoch das Heil im Jenseits. Nun hatten sie das Diesseits und das Jenseits verloren und die indischen Muslime z.B. fragten sich nach der Abschaffung der formalen islamischen Herrschaft durch die Engländer 1857, ob sie nicht vom Gebiet des Unglaubens, was Indien nun geworden war, in das Gebiet des Islam auswandern sollten. Die wichtigsten muslimischen Bewegungen der Deobandi und Barelvi entschieden sich allerdings für die innere Migration, für einen Rückzug in die Festung ihres Glaubens.

Wir können die Reaktionen auf die Moderne in drei Gruppen aufteilen: Die Modernisten, die sich an die Moderne anpassen, die Traditionalisten, die die Moderne dulden, und die Islamisten, die die Moderne ablehnen und die islamische Herrschaft bzw. den islamischen Staat wiederherstellen wollen.

Die Modernisten sind die Nationalisten, die die Errichtung eines Nationalstaates anstreben. Mit Ausnahme der Türkei, die 1926 das Zivilrecht säkularisierte, haben sie in den meisten islamischen Ländern in der Kolonial- und Nachkolonialzeit säkulare politische Systeme errichtet, die den Bereich des Zivilrechts der Scharia überließen. Erst mit dem Erstarken der Islamisten im letzten Drittel des 20. Jahrhunderts fand eine Re-Islamisierung statt.

Zu den Modernisten zählen die Islamreformer der Nahda (Renaissance), die den Einstieg in die Moderne durch die Reform der Religion beabsichtigen. Sie haben nicht nur die Irrwege des traditionellen Islams bekämpft, sondern die Grundlagen der klassischen Methode des 11. Jahrhunderts in Frage gestellt, indem sie für eine Rückkehr zur Quelle, d.h. zum Koran, plädierten. Wenn die Offenbarung und die Vernunft kollidieren, dann muss die Offenbarung neu ausgelegt werden, verlangte al-Afghani. Ihre Bemühungen mündeten in den Nationalstaat mit seiner Trennung von Staat und Religion.

Die Traditionalisten bilden die zweite und größte Gruppe. Das ist die Masse der muslimischen Bevölkerung, die sich mit der säkularen staatlichen Sphäre abgefunden hat, so lange der Staat in ihre religiös geordnete Zivilsphäre nicht eingreift. Diese Gruppe würde wahrscheinlich einen islamischen Staat begrüßen und wird deswegen stark von den Islamisten umworben. Die Re-Islamisierung oder islamische Erweckung bedeuten die Politisierung der traditionellen Muslime und ihren Einsatz für einen islamischen Staat.

Die dritte Gruppe besteht aus den Islamisten und ist in drei Variationen verbreitet. Die erste ist die Sufi-Variante. Sie grenzt sich von der profanen Welt ab, stärkt die religiöse Zugehörigkeit durch die Wiederbelebung der Scharia und die religiöse Erziehung. Ihr fernes Ziel ist der islamische Staat, der von selbst zustande kommen wird, wenn die Gesellschaft vorbereitet ist. Deshalb sind die Sufis politisch nicht tätig, sondern entfalten eine rege Missionsarbeit. Zu ihnen gehören die indischen Barelvis, die türkischen Suleimancis (VIKZ) und die pakistanischen Tablighis.

Die zweite Variante ist die der Salafiten, vetreten durch den Wahabismus in Arabien und die Deobandis im indischen Subkontinent. Sie verfolgen aktiv die Errichtung eines islamischen Staates nach dem Vorbild der frommen Vorgänger, *al-salaf al-sâleh,* daher der Name Salafiten. Sie befolgen die klassische Methode des 11. Jahrhunderts in ihrer konservativsten Form, nämlich von Ibn Hanbal, die ein literalistisches Verständnis der Quellen vorschreibt und ein blindes, kritikloses Festhalten an der Sunna verlangt. Die Welt ist in das Gebiet des Islams und das Gebiet des Krieges, d.h. Unglaubens, geteilt und die Auseinandersetzung soll bis zum endgültigen Sieg des Islams fortdauern. Zu dieser Variante gehören auch die pakistanische *jamâ'at islâmiyya* von Maududi und die in Palästina entstandene *hizb al-tahrîr.*

Die dritte islamistische Variante ist der Salafi-Reformismus, vertreten durch die Bewegung der Muslimbruderschaft mit ihren unzähligen Organisationen und die türkische Milli Görüs. Ihr Ziel ist die Errichtung des islamischen Staates. Sie berufen sich wie die Salafis auf die klassische Methode des 11. Jahrhunderts, befolgen aber eher eine Form, die eine breite Anwendung des *qiyâs,* des Analogieschlusses, in der Rechtsfindung erlaubt. Die Salafis reduzieren die

Anwendung des *qiyâs* auf das Unerlässliche und bevorzugen die Übernahme *(naql)* vorhandener Lösungen. Sie haben daher eine restriktive Haltung gegenüber der Moderne und bekämpfen die Erneuerungen, soweit es geht. Die Salafi-Reformer, ausgehend von den Prinzipien der klassischen Methode, wenden den *qiyâs* intensiv an, um die Erneuerungen der Moderne in ihrem System zu absorbieren. Wie die klassische Methode früher Staat und Gesellschaft islamisiert hat, so wollen sie die Moderne islamisieren. Die Salafis z.B. lehnen jede Form der Demokratie ab. Die Salafi-Reformer haben keine Schwierigkeiten auf der Basis der Scharia die Demokratie als System zu übernehmen: Es reicht, wenn man das Grundgesetz mit der Scharia austauscht, dann haben wir den islamischen Staat.

Trotz ihrer Divergenzen sind die Salafis und die Salafi-Reformer, wie die moderne Geschichte zeigt, eng verbunden, obwohl sie manchmal wie verfeindete Brüder auftreten. Die Feindschaft zwischen Salafis und Sufis ist dagegen tiefgehender. Das hindert die Salafi-Reformer aber nicht daran, die Sufis zu umwerben.

Zwischen Religionsfreiheit und politischer Macht im Westen

Alle diese Strömungen sind im Westen vertreten, wobei die starke Präsenz der Islamisten in der Verwaltung des Religiösen ihnen einen entscheidenden Vorteil gegenüber den säkularen Muslimen einräumt, wenn es darum geht für die Anerkennung einer religiösen Identität zu kämpfen. In manchen europäischen Ländern ist der traditionelle Islam mehr oder weniger stark vertreten, wie der marokkanische Islam in Holland oder der türkische in Deutschland (DITIB), er bleibt aber wesentlich im Nachteil, weil er keine supranationalen Institutionen entwickeln kann, wie der Fiqh Rat Nordamerikas oder der europäische Fiqh Rat, oder auch die Föderation der islamischen Organisationen in Europa (FIOE) und die europäische Studentenvereinigung, die allesamt von den Muslimbrüdern beherrscht sind.

Die hervorragende Figur der Muslimbruderschaftsideologie in Europa und weltweit ist Scheich Yusuf al-Qaradawi, der u.a. Vorsitzender des europäischen Fiqh-Rates ist. Eine zweite Figur spielt auf europäischer Ebene eine immer größere Rolle, das ist Tariq Ramadan, der viele Hoffnungen auf einen Euro-Islam weckt, den ich aber der Strömung der Muslimbruderschaft zurechne. An seinem Beispiel werde ich kurz skizzieren, wie sich die Salafi-Reformer ihre Öffnung gegenüber dem Westen vorstellen, im Gegensatz zu den anderen Islamisten, die ihren Hass und ihre Verachtung des Westens kaum verdecken und sich abschotten.

Tariq Ramadan geht von der klassischen Aufteilung der Welt in das Gebiet des Islam und das Gebiet des Krieges aus, wobei er das letzte in Gebiet der Bezeugung, d.h. der Mission, umbenennt. Der Westen hat sich wegen seiner Säkularisierung und Aufklärung vom Glauben entfernt und erlebt einen Werteverlust und eine Identitätskrise. Dagegen stehen die Muslime fest in ihrem Glauben verankert und sind mit sich, Gott und der Welt harmonisch gestimmt; sie brauchen keine Aufklärung oder Modernisierung. Im schlimmsten Fall müssen sie an den in ihrer Natur verwurzelten Glauben erinnert werden, was zugleich die Entdeckung ihrer Identität bedeutet. Das geschieht, wenn sie zur Welt der islamischen Referenzen zurückkehren, die in der klassischen Methode des 11. Jahrhunderts verkörpert ist.

Diese Methode ist universell, weil sie die Anpassung an jede Zeit und jeden Ort ohne Identitätsverlust garantiert. Sie lautet: Alles, was nicht gegen ein klares islamisches Prinzip verstößt, ist islamisch. Die Mondlandung wie die Gentechnik, die Atombombe wie Penicillin sind in der Welt der islamischen Referenzen integrierbar. In der Fiqh-Sprache heißt es: Alles, was nicht ausdrücklich verboten ist, ist erlaubt. Zum Vergleich: Bei den Salafiten heißt es eher: Alles, was nicht ausdrücklich erlaubt ist, ist verboten. Sie haben eine abweisende Haltung, die Islamreformer dagegen haben eine vereinnahmende Haltung. Darin besteht ihre Öffnung zum Westen; sie weichen von ihren Prinzipien nicht ab, und versuchen nicht, sie an die Werte des Westens anzupassen, sondern wollen Elemente der westlichen Kultur stückweise absorbieren. Die Integration bedeutet dann nicht, die Integration der Muslime in den Westen, sondern die Integration des Westens in die Weltanschauung der Muslime, d.h. in das Scharia-System. Das ist, was ich Islamisierung des Westens nenne. Die Menschenrechte, die die Grundlage der westlichen Kultur bilden, werden nur im Rahmen der Scharia akzeptiert. Die Steinigung der Frau z.B. kann Ramadan nicht ablehnen, weil dies ein klares Prinzip in der Sunna ist, deshalb schlägt er ein Moratorium vor.

Die islamischen Hauptprinzipien, die die Flexibilität der Scharia ausmachen, sind u.a. das Gemeinwohl der Muslime *(maslaha)* und die Notwendigkeit *(darura)*. Maslaha definiert al-Ghazali folgenderweise:

> Mit Maslaha meinen wir die Bewahrung der Intention der Scharia. Die Intention der Scharia bezüglich des Menschen besteht aus fünf Prinzipien: Die Bewahrung ihrer Religion, ihres Lebens, ihres Verstandes, ihrer Nachkommenschaft und ihres Eigentums. Alles, was diesen fünf Prinzipien dient, ist Maslaha und alles, was diese Prinzipien widerspricht ist Verdorbenheit [Mafsada] und seine Abwehr ist Maslaha.[8]

Die Notwendigkeit, *darura*, erlaubt den Muslimen im Notfall klare Scharia-Vorschriften außer Kraft zu setzen, um die *maslaha*, das Allgemeinwohl der muslimischen Gemeinde, zu bewahren. Das Scharia-Prinzip besagt: Die Notwendigkeiten setzen die Verbote außer Kraft. Wenn z.B. ein Schächten ohne Betäubung unmöglich ist, dann ist es rechtens, betäubte Tiere zu schächten.

Diese Prinzipien *klingen* nicht nur opportunistisch, weil sie kein ethisches System im Hintergrund erkennen lassen; es *gibt* kein ethisches System. Die klassische Methode – und mit ihr Ramadan – bekämpft die Theologie. Er beschränkt sich auf den Fiqh und seine Technik, die die freie Betätigung der Vernunft ausschließt. Ramadan betont die Bedeutung des *ijtihâd*, d.h. die geistige Anstrengung in der Rechtsfindung, das tun die Salafis auch. Manche Europäer sehen darin den Beweis für seinen Willen zu modernisieren. Das ist falsch, weil sein *ijtihâd* sich auf den *qiyâs*, d.h. den Analogieschluss, beschränkt. Er vergleicht einen modernen Fall mit einem alten ähnlich gelagerten Fall, um ihn als scharia gemäß zu erklären. Mit dieser Methode, die auch von den Fiqh-Räten verwendet wird, kann keine Modernisierung des Islam erfolgen, sondern nur eine Islamisierung der Moderne.

Wie eine Modernisierung des Islam aussehen kann, zeigen uns die Islamreformer. Sie bedienen sich des *ijtihâd* nicht um beim Analogieschluss zu landen, sondern um die klassische Methode zu überwinden. Sie wenden sich an die Quelle, nämlich den Koran, und versuchen mit der Vernunft den Text im Licht der Moderne zu lesen

8 Al-Ghazali, *Al-mustasfa min 'ilm al-usûl*, Kapitel: *Adillat al-ahkâm*.

und neu zu interpretieren. Nicht der Analogieschluss *qiyâs*, sondern die Exegese, *ta'wîl,* macht sie zu Reformern, und dazu gehört Ramadan nicht. Wie die früheren Gelehrten die Quellen interpretiert haben, so steht ihnen zu, die Texte neu zu lesen, meinen sie. Ausgerüstet mit den modernen Wissenschaften, können sie sogar die Offenbarung besser interpretieren als ihre Vorgänger.

Sie stellen die Sunna als unzuverlässig in Frage und stehen der Scharia der medinensischen Periode im Koran skeptisch gegenüber. Sie ist die Interpretation der Offenbarung für die Araber im siebten Jahrhundert und hat keine allgemeine Gültigkeit, weil die Offenbarung sich nicht in der Scharia von Medina erschöpfen kann. Ihr Sinn ist unerschöpflich und muss immer wieder neu entdeckt werden. Die Theologie ist wieder gefragt und die koranischen Verse hinter den wenigen normativen Versen rücken in den Vordergrund. Bei den Islamreformern handelt es sich wieder um Religion und nicht um Recht und Herrschaft.

Politische Propaganda radikaler islamischer Gruppen in der Bundesrepublik

Auswärtiges Amt/US-Botschaft, Experten-Workshop Berlin 2006

Die Gestaltung der islamistischen Propaganda wird von den Verhältnissen in den Gastländern und den Rahmenbedingungen der Migration stark beeinflusst. So konnten die nordamerikanischen Muslime trotz ihrer geringeren Zahl unverhältnismäßig an Bedeutung und Macht gewinnen. In Europa ist es umgekehrt. Die Millionen Einwanderer wurden erst ab den 80er Jahren überhaupt als Muslime wahrgenommen. Trotz der scheinbaren Verschiedenheit jedoch sind der Kern und den Inhalt der Methode überall gleich. Sie dienen der Verbreitung der Herrschaft des Islams bzw. der Islamisierung der Welt. Die Herrschaft Gottes, verkörpert in der Scharia, soll die Herrschaft des Menschen, verkörpert in der Verfassung, ablösen.

Das islamische Erwachen

Das Bild des Islams, das im Westen negativ besetzt war, begann im Jahre 1979 infolge der iranischen Revolution und der sowjetischen Invasion Afghanistans an Attraktivität zu gewinnen. Von einer rückständigen Dritte-Welt-Religion wandelte sich der Islam in der Wahrnehmung von immer mehr Menschen in eine revolutionäre freiheitliche Ideologie, die den Kampf gegen Fremdbesatzung und lokale Diktaturen anführt. Sein gleichzeitiger Vorstoß gegen den Kommunismus (in Afghanistan) und den Kapitalismus (im Iran) verlieh dem Islam den Charakter einer dritten politischen Alternative. Damit löste der politische Islam das Versprechen der nationalen Bewegungen ein, die seit der Konferenz von Bandoeng 1955 einen dritten Weg zwischen den Blöcken versprachen, ohne ihn realisieren zu können. Es sei in diesem Zusammenhang hier nur an die vernichtende Niederlage der arabischen Nationalisten im Juni 1967 gegen Israel erinnert.

Die islamische Identität

In Europa lösten die iranischen Ereignisse Bewunderung und Abscheu, Faszination und Angst aus, auf alle Fälle zollten die Europäer dem Islam immer mehr Respekt. Der Islam wurde bislang mit muslimischen Gastarbeitern assoziiert und wurde genau wie sie missachtet. In Deutschland war sogar die Integration der Gastarbeiter unerwünscht, weil das Land offiziell kein Einwanderungsland war, man drängte auf eine rasche Rückkehr der Gastarbeiter in ihre Heimat (Rückkehrprogramme). Die erste Generation von Migranten wehrte sich nicht ernsthaft gegen die Diskriminierung, weil sie nicht beabsichtigte dauerhaft im Gastland zu bleiben.

Anders sah es bei ihren Kindern aus. Sie waren in Deutschland geboren bzw. aufgewachsen und waren in der Heimat der Eltern Fremde. In Deutschland waren sie aber ausgegrenzt und daher nicht integriert. Auf die Ausgrenzung der Deutschen antworteten sie mit der Selbstabgrenzung und suchten Ideologien, die ihre Distanz zum deutschen Gemeinwesen unterstreichen. Sie fanden sie bei den Islamisten, die seit ihrer Erscheinung in Europa nie aufgehört haben, die Dekadenz des Westens zu geißeln, egal ob es sich bei ihnen um friedfertige sufi-orientierte Bewegungen, wie den Verband der Islamischen Kulturzentren (VIKZ) handelte oder um militante Bewegungen wie *hizb al-tahrîr*. Seitdem erleben die islamistischen Organisationen einen ununterbrochenen Zulauf.

Auf diese Weise traf die Agitation der Islamisten, die schon seit den 70er Jahren, aber mit wenig Erfolg, aktiv waren auf fruchtbaren Boden. Sie boten den Heimatlosen eine islamische Identität im Schoß der islamischen Gemeinschaft, der Umma, an. Das bedeutete Zugehörigkeit und Geborgenheit. Sie lieferten ihnen ein gesteigertes Selbstwertgefühl: Der Islam ist die wahre Religion und die Muslime bilden die beste Gemeinschaft, im Gegensatz zum dekadenten, verdorbenen und amoralischen Westen.

Die Etablierung der Islamisten

Nicht nur im Iran und in Afghanistan feierten die Islamisten Erfolge, sondern auch im Libanon mit der Hizbullah und in Palästina mit der Hamas, die sich in der ersten Intifada profilierte. Das blieb nicht ohne Auswirkungen auf Europa. War bislang die politische Landschaft der arabischen Migranten von säkularen Organisationen und Parteien beherrscht, so änderte sich die Situation nach der Vertreibung der PLO aus dem Libanon 1982 sehr rasch. Das politische Vakuum füllten die Islamisten reibungslos, oft übernahmen sie den Kader der alten Organisationen. Unter den türkischen Migranten hatten wir mit der Ankunft Erbakans an der Macht eine ähnliche Entwicklung. Nach seiner Absetzung durch das Militär versuchte der türkische Staat allerdings diesem Trend Einhalt zu gebieten und ließ die DITIB (Türkisch-Islamische Union der Anstalt für Religion) gründen. DITIB vertritt den säkularen Staatsislam und verwaltet fast die Hälfte der türkischen religiösen Einrichtungen. Auf alle Fälle wuchsen die türkischen religiösen Organisationen auf Kosten der säkularen Organisationen erheblich.

Mit dem Erstarken der islamistischen Organisationen wurde 1984 der erste Dachverband der Muslime in Deutschland, der Islamrat, gegründet. Ein Übergang von einer Abwehrhaltung, die die Muslime vor den Gefahren einer offenen, liberalen Gesellschaft schützen will, zu einer offensiven Haltung, die der islamischen Lebensweise im Gastland mehr Raum verschaffen will, zeichnete sich ab. Es folgte ein Kampf um die Eroberung des öffentlichen Raumes und des staatlichen Bereiches. Die Kopftücher begannen in den Ausländerbezirken das Straßenbild zu prägen, die Auseinandersetzungen, hauptsächlich juristischer Natur, wegen Moscheebau, Religionsunterricht, Gebetszeiten, Schächten und Befreiung von Klassenfahrten, Sport- und Sexualkunde-Unterricht, nahmen kein Ende.

Dieser Prozess wurde unterschiedlich bewertet. Manche sahen in dem „Sichtbarwerden des Islams" ein Zeichen der Partizipation und Integration, andere dagegen sahen in der islamischen Lebensweise eine kommunitaristische Entwicklung, die wegen der Unvereinbarkeit von Scharia und Grundgesetz zur Desintegration und Entstehung von Parallelgesellschaften führen kann. Die multikulturalistische Ideologie, die in den 80er Jahren Einzug in die deutsche politische Landschaft fand, gewann jedoch nach dem Fall der Berliner Mauer 1989 die Oberhand.

Die deutsche Politik, die nach der deutschen Einheit achtzehn Millionen Ostbürger in das westliche Gemeinwesen integrieren musste, war mit immensen Kosten konfrontiert und sparte u.a. im sozialen Bereich. Die Abstriche bei der Integration der Ausländer wurden von den Moscheevereinen der Islamisten aufgefangen. Die Politik, die früher den Koranschulen wegen ihrer Hetze gegen den Westen feindselig gegenüber stand, war nun froh darüber, dass diese Vereine immer mehr Aufgaben im Erziehungs- und sozialen Bereich kostenlos übernahmen. Die multikulturalistische Ideologie lieferte eine passende Rechtfertigung, so ging es darum, durch die Anerkennung einer islamischen Identität den Islam „heimisch zu machen." Der Islam soll vom Hinterhof an die Straßenfront mitten im öffentlichen Raum geholt werden, ungeachtet der Tatsache, dass er nach wie vor dieselbe antiwestliche Propaganda betreibt.

In der Tat bot die Religion einen besseren Integrationsweg als die Ethnie. Die Türken können nie als Türken im europäischen Nationalstaat anerkannt und akzeptiert werden, als Muslime sind sie überall willkommen, weil die Religion vom Grundgesetz geschützt wird (Art. 4 GG). Der verachtete türkische Fließbandarbeiter führte nun als Muslim einen interreligiösen Dialog mit hochgebildeten deutschen Theologen. Diese Sachlage haben die Islamisten erkannt und pochen auf ihre religiösen Rechte, um ihre islamische Lebensweise auf immer neue Bereiche auszuweiten. Das Zusammenwirken des deutschen Multikulturalismus und des islamistischen Eifers führten Ende der 90er Jahre dazu, dass Parallelgesellschaften tatsächlich wahrnehmbar wurden.

Das Beispiel der Araber in Berlin illustriert dieses Phänomen. Die Araber bilden mit circa 50.000 Menschen nach den Türken die zweitgrößte islamische Gemeinde in Berlin. Anfang der 90er Jahre lehrten zwei säkulare Projekte, die bald wegen Mangel an Finanzierung untergingen, circa 800 Kindern ihre arabische Muttersprache. Am Ende der Dekade beherrschten fünf große islamistische Zentren die ganze Gemeinde: die Wahabiten, die Muslimbrüder, die Ahbasch, Hizbullah und Hamas. Sie unterrichten über 5.000 Kinder. Parallel dazu und neben den üblichen Religionskursen bieten sie Deutsch- und Computerkurse und Hausaufgabenhilfe an und betreiben Frauen- und Jugendarbeit sowie Sport und Freizeitgestaltung.

Islamische Lebensweise

Alle Islamisten, ob friedfertig oder gewalttätig, bezwecken, das individuelle und soziale Leben nach den Prinzipien der Religion zu organisieren. Für sie gilt nur das Gottesrecht, das Menschenrecht ist in Ausnahmefällen zu erdulden, vor allem wenn die Muslime als Minderheiten unter fremder Herrschaft leben, wie im Westen. Deshalb stützen sich die Islamisten auf die legitime Religionsfreiheit, um die Scharia sukzessiv durchzusetzen und werden in ihrem Vorhaben von den Multikulturalisten unterstützt, die sich für die Anerkennung der Gleichwertigkeit verschiedener Existenzweisen und verschiedener Identitäten einsetzen. Diese übersehen jedoch, dass die Islamisten den Multikulturalismus verabscheuen, sie akzeptieren nur vorübergehend seine kommunitaristische Konsequenz in der sozialen Ordnung als Schutz vor der Mehrheitsgesellschaft und als Basis für ihre spätere Islamisierung.

So war die Aktion der Islamisten an erster Stelle auf die Muslime ausgerichtet. Ihre Intention war zuerst die Islamisierung der Muslime. Mit der Übernahme von Erziehungs- und Sozialaufgaben beabsichtigen sie die Kontrolle über die Masse der traditionellen Muslime zu gewinnen, um ihnen ihre Ideologie einzutrichtern. Sie wollen dem traditionellen Muslim, der die Ausübung seiner Religion fern von der Politik sieht, den wahren Islam beibringen, sprich den Islam der frommen Vorgänger des Früh-Islams, der die Religion auch als weltliche politische Herrschaft versteht *(dîn wa dunia)*. Darüber hinaus wollen sie dem traditionellen Muslim, der sich mehr oder weniger mit dem Nationalstaat abgefunden hat, seine Zugehörigkeit zur Gemeinschaft der Muslime, zur Umma, bewusst machen.

Die für die Islamisten günstige Entwicklung wurde Ende der 90er Jahre von dem steigenden islamischen Terrorismus getrübt (Ägypten, Afghanistan, Tschetschenien, Algerien, Israel, Aden, Kenia), das Bild des Islams verschlechterte sich wieder. Die islamistischen Organisationen erklärten, dass sie für die Taten ihrer Glaubensgenossen nicht haftbar gemacht werden können, sie trügen dafür keine Verantwortung und müssten keine Erklärung abgeben. Gleichzeitig zeigten sie Verständnis für die Motivationen der Täter, so sei der Westen an allem schuld: Kolonialismus, Imperialismus und Parteinahme zugunsten Israels bildeten die realen Ursachen.

Multikulturalisten, Teile der Linke, Humanisten und ein Schar von Menschen mit schlechtem Gewissen stimmten dieser Haltung zu, die Mehrheit der Bevölkerung aber nicht. Sie merkte die Doppelzüngigkeit dieser Haltung. Die Islamisten lehnten einerseits die Integration im Namen ihrer hergebrachten Kultur ab, deren Anerkennung sie verlangten, und andererseits wollten sie zu negativen Erscheinungen, die durch dieselbe Kultur verursacht waren, keine Stellung beziehen. Die Frage des heiligen Krieges *(jihâd)* ist schließlich ein wesentlicher Bestandteil des islamischen Glaubens.

Der 11. September

Der 11. September 2001 lieferte den Muslimen eine gute Gelegenheit, Klarheit zu schaffen. Die Chance wurde vertan. Drei Wochen nach den Anschlägen in den USA verzeichnete der *Tag der offenen Moschee* am 3. Oktober eine Rekordzahl an Besuchern (300.000). Die 1997 auf Initiative des 1994 gegründeten zweiten islamischen Dachverbandes, des Zentralrates der Muslime, gestartete Aktion war bislang bedeutungslos geblieben. Nun wollten die Menschen sich über diese „furchterregende" Religion informieren, um ihre muslimischen Mitmenschen zu verstehen.

Statt redlicher Aufklärung betrieben die Islamisten, die die beiden islamischen Dachverbände beherrschen, dieselbe Politik der Desinformation wie vorher. Der Terrorismus habe mit dem wahren Islam nichts zu tun, behaupteten sie, die Ursachen des Terrors seien jedoch verständlich und auf die durch die Politik des Westens erzeugte Situation der Hoffnungslosigkeit zurückzuführen.

Außerdem, und das war neu, der Islam sei eine Religion des Friedens, das bezeugt das Wort Islam selbst, weil es auf Arabisch Friede bedeutet. Das ist eine falsche Behauptung, weil das Wort auf Arabisch Hingabe, Unterwerfung bedeutet. Diese Doppeldeutigkeit kommt z.B. in der vom Zentralrat am 20. Februar 2002 herausgegebenen *Islamischen Charta* zum Ausdruck. Unter dem Titel *Der Islam ist eine Religion des Friedens* steht:

> „Islam“ bedeutet gleichzeitig Friede und Hingabe. Der Islam sieht sich als Religion, in welcher der Mensch seinen Frieden mit sich und der Welt durch freiwillige Hingabe an Gott findet.

Also es geht um den inneren Frieden des einzelnen Muslims und nicht um den sozialen Frieden. Ob dies den Frieden mit dem nicht-muslimischen Nachbarn bedeutet, bleibt dahingestellt.

Darauf haben die Islamisten auch eine Antwort gefunden. Der heilige Krieg ist nicht gegen die Ungläubigen nach außen gerichtet, sondern spielt sich im Innern des Muslims ab, der sich anstrengt ein guter Muslim zu sein.

Diese Innovationen stellen eine Individualisierung und Verinnerlichung des Islams dar, die als Modernisierungsschritte positiv zu bewerten wären, hätten sie die für eine Religion unerlässliche theologische Begründung gehabt. Das ist leider nicht der Fall gewesen. Die islamische Charta illustriert am Besten dieses Phänomen. Ihre Erscheinung 2002 weckte viele Hoffnungen, auch bei mir, und man wartete auf die Begründung. Man wartet immer noch. Inzwischen steht fest, dass sie für die Beruhigung der Gemüter herausgegeben wurde und es eine Begründung nicht geben wird.

Nicht nur die Doppeldeutigkeit des Diskurses der Islamisten, sondern mehr noch ihre Taten trugen zum Misstrauen bei. Nach wie vor verbreiteten sie die radikal-islamistische Literatur von u.a. al-Qaradawi, al-Maududi, Sayyed Qutb und auch der weit verbreitete Bestseller des Muslimbruders Scheich Abdallah Naseh Alwan über die Erziehung der Kinder im Islam, der im arabischen Original und in türkischer Übersetzung in den Moscheen angeboten wird. Danach ist das Ziel der Erziehung der heilige Krieg in all seinen Formen: erstens als Mission *(da'wa)*, zweitens als Erziehung, drittens als politischer Einsatz für den islamischen Staat und viertens als bewaffneter Kampf gegen all diejenigen, die sich gegen die Errichtung der Herrschaft Gottes stellen. (Bd. II, S. 781-782). Die Islamisten nutzten die Gesprächsbereitschaft der Deutschen aus, um ihre Agenda knallhart durchzusetzen. Große Prozesse fanden statt (Schächten, Kopftuch, Religionsgemeinschaft), sie führten einen alltäglichen Kampf gegen die Schule für die Durchsetzung der Geschlechtertrennung, die die Grundlage ihrer sozialen Ordnung darstellt und buchten viele Erfolge. Weite öffentliche Bereiche waren islamisiert, einen Beitrag zur Integration als Gegenleistung haben sie aber nicht geliefert. Die Islamisten haben viel genommen und nichts gegeben. Im Gegenteil, sie haben ihre Parallelgesellschaften ausgebaut.

Islamophobie und Dawa

Nach den Anschlägen in Madrid am 11. März 2004 und dem Massaker in Beslan im September 2004 hatte die Geduld der Politik und vor allem der Zivilgesellschaft ihre Grenze erreicht. Die Vertreter der Kirchen sowie der Staatspräsident forderten die muslimischen Verbände auf, eine klare und eindeutige Stellungnahme zum islamischen Terror zu beziehen. Die Ermordung Theo van Goghs in Holland im Oktober 2004 zwang die Muslime endlich zu reagieren. Die DITIB organisierte im November eine Demonstration in Köln, die von den Islamisten verbal unterstützt wurde. Das beruhigte zwar die Gemüter, war aber nicht überzeugend. Die Terroranschläge in London am 7. Juli 2005 und der Karikaturenstreit im Februar 2006 waren besorgniserregend. Das Misstrauen gegenüber den Muslimen breitete sich aus und wurde von den Multikulturalisten als Islamophobie gedeutet. Eine reale Islamophobie ist ohne Zweifel vorhanden, das berechtigte breite Misstrauen, das auf harten Fakten beruht, als solche zu kennzeichnen, stellt allerdings eine Diffamierung und Beleidigung der Vernunft der Menschen dar.

Die Islamisten nutzten diese Entwicklung um verstärkt in eine Opferrolle zu schlüpfen und gleichzeitig um Verständnis für ihre Religion zu werben. Die Deutschen hätten Vorurteile über den Islam, die zu zerstreuen wären. Man müsse sie über den wahren Islam informieren. Das war *da'wa* pur. Dieser nach dem 11. September entwickelte Ansatz rückte jetzt in den Vordergrund. In ihrer Erklärung haben die im Juni 2003 in Graz versammelten europäischen Imame schon gefordert, dass zusätzlich zum Religionsunterricht die Information über den Islam an den Schulen für nicht muslimische Kinder institutionalisiert wird. Die Begründung lautet:

> Muslime sind hierbei aufgerufen ihre Dau'apflicht so zu verstehen, dass sie zu Information aufgerufen sind.

Der Staat müsse auf diese Weise die Missionsarbeit der Muslime organisieren. Europa, das weitgehend das Christentum vergessen hat, musste nun den Islam kennenlernen.

Die Islamisierung Europas

Der neue Trend findet seinen Ausdruck in der Zunahme der Information über den Islam in deutscher Sprache und ist ungefähr auf das Jahr 2004 zurückzudatieren. Ich führe zurzeit eine Internet-Untersuchung über die von den Muslimen herausgebrachte islamische Literatur durch, deren Ergebnisse voraussichtlich Ende des Jahres veröffentlicht werden. Ich werde hier einige vorläufige Ergebnisse knapp schildern.

Auf Deutsch werden drei Zielgruppen angesprochen: Erstens die 2. und 3. Generation der Muslime, die, wenn sie die Sprache der Eltern sprechen, sie doch oft nicht lesen können, zweitens die Deutschen und deutschen Konvertiten und drittens die Muslime anderer Ethnien.

Inhaltlich ist ein Unterschied zwischen den Türken und den Arabern feststellbar. Der Umfang der deutschsprachigen Literatur auf den türkischen Webseiten ist begrenzt, sie bieten überwiegend die von den Konvertiten verfassten oder übersetzten Werke an. Der Umfang der türkischen Literatur ist dagegen enorm. Das bedeutet, dass die türkischen Islamisten immer noch sehr stark auf ihre ethnische Gruppe konzentriert sind. Im Gegensatz dazu arbeiten die Araber eng mit den Konvertiten zusammen und betreiben massiv eine Missionsarbeit. Neben den klassischen Muslimbrüdern haben sich in den letzten zwei Jahren die Salafiten, wie sie sich nennen, etabliert und ein weites Netzwerk errichtet. Das sind Wahabiten, eng an Saudi-Arabien gebunden. Ihre Hauptprediger sind junge Araber, die die deutsche Sprache gut beherrschen und auf Deutsch predigen.

Ihre Methode ist schnell, kostengünstig und effektiv. Sie bedienen sich intensiv des Internets und vermeiden die Printmedien. Die meisten angebotenen Bücher kann man herunterladen. Die schnell wachsende Masse an Beiträgen und Artikeln ist nur digital erhältlich, genau wie das Angebot an Audiomaterial, das nicht weniger schnell wächst und den Unterricht und die Predigen enthält.

Ähnlich missionarisch sind die Webseiten von Fethullah Gülen und Harun Yahya. Alle ihre Bücher werden in europäische Sprachen übersetzt und sind umsonst herunterzuladen.

Inhaltlich fällt auf, dass der Umfang der übersetzten originalen religiösen Quellen sehr reduziert ist. Die Interpretation der islamistischen Autoren ist vorherrschend, die Scheichs Albani, Uthaimin und Al Baz z.B. sind allgegenwärtig. Die Rezeption des Islam wird dadurch sehr einseitig und dient nicht der Integration im Westen. Die Vernunft wird bekämpft, das Menschenrecht verachtet und die Scharia gelobt mit ganz modernen Mitteln.

Ein interessantes Phänomen zeichnet sich ab, nämlich die Entstehung einer, wie ich sie nenne, islamistischen Ökumene. Das merkt man daran, dass bestimmte Werke von allen angeboten werden. Maududi, Qutb und Qaradawi findet man überall. Sie vertreten aber das orientalische Gesicht dieser Ökumene, das europäische Gesicht vertreten Leute wie der allgegenwärtige Tariq Ramadan. Auf der letzten Konferenz der europäischen Muslime in Istanbul definiert er in dem anschließenden Manifest die Aufgaben der Muslime folgendermaßen:

> Die Aufgabe besteht darin, sich das eigene Erbe wieder anzueignen und es zu einer positiven, wenn auch gleichzeitig kritischen Geisteshaltung weiterzuentwickeln, die bestätigt, dass die Lehren des Islam die Moslems zum spirituellen Leben und zur Selbstreform berufen. Sie müssen darauf bestehen, dass Moslems die Gesetze der Länder, in denen sie leben, respektieren.

Es geht bei ihm um die Selbstreform des einzelnen Muslims, nicht um die Reform des Islams zwecks Anerkennung der Menschenrechte. Tony Blair, der hoffnungsvoll alles finanziert hat und Ramadan als Berater geholt hat, muss sich noch in Geduld üben.

Der Islam und der säkulare Staat

Landeszentrale für politische Bildung Dresden, 2007

Einführung

Wenn das Thema Islam und säkularer Staat behandelt wird, vergleicht man üblicherweise die Erfordernisse des säkularen Staates mit den Vorgaben der islamischen Religion, um Schlüsse zu ziehen. Das werde ich auch teilweise tun. Meinen Schwerpunkt werde ich aber darauf legen, die Thesen der Islamisten zu analysieren, um herauszufinden, ob der Islam, wie sie behaupten, gegen die Trennung von Staat und Religion sei bzw. ob es wirklich keine Spuren von einer säkularen Tradition in der Geschichte des Islam gibt, oder ob die Vorstellungen der Islamisten eher eine Produkt der Moderne sind, um die Moderne zu bekämpfen. Davor ein Wort zum Säkularismus.

Der säkulare Staat

Die Trennung von Staat und Religion kennzeichnet den modernen demokratischen Rechtsstaat in seiner verschiedenen, historisch gewachsenen drei Formen. Die *separatistische Form* schreibt eine scharfe Trennung zwischen Staat und Religion vor und ist als Laizismus bekannt (Frankreich, Irland, Belgien und die Niederlande). Die *Vertragsform* regelt die Beziehung zwischen Staat und Religionsgemeinschaften durch Verträge für die Protestanten und Konkordate für die Katholiken. Sie wird als Säkularismus bezeichnet (Deutschland, Italien und Spanien). Die *einheitliche Form* ist in der Staatskirche verkörpert, die in dem Staatsoberhaupt gleichzeitig das Kirchenoberhaupt sieht wie in Norwegen, Dänemark und Großbritannien.

Ungeachtet der verschiedenen Formen folgen alle europäischen Staaten denselben Prinzipien der Religionsfreiheit, der Neutralität und der Kooperation. Die Religionsfreiheit basiert auf internationalen und europäischen Konventionen[1] sowie auf nationalen Konstitutionen, die das Recht auf Gedanken-, Gewissens- und Religionsfreiheit garantieren. Dieses Recht umfasst die Freiheit, eine Religion oder eine Weltanschauung eigener Wahl zu haben oder anzunehmen, und die Freiheit, seine Religion oder Weltanschauung allein oder in Gemeinschaft mit anderen, öffentlich oder privat durch Gottesdienst, Beachtung religiöser Bräuche, Ausübung und Unterricht zu bekunden.

Die Staatsneutralität bedeutet, dass der Staat für die Behandlung religiöser Fragen unqualifiziert ist und daher zur Zurückhaltung und Neutralität verpflichtet ist. Der Staat muss diese Kompetenz bei den religiösen Gruppen anerkennen und ihnen in diesen Fragen eine entsprechende Autonomie gewähren. Die Autonomie der religiösen Gruppen bedeutet, dass sie wegen ihrer Lehren nicht verfolgt und verboten werden können. Sie bedeutet weiterhin, dass sie nicht nur über Glaubensfragen entscheiden, sondern auch über ihre Organisationsform. Anders als Vereine sind sie nicht verpflichtet, demokratische Verhältnisse einzuhalten.

Die Kooperation zwischen Staat und religiösen Gemeinschaften findet in allen europäischen Ländern statt. Ungeachtet der Länderbesonderheiten nimmt die Kooperation zwei Hauptformen an. Die erste besteht in der Gestaltung religiöser Aktivitäten innerhalb des staatlichen Bereiches, und die zweite in der Subventionierung religiöser Aktivitäten außerhalb des staatlichen Bereiches, d.h. im privaten Bereich. Zu der ersten Form gehört Deutschland, das z.B. den bekennenden Religionsunterricht an den offiziellen Schulen unter staatlicher Aufsicht zulässt. Zu der zweiten Form gehört Frankreich, das private konfessionelle Schulen subventioniert, auf denen einen Religionsunterricht ohne staatliche Aufsicht erteilt wird. Ähnlich in den Niederlanden, wo die konfessionellen Schulen als Teil des Säulensystems voll finanziert werden.

Diese zwei Formen der Kooperation begründen den Unterschied zwischen der sogenannten geschlossenen Neutralität des laizistischen Staates Frankreichs und der offenen Neutralität des säkularen Staates Deutschlands. Die offene Neutralität erlaubt dem Staat wei-

---

1 96 Artikel 18 des „Internationalen Paktes über die bürgerliche und politische Rechte" vom 19 Dezember 1966. Artikel 9 der von den Mitgliedern des Europarates vereinbarten „Konvention zum Schutz der Menschenrechte und Grundfreiheiten" vom 4. November 1950.

ter, die Kirchensteuer für die Religionsgemeinschaften einzutreiben, und sie an Wohlfahrt und anderen sozialen Aufgaben zu beteiligen. Diese partnerschaftliche Kooperation wird mit Verträgen und Konkordaten besiegelt. Im geschlossenen laizistischen Staat werden nicht nur die konfessionellen Schulen subventioniert, sondern auch unter dem Deckmantel der kulturellen Unterstützung viele Kosten übernommen, wie die Instandsetzung und Wartung der Kirchen in Frankreich.

Die Christen haben sich mit dem säkularen Staat längst abgefunden, die Katholiken spätestens seit Vatikan II (1964). Dort heißt es u.a.:

> Für die katholische Morallehre ist die Laizität, verstanden als Autonomie der zivilen und politischen Sphäre gegenüber der religiösen und kirchlichen – aber nicht gegenüber der moralischen Sphäre -, ein von der Kirche akzeptierter und anerkannter Wert, der zu den Errungenschaften der Zivilisation gehört.

Die Laizität ist der Religion gegenüber autonom, aber nicht der Moral gegenüber, die Begründung:

> Es handelt sich dabei nicht um „konfessionelle Werte", denn diese ethischen Forderungen wurzeln im menschlichen Wesen und gehören zum natürlichen Sittengesetz.[2]

Die in der menschlichen Natur wurzelnde Moral bildet die Grundlage für den Staat und für die Religion. Die Gottesgebote der Christen widersprechen nicht den Menschenrechten, damit ist eine gegenseitige Vereinnahme zwecks Legitimierung überflüssig geworden. Das Gottesrecht ist mit dem Menschenrecht einverstanden. Mit dem Auftreten der Muslime in Europa wird diese Symbiose jedoch in Frage gestellt.

2 97. Kongregation für die Glaubenslehre, Lehrmäßige Note zu einigen Fragen über den Einsatz und das Verhalten der Katholiken im politischen Leben.

Der Islam

Nach seinem eigenen Verständnis ist der Islam gleichzeitig Religion und Staat. Er erhebt den Anspruch, die Verhältnisse im Dies- und Jenseits nach dem Recht Gottes zu regeln. Im Christentum dagegen ist das Reich Gottes nicht von dieser Welt (Johannes 18, 36). Deshalb regelt das Christentum den Umgang der Menschen miteinander nicht. Es liefert nur moralische Werte, die zu befolgen sind, aber urteilt nicht ihre Umsetzung. Das bleibt nur Gott überlassen. Das Gebot der Nächstenliebe leitet die zwischenmenschlichen Beziehungen an. Diese Praxis ist nicht kodifizierbar. Sie kann es auch nicht sein, weil sie einem ethischen Wertesystem entspricht, das seinerseits im Gewissen des Menschen und in seinem Glauben an Gott seine Wurzeln hat.

Daher ist das Christentum eine Gewissensreligion. Im Gegensatz dazu wird der Islam als eine Gesetzesreligion betrachtet, weil das moralische Handeln vom gesetzlichen Handeln untrennbar ist. Das Gute besteht in der Befolgung des im Koran offenbarten Gesetzes und entspringt nicht einer subjektiven Gewissenserwägung. Die Nichtbefolgung der religiösen Bestimmungen, bekannt als Scharia, führt oft zu einer Bestrafung im Diesseits, bevor man im Jenseits zur endgültigen Rechenschaft gezogen wird. Da die Scharia nicht nur das Verhältnis der Menschen zu Gott, sondern auch die Verhältnisse der Menschen untereinander regelt, gewinnt sie einen politischen Charakter, der seinen Ausdruck im islamischen Staat, bekannt auch als Kalifatsstaat, findet.

Der Islam ist keine Lösung

Die Forderung nach einem solchen Staat wird heutzutage von den Islamisten erhoben, die unter dem Schlachtruf „Der Islam ist die Lösung“ einen Kampf gegen die Regierungen in der islamischen Welt führen und unter dem Slogan „Der Islam ist die Alternative“ die Islamisierung des Westens betreiben. Der Schlachtruf der Islamisten lässt vermuten, dass dahinter eine Gesamtkonzeption von Staat und Gesellschaft steckt, gespickt mit zahlreichen Programmen für die Lösung sozialer, wirtschaftlicher, politischer und anderer Probleme. Eine nüchterne Betrachtung der Realität in den Scharia-Staaten vermittelt allerdings ein ganz anderes Bild. Vor dreißig Jahren waren nur Saudi-Arabien und die Golfstaaten nach der Scharia organisiert, inzwischen haben zwölf islamische Länder die Scharia als Verfassung und mehrere angeblich demokratische Länder wie Ägypten die Scharia als einzige Quelle der Gesetzgebung eingeführt, d.h. im letzten Fall, dass die vom Parlament erlassenen Gesetze den Prinzipien der Scharia nicht widersprechen dürfen.

In den meisten dieser Länder wurden die alten Probleme nicht gelöst, im Gegenteil sie wurden verschlimmert. Die explodierende Demographie, die hohe Arbeitslosigkeit, die Inflation, die Wohnungsnot, die schlechte Bildung, die Familien- und Erziehungsprobleme, das Sinken von immer mehr Menschen unter die Armutsgrenze, all diese Probleme haben von den Rechtsgelehrten keine Abhilfe erfahren. Die Gelehrten waren zu sehr damit beschäftigt die Geschlechtertrennung zu überwachen, die Frauen ohne Kopftuch zu verfolgen, die Homosexuellen zu töten, die Ehebrecherin zu steinigen und die Diebe zu verstümmeln. Für diejenigen, die die islamische Herrschaft der Taliban in Afghanistan vergessen haben, hat die Bewegung der islamischen Gerichte in Somalia in den letzten Monaten vorgeführt, was eine islamische Herrschaft bedeutet. Gleich nach der Eroberung der Hauptstadt Mogadischu haben die Islamisten die Kinos und Unterhaltungsstätten geschlossen, den Alkohol verboten, den Kopftuchzwang eingeführt und die Geschlechtertrennung verordnet. Sie kauften mit saudi-arabischem Geld Waffen in Eritrea und luden alle Terroristen der Welt zur Teilnahme am heiligen Krieg ein. Mehr als das hatten sie für das seit 16 Jahren vom Bürgerkrieg geschüttelte Land nicht anzubieten.

In allen diesen Ländern hat die Scharia es geschafft, die Lebenssituation der Menschen gründlich zu verschlechtern. Zusätzlich zur Einführung des unmenschlichen Scharia-Strafrechts hat sie die individuellen und öffentlichen Freiheiten weitgehend eingeschränkt. In keinem Scharia-Staat wurden, wie es zu erwarten wäre, „islamische Programme" ausgearbeitet, um die weltlichen Probleme der Bevölkerung zu lösen. Dagegen wurden viele Maßnahmen getroffen zur Konsolidierung der Macht. Der Schlachtruf „Der Islam ist die Lösung" hat sich als trügerisch erwiesen. Der Islam hat Staat und Gesellschaft islamisiert, aber weder die politischen noch die sozialen noch die wirtschaftlichen oder irgendwelche Probleme gelöst. Es ging ihm nur um die Macht. Die Islamisten wollen oder haben die Macht übernommen und den Rest soll Gott selbst richten.

Die Fiktion des islamischen Staates

Nicht nur, dass die Islamisten kein Programm haben, sie haben auch keine Vorstellungen vom islamischen Staat selbst. Wenn wir wieder einen Blick auf die Realität werfen, stellen wir fest, dass in den Scharia-Staaten kein einheitliches politisches System verbreitet ist. Im Iran z.B. haben wir eine Demokratie mit Parlament und Wahlen, die aber von einem nicht vom Volk gewählten Mullah-Rat beherrscht ist. In Saudi-Arabien herrschen der König und seine Familie über das Land. Erst nach massivem Druck des Westens hat der König ein ernanntes beratendes Gremium zugelassen. Im Sudan haben wir eine Demokratie wie im Iran, aber statt der Mullahs hat das Militär das letzte Wort.

Offensichtlich gibt es kein islamisches politisches System, das man übernehmen kann, sonst hätten wir diese Vielfalt nicht. Trotzdem wollen die Islamisten das zur Zeit des Propheten und seiner ersten vier Nachfolger (622-661), den rechtgeleiteten Kalifen, herrschende politische System wieder herstellen. Sie wollen zum Ursprung, zu den goldenen Zeiten des wahren Islam zurückkehren, was ihnen nebenbei die Kennzeichnung als Fundamentalisten brachte. Sie versichern uns, dass es dabei um das beste System für die Menschen gehe, das ist die heilige Zeit, in der die Welt dem Willen Gottes entsprach und die Offenbarung Realität wurde. Wenn wir aber im Koran nach einem politischen System suchen, finden wir keines: Dort ist weder die Rede von Demokratie oder Diktatur noch von Königtum oder Kalifat. Im Koran finden wir die Beschreibung eines Herrschaftssystems, das auf Gott zentriert ist und aus drei Komponenten besteht: Erstens die Unterwerfung unter Gott und seinen Propheten, zweitens die Solidarität der Muslime untereinander, die die beste von Gott erschaffene Gemeinschaft, *umma*, bilden:

> Ihr seid die beste Gemeinschaft (Umma), die unter den Menschen hervorgebracht wurde; ihr gebietet das Rechte, verbietet das Verwerfliche und glaubt an Gott. Wenn die

> Leute der Schrift (ebenfalls) glauben würden (wie ihr), wäre es besser für sie. Es gibt (zwar) Gläubige unter ihnen. Aber die meisten von ihnen sind Frevler. (3:110)

Und drittens schließlich den heiligen Krieg, der *jihâd*, der ursprünglich der Verteidigung der Muslime diente, aber in den späteren Versen zur Pflicht wird und einen offensiven Charakter annimmt, der zur Expansion auf Kosten der Nichtmuslime und der Invasion ihrer Länder führte:

> Euch ist vorgeschrieben, (gegen die Ungläubigen) zu kämpfen, obwohl es euch zuwider ist. Aber vielleicht ist euch etwas zuwider, während es gut für euch ist, und vielleicht liebt ihr etwas, während es schlecht für euch ist. Allah weiß Bescheid, ihr aber nicht. (2:216)

Diese Theokratie kann mit der Anwesenheit eines Propheten funktionieren und macht ein politisches System überflüssig. Der Vermittler der Offenbarung steht Gott am nächsten und kennt das Beste für die Menschen. Trotzdem konnte der Prophet offensichtlich seine Autorität auch nicht leicht durchsetzen. In 36 Versen werden im Koran die Menschen aufgefordert, Gott und seinem Propheten zu gehorchen. Es geht um die Herrschaft Gottes, verkörpert in seinem Propheten, und das war wahrscheinlich Mohammad bewusst, so dass er auf seinem Sterbebett keinen Nachfolger ernannte. Ein Prophet hat keinen Nachfolger, die Propheten werden von Gott ausgesucht. Außerdem lässt der Koran uns wissen, dass Mohammad der Siegel der Propheten sei (33:40).

Damit ist die Wiederherstellung der Herrschaft wie zur Zeit des Propheten unmöglich, weil kein Mensch in seinem Handeln von der göttlichen Eingebung geleitet wird, um fehlerfrei zu agieren. Die Schiiten versuchten das Problem insoweit zu lösen, als sie die Nachfolger des Propheten, die sie Imame nennen, als unfehlbar erklärten. Das Imamat ist ein erblicher Posten und liegt in der Nachkommenschaft von Fatima, der Tochter Mohammads, und Ali, ihres Ehemannes. Da der zwölfte Imam Mohammad al-Mahdi im Jahre 874 entrückt ist und erst am Ende der Zeiten zurückkommen wird, musste die islamische Revolution im Iran für die Errichtung ihrer Herrschaft neue Wege beschreiten und Khomeini erfand die Herrschaft des Gelehrten, *wilâyat al-faqîh*, als Zwischenstufe zwischen der weltlichen und der Imamherrschaft. Diese Herrschaftsform ist ein Produkt der modernen Zeiten.

Die Muslime, die später als Sunniten bezeichnet werden, erfanden gleich nach dem Tod Mohammads die Institution des Kalifats. Der Kalif ist kein Prophet und ist nicht unfehlbar. Die ersten vier Kalifen haben jedoch eine Sonderposition, sie waren enge Gefährten Mohammads und haben die Zeit der Offenbarung und der Entstehung des Islam miterlebt, deshalb wird ihre Regierungszeit genau wie die des Propheten als heilig betrachtet und sie werden daher von den Muslimen als rechtgeleitet bezeichnet. Die folgenden Kalifen sind nicht rechtgeleitet, ihre Zeit ist trotzdem heilig. Die Heiligkeit kommt daher, dass unter ihrer Herrschaft das Gottesrecht nach wie vor zur Geltung kommt. Die Theorie der unmittelbaren Herrschaft Gottes dagegen, die *hâkimiyyat Allah*, die die prophetische Zeit wiederbeleben will, und heutzutage unter radikalen Islamisten kursiert, ist neu und wurde in den 40er Jahren des letzten Jahrhunderts von dem sunnitischen Pakistaner al-Maududi erdacht. Sie scheitert allerdings am Fehlen eines Propheten, und so muss er doch einen Mittler zwischen Gott und dem Menschen eingestehen, der zwar in ein basisdemokratisches politisches System eingebunden ist, das seine Wahl bestimmt, aber seine Entscheidungsbefugnisse nicht einzuschränken vermag.

Wenn wir das Kalifat, das die Vereinigung von Staat und Religion verkörpert, und das Heil der Muslime im Dies- und Jenseits garantiert, historisch untersuchen, stellen wir fest, dass das Kalifat weit davon entfernt war, heilig zu sein und dass es sich nicht viel von den profanen Herrschaften in Europa und woanders in der Welt unterscheidet. Diese Aufgabe hat der ägyptische Denker Faraj Fuda im Rahmen seiner politischen Auseinandersetzung mit den Muslimbrüdern auf sich genommen und die islamischen Quellen untersucht. Er kommt zu dem Schluss, dass die Islamisten mit ihrer Forderung nach dem Kalifatsstaat für die Lösung unserer Probleme und die Herstellung von Frieden und Gerechtigkeit einer Fiktion nachgehen, die auf keiner historischen Grundlage basiert. Sie idealisieren die Geschichte im Dienst ihrer heutigen Machtbestrebungen. Das Buch von Fuda mit dem Titel *Die fehlende Wahrheit* hat ihn das Leben gekostet, er wurde 1992 von den Muslimbrüdern ermordet.

Fuda zeigt, dass die heilige Geschichte gar nicht so heilig war. Gleich nachdem Mohammad starb und noch bevor sein Leichnam beerdigt wurde, entbrannte ein Kampf um die Macht. Man einigte sich auf den ersten Kalifen, Abu Bakr (632-634). Dieser führte Krieg gegen andere Muslime, um die Almosensteuer, die Zakat, einzutreiben. Nach dem Tod des Propheten wollten manche Stämme über die Verteilung der Almosensteuer selbst entscheiden, wie es heute in den meisten islamischen Ländern der Fall ist. Diese Ressourcen waren aber damals notwendig für die Errichtung der Zentralegierung eines schnell expandierenden Reiches. Die Politik gewann die Oberhand über das religiöse Verbot des Binnenkampfes unter Muslimen. Der zweite Kalif Omar (634-644) zögerte nicht, aus politischer Motivation manche göttlichen Strafvorschriften des Korans, wie bei Diebstahl und Alkoholtrinken, unter bestimmten Umständen außer Kraft zu setzen und andere, wie die Schenkungen an Nichtmuslime *(al-mu'allafa qulûbahum, Vers 9: 60)*, einfach abzuschaffen

Der dritte Kalif Osman (644-656) verhalf seinem Omayyadischen Klan im Stamme Quraisch an die Macht zu kommen. Er ernannte Mitglieder seiner Sippe auf die wichtigsten Regierungsposten und beschwor dadurch einen Aufstand unter den Muslimen hervor, die seine Residenz in Medina belagerten. Als Osman die Forderung nach seinem Rücktritt ablehnte, wurde er von den Aufständischen getötet. Voller Hass verhinderten sie seine Bestattung auf dem muslimischen Friedhof, so mussten seine Angehörige ihn auf dem jüdischen Friedhof begraben.

Der vierte Kalif Ali (656-660) sah seine Macht einerseits durch ein Bündnis, von Ayscha, der Frau des Propheten angeführt, und andererseits von einem Verwandten Osmans, dem Gouverneur der Provinz Syrien, Muawiya, herausgefordert. Er besiegte die ersten musste sich aber mit Muawiya einigen. Das gelang nicht und es kam zur Spaltung des Islam in Schiiten, Sunniten und Kharigiten. Diese ermordeten Ali, Muawiya blieb alleiniger Herrscher und gründete die erbliche Dynastie der Omayyaden (661-750), eine politische, weltliche Herrschaft, die weder mit dem Koran noch mit dem Geist der Offenbarung gerechtfertigt werden kann.

Selbst die Heiligkeit war fragwürdig. Die religiöse Instanz war von der politischen Instanz nicht getrennt, beide waren in der Person des Kalifen vereint, der nicht unbedingt der beste Kenner der Religion war. Das religiöse Wissen war unter den Gefährten des

Propheten unterschiedlich verteilt. Abdullah ibn Abbas, ein Cousin des Propheten, kannte sich im Islam am besten aus und wird bis heute von den Muslimen geehrt. Er war die größte religiöse Referenz *(al-habr al-a'zam)* und die Hauptquelle vieler Überlieferungen des Propheten, die ein Teil der wahren Sunna bzw. des Glaubens bilden. Seine Position ist mit der der Väter der Kirche bei den Christen vergleichbar. Die Wahrheit der Überlieferung hängt nach der Wissenschaft der Hadith an erster Stelle von den moralischen Qualitäten des Überlieferers ab. Wir erfahren aber in dem Werk *al-tabaqât* von Ibn Saad , dass Ibn Abbas in seiner Funktion als Gouverneur von al-Kufa im Irak die eingetriebenen Kopfsteuergelder unterschlug. Auf die Aufforderung des Kalifen Ali das Geld zurückzugeben, leugnet er ab und flüchtet nach Medina. Ali bedrängt ihn, Ibn Abbas gesteht die Tat, erhebt zugleich Anspruch auf die gestohlenen sechs Millionen Dirhem und droht zum Feind überzulaufen, wenn Ali ihn weiter belästigt.

Wie wir sehen, die Zeit der rechtgeleiteten Kalifen hat wenig mit Heiligkeit und vor allem wenig mit Scharia (Gottesrecht) zu tun. Es ging vornehmlich um ganz profane Angelegenheiten, um Macht und Besitz. Außerdem mussten die ersten Kalifen viel improvisieren. Als Gefährten des Propheten hatten sie keine Schwierigkeiten, nach seinem Vorbild schariakonform zu handeln. Die Scharia war aber rudimentär. Was man zu dieser Zeit als Scharia kennzeichnen kann, das Wort Scharia als terminus technicus existierte noch nicht, bestand aus den Versen im Koran und dem gemeinsamen Leben mit dem Propheten. Von den 6236 Versen im Koran haben nur circa 600 einen normativen Inhalt. Sie beziehen sich hauptsächlich auf gottesdienstliche Angelegenheiten, wie Beten, Fasten, Pilgern sowie Reinheitsgebote und Ess- und Kleidungsvorschriften. Die Zahl der Verse, die Straf-, Zivil- und Erbrecht behandeln, beträgt circa 80 Verse, damit kann man die Stadt Medina regieren, aber nicht ein riesiges Reich.

Die rechtgeleiteten Kalifen mussten von manchen koranischen Vorschriften zugunsten politischer Zwänge abweichen, mit den Omayyaden wurden diese Vorschriften einfach vergessen. Der Stamm des Propheten, Quraisch, beherrschte Mekka und bestand aus 26 Klane. Der Klan der Omayyaden war der reichste und dominierte den Handel zwischen Arabien und Syrien; er war auch der Hauptfeind der Muslime und hat sie bis zum Friedensabkommen von Hudeiba 628 bekämpft. Erst nach dem Fall Mekkas 630 traten die Omayyaden wie alle andere Mekkaner dem Islam bei. Sie hatten keine andere Wahl. Osman war ein Einzellfall und ein überzeugter Muslim. Als er Kalif wurde, sahen die Omayyaden ihre Chance kommen, behauptet der ägyptische Gelehrter Ahmad Subhi Mansour. Sie engagierten sich im Islam, weil das neue Reich für ihre Geschäfte förderlich war und gingen hart mit ihren Gegnern um. Unter dem Omayyadischen Kalifen Yazid (680-683), dem Sohn Muawiyas, wurde Medina sogar angegriffen und drei Tage lang für die Armee frei gegeben. Die Stadt wurde ausgeplündert 4.000 bis 5.000 Menschen wurden getötet über tausend Mädchen entjungfert. Der Kalif der Muslime besang das Ereignis als Rache für seine Sippe, die fünfzig Jahre vorher, noch als Heiden, von den Muslimen dieser Stadt in der Schlacht von Badr geschlagen wurde.

Man fragt sich, wenn man die geschichtlichen Quellen liest, von welchem religiösen Staat reden die Islamisten? Das Standardbuch des Orientalisten Wellhausen über diese Zeit bis zum Ende der Omayyadenherrschaft trägt den Titel: *Das arabische Reich.* Faraj Fuda spricht von der Herrschaft des Stammes Quraisch, die die längste Herrschaftszeit in der Weltgeschichte darstellt. Sie reicht von 632 bis zur Zerstörung Bagdads durch die Mongolen im Jahre 1258 und setzt sich formal bis zum Ende der Mamlukenzeit 1517 fort. Ob rechtgeleitete, Omayyaden, Abbasiden oder Aliden, alle Kalifen gehörten Klanen des Stammes Quraisch an.

In dieser langen Herrschaftszeit des Kalifatsstaates gab es nach Fuda nur zwei Kalifen, die versucht haben, eine religiöse Herrschaft, d.h. strikt nach der Scharia, durchzusetzen. Das waren der Omayyade Omar bin Abdelaziz (717-720) und der Abbaside al-Muhtadi billah. Omar herrschte zwei Jahre und drei Monate, al-Muhtadi (869-970) elf Monate, d.h. wir haben es insgesamt nur mit drei Jahren und zwei Monaten anerkannter religiöser Herrschaft zu tun. Die Quellen berichten, dass Omar wahrscheinlich vergiftet und al-Muhtadi ermordet wurde. Ihr Versuch konsequent nach Gottes Recht zu regieren, schlug fehl und kostete sie das Leben.

Es ist kein Zufall, dass die Islamisten auf die idealisierte Zeit des Propheten und der rechtgeleiteten Kalifen zurückgreifen, sie suchen eine heilige Welt, die sie in der späteren Zeiten bestimmt nicht mehr finden. Deshalb wird die Geschichte negiert. Man springt über zwölf Jahrhunderte islamische Geschichte hinweg und landet im 7. Jahrhundert, um davon ein idealisiertes Bild zu konstruieren, das für absolut und allgemein gültig erklärt wird: Das ist der islamische Staat, der in dieser Form nie existiert hat. Selbst Ali, der vierte rechtgeleitete Kalif, der sehr religiös war, musste seine viereinhalbjährige Amtszeit mit dem Bekriegen anderer Muslime verbringen. Er spaltete die muslimische Gemeinde bis zum heutigen Tag und wurde ermordet.

Im Jahre 750 vertrieb der Klan der Abbasiden die Omaiyyaden von der Macht und vernichtete sie. Unter ihrer Herrschaft (750-1258) bildete sich die islamische Doktrin heraus. Etwa zweihundert Jahre nach dem Tod des Propheten begann man seine Aussprüche, die Hadithe, zu sammeln. Inzwischen war ihr Volumen so gewachsen, dass eine Wissenschaft erfunden werden musste, um die wahren von den falschen zu trennen. Ibn Hanbal z.B. hat aus einem Fundus von einer Million Überlieferungen 26.000 als wahr herausfiltriert. Die Hadith-Produktion war enorm, weil alle, die einen Machtanspruch anmeldeten, ihn mit erfundenen Hadithen belegen wollten. Die anerkannten Hadith-Sammlungen bilden die Sunna, die zweite Grundlage des islamischen Glaubens. Die Orientalisten und die meisten modernen Islamreformer bezweifeln die Authentizität der Sunna und lehnen sie ab. Zur Zeit ihrer Entstehung haben die islamischen Theologen der Mutaziliteniten eine ähnlich ablehnende Haltung gehabt.

Unter den Abbassiden entstand auch das islamische Recht, der Fiqh. Ihre Vorgänger hatten sich bislang des lokalen Gewohnheitsrechts der eroberten Gebiete bedient. Nun begannen die Rechtsgelehrten das Gewohnheitsrecht an die Bestimmungen der Scharia anzupassen und mussten dabei das Korsett der Scharia erweitern, indem sie Kategorien einführten wie Gewohnheitsrecht, Notwendigkeit und Interesse *('urf, darura, maslaha),* die im Grunde genommen alles aufnehmen können. Sie haben praktisch die vorgefundenen Verhältnisse islamisiert. Die infolge dessen entstandenen

Rechtsschulen unterscheiden sich durch ihre Rigorosität bzw. Aufnahmefähigkeit und Liberalität.

Genauso bedeutend wie die Entstehung von Sunna und Fiqh war die Trennung der religiösen und politischen Institution. Der Kalif, der schon seit längerer Zeit seine religiöse Funktion nicht ausübte, delegierte sie an die offiziell konstituierte Institution der Gelehrten, verkörpert in der Person des Muftis, der die Rechtsgutachten *(fatwas)* erstellt und des Qadis, der anhand der *fatwas* die Urteile fällt. Die Herrschaft des Kalifen war nach wie vor religiös legitimiert, seine Funktion war aber seitdem eher politisch. Bei dieser Bipolarität war leicht zu verfolgen, wie Religion und Staat, wie Gottesrecht und Menschenrecht zueinander standen. Im Prinzip war die religiöse Institution für das Rechtssystem zuständig, d.h. für die Umsetzung der Scharia. In der Tat hat die politische Macht die Lücken in der Scharia, insbesondere im Strafrecht, ausgenutzt, um ihren Anspruch auf Rechtsprechung im Sicherheits- und Polizeibereich zu behalten.

Mit der Gründung einer Söldnerarmee unter der Herrschaft von al-Mutasim (833-842) begann der Aufstieg des Militärs und die Herausbildung einer rein profanen Herrschaft, nämlich des Sultanats. Der Sultan war der Anführer des Militärs und Inhaber der realen Macht, er verteilte das Land unter seinen Leuten und führte damit eine neue Landbesitzform, ähnlich dem Feudalismus in Europa, ein. Das sog. *iqtâ'*-System hatte wenig mit der Scharia zu tun und viel mit den juristischen Vorstellungen der Turkvölker, die Ende des 9. Jahrhunderts ins Reich einzogen und die Macht übernahmen. Diese Vorstellungen wurden im ganzen Reich umgesetzt und brachten die religiöse Institution in Bedrängnis. Zu dieser Zeit entstanden die Staatstheorien wie die von al-Mawardi (974-1058), die die Herrschaft der Usurpatoren akzeptieren, solange die Sultane die formale Herrschaft des Kalifen anerkennen. Mit anderen Worten, sie akzeptieren eine profane Macht mit religiöser Färbung.

Bald wollten die Sultane diese Kohabitation nicht mehr. Sie verbannten zur Herrschaftszeit der Mamluken (1250-1517) den Kalifen aus dem öffentlichen Leben und sperrten ihn in seinem Schloss ein. Die Osmanen vereinigten schließlich beide Instanzen. Ihr Sultan legte sich zusätzlich, aber nicht primär den Kalifentitel zu. Die Osmanen (1280-1918) schafften auch Klarheit, indem sie die jahrhundertelange gewachsene, profane Herrschaft endlich kodifizierten. Es entstand neben der Scharia ein Menschengesetz, bekannt als Kanun, in dessen Präambel die Konformität zur Scharia versichert wird, aber auch nicht mehr. Der Kanun regelt die Verhältnisse im Staat und der Verwaltung, im Militärwesen und beim Landbesitz. Die Scharia beschränkt sich auf das religiöse Leben, das Zivil- und Handelsrecht. Das Strafrecht wird unter beiden Bereichen aufgeteilt.

Eine Art Säkularisierung war damit nicht nur verbreitet, sondern auch institutionalisiert. Das erlaubte später, ab 1826, die Modernisierung des osmanischen Reiches, das durch seine Reformen den Wirkungsbereich, der Scharia immer weiter einengte. So wurden ein Handelsrecht, ein Eigentumsrecht, ein Strafrecht usw. allmählich eingeführt. Diese juristische Betriebsamkeit fand ihren Ausdruck in der juristischen Zeitschrift al-Majalla, die bezeugt, wie eine Modernisierung auch von dem kulturellen Erbe der Scharia schöpfen kann. Dies mündete in den modernen säkularen Staat, der außer in Saudi-Arabien überall im 20. Jahrhundert verbreitet war.

Die Krise des nationalen säkularen Staates rief zwei Reaktionen hervor, eine vorwärts orientierte, die mehr Demokratie und Freiheit verlangt und eine zweite, die rückwärts orientiert ist und das Heil in alten Rezepten sucht. Das sind die Islamisten. Verschiedene Studien haben gezeigt, dass es sich bei ihnen um eine aufsteigende Mittelschicht handelt, die die Machtübernahme anstrebt und mit der Verbreitung eines ahistorischen, idealisierten Bildes des islamischen Staates den verelendeten Massen der Bevölkerung das Heil verspricht und sie damit für ihr politisches Vorhaben mobilisiert.

Die Islamisten haben, wie oben erwähnt, kein einziges Problem gelöst. Wir erleben in diesen Tagen z.B. wie Ahmadinejad im Iran massiv unter Druck gesetzt wird, weil trotz der astronomischen Erdöleinkünfte die Wirtschaftskrise im Lande ein riesiges Ausmaß erreicht hat. Trotz alledem erzielen die Islamisten in den islamischen Ländern mit ihrer Demagogie politisch große Erfolge. Sie haben eine weitgehende Islamisierung bzw. Einführung der Scharia vorangetrieben. Um es noch mal zu betonen, die Scharia bedeutet für sie: Kopftuchzwang, Geschlechtertrennung, Alkoholverbot, Zivil- und Strafrecht.

Die Scharia in Europa

Auch in Europa haben die Islamisten politische Erfolge erzielt. Sie haben das liberale System ausgenutzt, um einen Islamisierungsprozess in Gang zu setzen. Im Namen der Religionsfreiheit, die ein Menschenrecht ist, haben sie ihre Scharia-Vorstellungen insbesondere bezüglich der Frauen, d.h. Kopftuch und Geschlechtertrennung, mit teilweise beachtlichem Erfolg durchgesetzt. Das Bedenkliche dabei bildet die Tatsache, dass nicht nur die Islamisten, sondern auch der offizielle orthodoxe Islam die Menschenrechte nicht anerkannt haben. Auf allen ihren Konferenzen erkennen die Orthodoxen die Menschenrechte nur im Rahmen der Scharia, d.h. kaum, an.[3] Deshalb kann man sich des Eindrucks nicht erwehren, dass hier die Liberalität missbraucht wird.

Diese Auseinandersetzung mit den Scharia-Bestrebungen der Islamisten findet in den westlichen Demokratien öffentlich statt und der Slogan der Islamisten „Der Islam als Alternative" erfährt einen immer wachsenden Widerstand. Eine andere Islamisierung des säkularen Bereiches erfolgt währenddessen sozusagen hinter dem Rücken der Öffentlichkeit und wird kaum beachtet. Sie betrifft die Finanzwelt, deren Islamisierung vom öffentlichen Diskurs nicht wahrgenommen wird. Ich werde hier einige Fakten darstellen.

Das Volumen des islamischen Kapitalmarktes einschließlich der islamischen Banken wuchs von 230 Milliarden im Jahre 1982 auf 700 Milliarden im Jahre 2006 und sein jährliches Wachstum liegt zwischen 15 und 20 Prozent. Angesichts der Ölpreissteigerung seit 1974 ist das Sparvermögen der Muslime insbesondere in den letzten drei Jahren stark angestiegen. Der Westen hat damals Strategien entwickelt, um die Petrodollars als Investitionen zurückzuholen. Im Jahre 2000 z.B. besaßen die Saudis allein 6 Prozent des US-Aktienmarktes. Seit dem 11. September sind die Scharia-Staaten, an ihrer Spitze Malaysia, Saudi-Arabien und die Golfstaaten, noch mehr daran interessiert, einerseits vom Westen unabhängig zu werden, um u.a. seinem Demokratiedruck zu entgehen und anderseits wollen sie selber von den Ersparnissen ihrer Landsleute profitieren. Deswegen haben sie ihre religiösen Gelehrten angehalten, eine intensive Fiqh-

3 „Allgemeine Erklärung der Menschenrechte im Islam" vom 19. September 1981 und die „Kairoer Erklärung der Menschenrechte im Islam" vom 5. August 1990.

Arbeit zu leisten, um die Grundlagen für eine sogenannte islamische Wirtschaft zu legen.

Im Koran ist der Wucher verboten und der Handel mit und der Verzehr von manchen Gütern wie Alkohol und Schweinefleisch sind untersagt. Diese Vorschriften bilden die Leitlinien für die islamische Wirtschaft. In der Finanzwelt bedeutet dies, dass Zinsen auf Kredite und Investitionen nicht zulässig sind, daher wird eine partnerschaftliche Vertragsform wie im Mittelalter empfohlen, in der beide Kontrahenten Gewinne und Verluste tragen. Die zweite Leitlinie verbietet den Kauf von Aktien und Fonds von Firmen, die nach der Scharia verbotene Produkte herstellen. Die Einhaltung dieser Vorschriften führte 1988 und 1991 zu spektakulären Pleiten von islamischen Geldinstituten.

Der Versuch, die Wirtschaftsgesetze nach der Scharia zu biegen, war gescheitert, die Gelehrten begannen anhand von Fiqh-Kniffen, (das sind die oben erwähnten Kategorien von Gewohnheitsrecht, Notwendigkeit und Interesse – *'urf, maslaha, darura)* die Scharia an die Erfordernisse des Marktes anzupassen und zeigten dabei eine erstaunliche Flexibilität, die im totalen Kontrast zu ihrem Rigidität in politischen und sozialen Fragen stand. Der Erfolg ließ nicht auf sich warten. Der Autor von *Islamic Finance in the Global Economy* Ibrahim Warde schreibt:

> Dagegen schlug die Stunde des Erfolgs für die neuen islamischen Institute, die den Unterschied zwischen dem Geldgeschäft und anderen Bereichen der Finanzierung zu verwischen suchten, ihre Zinseinkünfte versteckten und neue Formen von Finanzoperationen erprobten. Indem sie die Zinserträge als unerheblich behandelten (und [als] „Gebühren“ zu ihrer Haupteinnahmequelle erklärten), gelang es den islamischen Bankern, die Kontroverse um riba, den Zins, zu unterlaufen.

D.h. wie damals im 8. Jahrhundert das Gewohnheitsrecht zugunsten des Islam vereinnahmt wurde, wird heute die Finanzwelt vereinnahmt und islamisiert.

Als erste der großen westlichen Banken richtete 1996 die New Yorker Citibank einen islamischen, schariakonformen Geschäftszweig ein und eröffnete eine Filiale in Bahrein. In Deutschland war die Commerzbank im Jahre 2000 das erste deutsche Kreditinstitut, das einen *Islam-Fonds* angeboten hat. In diesem schariakonformen Fonds findet sich z.B. die Lufthansa-Aktie nicht wieder, weil bei Reisen mit dieser Fluglinie Alkohol ausgeschenkt wird. Bei der Aktienauswahl werden die Anlageexperten von einem fünfköpfigen Gremium namhafter islamischer Rechtsgelehrter unterstützt, die dafür Sorge tragen, dass alle Aktien mit den Prinzipien des Islam übereinstimmen.

Als letzte hat die Deutsche Bank am 6. Dezember 2006 bekannt gegeben, dass sie erstmals Publikumsfonds nach islamischem Recht auflegt, sie würde damit auf die wachsende Nachfrage muslimischer Investoren reagieren. Die Fonds wurden gemeinsam mit Islam-Gelehrten aus London entwickelt. Dabei wurden Investitionsmöglichkeiten rund um den Globus und in verschiedensten Anlageklassen untersucht. Am Ende stand eine Auswahl von rund 7.000 Islam-konformen Aktien. Bei dieser rasanten Entwicklung scheint der Tag nicht mehr weit zu sein, an dem der in London ansässige europäische Fiqh-Rat, der die islamischen Rechtsgutachten unter der Federführung Scheichs Qaradawi erstellt, die Schariakonformität der Finanzwelt in Europa überwacht.

Während im Westen eine manchmal harte politische Auseinandersetzung mit den Islamisten stattfindet, um zu verhindern, dass sie die sozialen Verhältnisse islamisieren, findet ein massives Eindringen der Scharia in einen lebenswichtigen Bereich unserer Gesellschaft, die Finanzen, ohne jeden Widerstand statt. Was in der weiten globalisierten Welt begonnen hat, trifft der Bürger nun vor seiner Tür und er kann sich dagegen nicht wehren.

Wenn von Islam und Säkularismus die Rede ist, dann stellt die Welt der Finanzen meines Erachtens die wichtigste Dimension dieser Problematik dar. Das Kapital entscheidet über unser Leben, unsere Gesellschaft und darüber, ob künftig die Lufthansa Alkohol ausschenken darf oder nicht. Die Nationalstaaten und ihre Bürger haben in dieser Hinsicht eine eingeschränkte Einflussnahme.

Schlusswort

So lange der Islam als Herrschaftsideologie auftritt, ist er mit dem säkularen Staat nicht zu vereinbaren. Wenn der Islam sich auf die religiöse Dimension des Korans besinnt und seine eigene Geschichte sachlich und nicht ideologisch behandelt, dann findet er genug Ansätze für den Einstieg in die Moderne, ohne sich selber und sein kulturelles Erbe zu verraten.

Der große Sanhedrin der Muslime – die Islamkonferenz

Vortrag in Peine, 2007

Die Emanzipation der Juden

Einen Monat nach dem Sturm auf die Bastille am 14. Juli 1789 verabschiedete die Nationalversammlung die Erklärung der Menschenrechte, in deren ersten Artikel die Freiheit und Gleichheit aller Menschen proklamiert wird. Mit zwei Dekreten vom 28. Januar 1790 und vom 27. September 1791 hat die Nationalversammlung die Emanzipation der Juden in den französischen Territorien vollzogen. Von 1793 bis 1799 wurden unter der Terrorherrschaft des Konvents und dann teilweise des Direktoriums alle Religionen ohne Ausnahme verfolgt. Am 9. September 1799 putschte Napoleon sich an die Macht und stellte 1801 mit dem Abschluss eines Konkordats mit den Katholiken und der gesetzlichen Organisation des protestantischen Kultus die religiösen Freiheiten für alle Religionen wieder her. Diese Freiheiten wurden 1804 in dem *Code civil*, bekannt als *Code Napoléon*, festgeschrieben.

Diese Maßnahmen reichten offensichtlich aus, um die Angehörigen der christlichen Religionen, Katholiken und Protestanten für den neuen bürgerlichen Staat zu gewinnen. Im Fall der Juden waren jedoch Zweifel wegen ihrer kulturellen Verschiedenheit angebracht und Napoleon fühlte sich genötigt, sie nach ihrem Integrationswillen zu befragen. Einerseits genossen die Juden im neuen bürgerlichen Staat alle Bürgerrechte, wegen ihrer Religion war man sich andererseits nicht sicher, ob sie die Bürgerpflichten genauso akzeptieren würden. Angesichts ihrer Geschichte und ihres sozialen Status betrachtete man die Juden mit Recht als kulturell anders.

Die Gesellschaft im Mittelalter war bekanntlich in verschiedene Stände unterteilt. An der Spitze stand der König. An seiner Seite stand der Adel. Darauf folgte die Geistlichkeit. Unter der Geistlichkeit stand die Stadtbevölkerung. An unterster Stelle standen die Bauern. Am Rande der Gesellschaft gab es in den Städten Menschen niederer Ordnung, die keinem der genannten Stände angehörten. Und das alles nur, weil sie einen Beruf hatten, der als unehrlich galt, oder eine andere Religion, beides traf auf die Juden zu.

Wegen ihres Glaubens, ihrer Riten und ihrer Sprache – einem

Gemisch zwischen dem Hebräischen und der Sprache, die sie aus ihrem jeweiligen Einwanderungsland mitgebracht hatten, wurden die Juden von der christlichen Stadtbevölkerung als Fremdkörper empfunden. Im Spätmittelalter wurden die Juden auch gezwungen, in Ghettos zu wohnen. Sie konnten keinen Grundbesitz erwerben und waren nicht zu den Zünften zugelassen, durften somit kein „ehrliches" Gewerbe ausüben. Da den Christen der Geldverleih verboten war, übernahmen die Juden Pfand- und Kreditgeschäfte, was ihnen häufig den Hass der übrigen städtischen Bevölkerung einbrachte.

Die Versammlung der jüdischen Notabeln

Napoleon wollte diese Verhältnisse beenden und die Juden vollständig integrieren. Der Staat hatte die Juden schon emanzipiert und auf der Basis der Erklärung der Menschenrechte die politischen und rechtlichen Voraussetzungen für ihre Integration geschaffen, nun erwartete der Staat, dass die Juden sein Angebot annehmen, eine Erwartung, die aus den bekannten soziokulturellen Gründen nicht selbstverständlich war. Napoleon I. wandte sich an die Juden und berief für den 26. Juli 1806 eine Versammlung der jüdischen Notabeln ein, deren Aufgabe darin bestand, zwölf Fragen zu beantworten, die die Beziehung der Juden zum bürgerlichen Staat und zum bürgerlichen Gesetz betreffen.

An der Versammlung nahmen 111 Personen aus dem Herrschaftsgebiet des Kaisers teil. Darunter waren 50 deutsch- oder jiddisch-sprachige Teilnehmer von Ober- und Niederrhein und dem Elsass und 16 aus Italien; der Rest kam aus Frankreich. Sie wurden nach einem Proporz von den Präfekten der Regierungsbezirke gewählt und vertraten im Großen und Ganzen die jüdische Bevölkerung. Der Anteil der Laien dominierte, es gab nur 17 Rabbiner unter den Versammlungsteilnehmern.

Die Versammlung tagte fast ein Jahr bis zum 5. Februar 1807 und gelangte zu positiven Ergebnissen. Die Versammelten erklärten übereinstimmend ihre Treue zum Gesetz, ihre Bereitschaft die Ursachen für die Selbstabschottung in der eigenen Gemeinschaft zu beseitigen und ihre bürgerlichen Pflichten einschließlich der Verteidigung des Vaterlandes mit Leben zu erfüllen. Napoleon I. war mit den Ergebnissen fast ganz zufrieden. Fast deshalb, weil das kulturelle Problem mit der Erklärung der Laien bzw. der Notabeln nicht endgültig gelöst war. Das Judentum als Gesetzesreligion verfügt über ein religiöses Gesetz, worüber die religiösen Gelehrten, die Rabbiner, wachen und das manchmal in Konflikt mit dem bürgerlichen Gesetz tritt. Napoleon wollte deshalb eine religiöse Garantie für die Beschlüsse der Notabeln. Er kam auf die geniale Idee, den Sanhedrin wieder zu beleben.

Der Sanhedrin

Der Sanhedrin war der höchste Rat der Juden und war lange Zeit die oberste jüdische politische Instanz und gleichzeitig das oberste Gericht. Er hat zu seiner Zeit Jesus zum Tode verurteilt. Nach der Zerstörung Jerusalems und der Tempel im Jahre 70 suchte er einen neuen Sitz in Galiläa und wurde nicht mehr von einem Hohen Priester, sondern von einem Patriarchen geleitet, der die wichtigste geistliche Autorität sowohl in Palästina als auch in der Diaspora genoss, bis der römische Kaiser Theodosius das Amt 425 abschaffte.

Man kann die Begeisterung der Juden verstehen, als Napoleon I seine Absicht, den Sanhedrin einzuberufen, auf der vorletzten Sitzung der Notabelnversammlung bekannt machte. Napoleon achtete dabei darauf, dass der Sanhedrin wie zur Zeit des zweiten Tempels konstituiert wird, d.h. von 71 Personen davon 2/3 Rabbinern. Aus der alten Versammlung wurden 25 Laien und alle 17 Rabbiner ernannt, 29 weitere Rabbiner mussten eingeladen werden. Endlich wurde die Versammlung am 9. Februar 1807 offiziell eröffnet und tagte unter dem Vorsitz des Rabbiners von Straßburg, David Sintzheim, einen Monat lang. Ihre Aufgabe bestand darin, das Gottesrecht mit dem Menschenrecht in Einklang zu bringen, konkret, den Beschlüssen der Notabelnversammlung eine religiöse Legitimation zu verleihen.

Am 8. März 1807 wurden die Beschlüsse des Sanhedrins offiziell verkündet. Sie sanktionierten die Beschlüsse der Notabeln und verwandelten sie in religiöse Pflichten, d.h., machten daraus einen Teil des jüdischen Gesetzes. Die Teilnehmer des Sanhedrins standen wie die Notabeln vor ihnen unter einem Erwartungsdruck, haben trotzdem die Wünsche Napoleons nicht blind erfüllt, sondern gewissenhaft ihre Beschlüsse nach ihrer religiösen Überzeugung begründet. Das führte in manchen Punkten zu keiner vollkommenen Zufriedenheit des Kaisers, wie z.B. in der Frage der Brüderlichkeit mit den Franzosen. Die Antwort lautete: die Brüderlichkeit mit den Gläubigen. Dagegen hielten sie es alle für ihre heilige Pflicht, die Heimat mit dem Leben zu verteidigen.

In Frankreich waren die Juden nicht so weit wie die jüdischen deutschen Aufklärer, die nach 1770 um Mendelsohn in Berlin entstanden. Die aufgeklärten jüdischen Kreise in Berlin und Königsberg standen der Einberufung des Sanhedrins skeptisch gegenüber, sie hielten nicht viel von der rabbinischen Tradition und erwarteten von ihr keine Reform. Die Ergebnisse waren dafür erstaunlich positiv. Positiv deswegen, weil die versammelten Rabbiner religiöse Prinzipien angewandt haben, die den Fortschritt erlauben, statt sich auf rigide fundamentalistische Prinzipien zu berufen.

In der Präambel der Abschlusserklärung des Sanhedrins wird die religiöse Grundlage der vorgenommenen Rechtsprechung erläutert: Wohlwissend, dass es um die Vereinbarkeit ihres religiösen heiligen Rechts mit dem profanen bürgerlichem Recht geht, erklärten die Versammelten, dass das göttliche Recht sowohl religiöse als auch politische Bestimmungen beinhaltet. Die religiösen Bestimmungen sind absolut und allgemein gültig unabhängig von Ort und Zeit. Anders die politischen Bestimmungen, die das Regieren betreffen, sie galten, als Israel noch eine Nation in Palästina mit eigenen Königen bildete. Seit der Auflösung des Königreiches und der Zerstreuung der Juden verloren sie ihre Gültigkeit. Es ist allerdings nur einem Sanhedrin erlaubt, die religiösen Konsequenzen daraus zu ziehen. Dass diese Aktualisierung nicht früher stattfand, lag daran, dass es für fast anderthalb Jahrtausende keinen Sanhedrin gab.

Auf diese Weise wurde von Anfang an eine klare Trennung zwischen Religion und Politik gezogen, die einen großen Spielraum gewährte und diesen Spielraum nutzte die Versammlung voll aus. Der Präambel folgten die Antworten auf die zwölf Fragen:

1. *Dürfen die Juden mehrere Frauen heiraten?*

Die Antwort: Ein Prinzip hat sich seit langer Zeit durchgesetzt und ist zu einer religiösen Pflicht geworden. Das Prinzip besagt, dass die Juden die bürgerlichen und politischen Gesetze des Staates, in dem sie leben, befolgen müssen. Nach ihrer Verbreitung in Europa waren die Juden darum bemüht, sich dem zivilen Recht der Gastländer anzupassen und haben überall auf die Polygamie verzichtet. Die Synode von Worms im Jahre 1040 hat unter dem Vorsitz des Rabbiners Gerschom ben Jehuda, diesen Zustand sanktioniert und die Polygamie verboten. Der Sanhedrin bekräftigt den Beschluss von Worms noch mal als religiöses Prinzip und verbietet die Polygamie in allen Staaten, wo sie vom Gesetz verboten ist.

2. *Erlaubt die jüdische Religion die Scheidung? Ist diese Scheidung gültig, wenn sie nicht nach dem französischen Familienrecht stattfindet?*

Die Antwort: Die Scheidung nach dem Gesetz Moses kann nur gültig sein, wenn vorher eine Scheidung vor dem Familiengericht vollzogen wird. Damit wird sichergestellt, dass niemand im Namen des bürgerlichen Rechtes die religiöse Scheidung in Frage stellt. Daher verbietet der Sanhedrin allen Rabbinern religiöse Scheidungen vorzunehmen, ohne die Vorlage einer gültigen Entscheidung des Zivilgerichts.

3. *Darf eine Jüdin einen Christen bzw. eine Christin einen Juden heiraten? Oder schreibt das jüdische Gesetz nur eine Ehe unter Juden vor?*

Die Antwort: Angesichts der Tatsache, dass im französischen Reich nur die Zivilehe gültig ist, schreibt der Sanhedrin vor, dass die Anerkennung der Zivilehe die religiöse Pflicht aller Juden sei und verbietet den Rabbis eine Eheschließung ohne vorherigen standesamtlichen Vertrag vorzunehmen. Obwohl die Ehe mit Christen nicht religiös sein kann, muss sie anerkannt werden und führt zu keinen religiösen Konsequenzen, wie Bannfluch z.B.

4.-5. *Betrachten die Juden die Franzosen als ihre Brüder? Oder als Fremde? Was schreibt in beiden Fällen das Gesetz Moses vor?*

Die Antwort: Der Sanhedrin verpflichtet die Juden, all diejenigen, die an Gott den Schöpfer glauben, als Mitbürger und Brüder zu betrachten. Es ist ihre religiöse Pflicht, mit ihnen Gerechtigkeit und Barmherzigkeit walten zu lassen.

6. *Betrachten die Juden, die in Frankreich geboren sind und vom Gesetz als französische Bürger betrachtet werden, das Land als ihre Heimat? Sind sie verpflichtet, das Land zu verteidigen? Sind sie verpflichtet, den Gesetzen zu gehorchen sowie allen Verfügungen des bürgerlichen Gesetzbuchs (code civil)?*

Die Antwort: Alle Juden, die in den französischen Territorien geboren sind, haben die religiöse Pflicht, das Land als ihre Heimat zu betrachten, zu dienen, zu verteidigen, seinen Gesetzen sowie seinem bürgerlichem Gesetz zu gehorchen. Bei der Ableistung des Wehrdienstes sind die Juden von allen kultischen Handlungen, die mit dem Dienst nicht vereinbar sind, befreit.

10-12. *Gibt es Berufe, die das jüdische Gesetz verbietet? Verbietet das jüdische Gesetz den Wucher unter den Juden? Verbietet oder erlaubt das jüdische Gesetz den Wucher mit Nichtjuden?*

Die Antwort: Der Sanhedrin fordert alle Juden auf, der Jugend die Liebe zur Arbeit und freien Berufen beizubringen und Grund und Boden für die Landwirtschaft zu erwerben. Das ist gut für die Sitten, das soziale Zusammenleben und die Nationalwirtschaft. Weiter ist in Geldverleih und Kreditgeschäft verboten, zwischen Juden und Nichtjuden zu unterscheiden. Die Zinsen dürfen die sozial gesetzten Grenzen nicht überschreiten und Wucher, egal mit wem, ist ganz verboten.

Die Fragen 7, 8, und 9 betrafen die Organisation der Gemeinde. Der Sanhedrin stimmte diesbezüglich dem Projekt, das die Notabelnversammlung ausgearbeitet hat, zu. Mit dem Dekret vom 17 März 1808 trat diese Regelung in Kraft. Danach ist Frankreich in Bezirke aufgeteilt, für jeden Bezirk wird ein Konsistorium aus einem Großrabbiner und Laien gebildet. Es ist für den Kult, die Ernennung der Rabbiner und anderer Amtsträger zuständig. In Paris vertritt ein Zentralkonsistorium die gesamte Konfession gegenüber dem Staat, der seine Mitglieder, drei Großrabbiner und zwei Laien ernennt. Diese ernennen die Großrabbiner der Bezirke. Das Zentralkonsistorium existiert heute noch an der Spitze der Vereinigung der jüdischen Gemeinden Frankreichs und wählt seine Mitglieder selbständig und ohne die Einmischung des Staates.

Die Islamkonferenz

Der Sanhedrin hat entscheidend zur Integration der Juden in Frankreich beigetragen, weil Napoleon sich nicht gescheut hat, die Kernfragen zu stellen, die man allgemein an die Religionen stellt, insbesondere an die Gesetzesreligionen. Heute, zweihundert Jahre später, wird sich kein Mensch in Deutschland trauen, zu fragen, warum muslimische Frauen keine Christen heiraten dürfen, aber muslimische Männer Christinnen zu Frau nehmen dürfen. Wenn ein deutscher Christ die Ehe seiner Tochter mit einem Muslim missbilligt, dann ist es Rassismus. Wenn umgekehrt ein Muslim seiner Tochter verbietet, einen Christen zu heiraten, dann ist es Religion.

Der Multikulturalismus hat offensichtlich seine Spuren hinterlassen, aus lauter Respekt und Anerkennung anderer Kulturen hat er die Menschenrechte total in den Hintergrund gedrängt. Es heißt nämlich in Artikel 16, Absatz 1 der *Allgemeinen Erklärung der Menschenrechte* vom 10. Dezember 1948:

> Heiratsfähige Männer und Frauen haben ohne Beschränkung durch Rasse, Staatsbürgerschaft oder Religion das Recht, eine Ehe zu schließen und eine Familie zu gründen. Sie haben bei der Eheschließung, während der Ehe und bei deren Auflösung gleiche Rechte.

Ob die Ablehnung ethnisch oder religiös bedingt ist, in beiden Fällen handelt es sich eindeutig um einen Verstoß gegen die Menschenrechte.

Die Frage, ob die Muslime die Deutschen als ihre Brüder betrachten, taucht im öffentlichen Diskurs nicht einmal auf. Die Forderung nach Erlernen der deutschen Sprache wird schon von vielen als Zwang und daher als inhuman verurteilt, kann man dann unter diesen Umständen von den Muslimen verlangen, Deutschland mit ihrem Leben zu verteidigen, geschweige denn in Afghanistan für Ordnung zu sorgen, auf die Gefahr hin, dass sie eventuell andere Muslime erschießen? Alle diese Fragen, die aus dem öffentlichen Diskurs weitgehend verbannt sind, aber die Gemüter der Menschen tief bewegen, haben wahrscheinlich auch eine Rolle gespielt bei der Einberufung einer Islamkonferenz durch die Regierung im letzten Jahr. Die Parallelität zum Sanhedrin zweihundert Jahre früher ist auffallend, und die Frage ist berechtigt, ob man es heute besser macht als damals.

Motivation und Zielsetzung

Gemeinsam zwischen beiden Ereignissen ist die Ernennung der Teilnehmer durch die Regierung. Hier hört die Gemeinsamkeit auf. Beim Vergleich überwiegen die Differenzen. Es beginnt mit den Beweggründen: Damals wollte Napoleon die kleine Gemeinschaft der 30.000 Juden in Frankreich nicht nur emanzipieren, das war schon vor ihm geschehen, sondern auch als Bürger des Nationalstaates integrieren. Das war gleichzeitig ein Schutz für die Juden, die wegen ihrer Isolierung und sozialen Funktion den Wutausbrüchen der Bevölkerung ausgesetzt waren, gerade im Jahre 1806 war die Stimmung im Elsass gegen die angeblichen Wucherer sehr stark negativ aufgeladen.

In Deutschland liegt der Fall umgekehrt. Es ist der Staat, der durch seine verfehlte Ausländerpolitik, die Desintegration und Isolierung weiter Teile der muslimischen Gemeinden begünstigt hat, und nun nach dem 11. September eine Gefährdung der Sicherheit befürchtet. Der Staat will sich an erster Stelle vor dieser Gefährdung schützen. Der Sicherheitsgedanke stellt den Hauptantrieb für die Einleitung integrativer Maßnahmen dar, die in der Einberufung sowohl des Integrationsgipfels als auch der Islamkonferenz ihren Ausdruck finden. Auf der anderen Seite unterstreichen die letzten Änderungen am Zuwanderungsgesetz noch einmal seinen Abwehrcharakter und zeigen, dass wir nach wie vor von einem echten Einwanderungsgesetz, das die Interesse Deutschlands in den Vordergrund stellt und die schnelle Integration der Einwanderer realisiert, weit entfernt sind.

Diese sozusagen negative Motivation wirkt sich auf die Zielsetzung aus und macht sie ziemlich verschwommen. Es war die Rede von einem Gesellschaftsvortrag mit den Muslimen; die Idee wurde aus verschiedenen Motivationen von allen Seiten zerrissen. Dann sprach man von einer Übereinkunft, wobei es unklar ist, mit wem sie getroffen werden soll. Einerseits erkennt der Staat den alleinigen Vertretungsanspruch der Verbände für die Gesamtmuslime mit gutem Recht nicht an, anderseits besitzen die Einzelpersonen der Konferenz keine Vertretungsberechtigung. So bleibt die Frage der Verbindlichkeit eventueller Ergebnisse offen. Bei der Zielsetzung ist eines nur klar, nämlich der allgemeine Wille des Staates, die Muslime, egal wie sie definiert werden, auf die Grundnormen unseres Rechtstaates zu verpflichten.

Teilnehmer

Für die Verwirklichung dieses Zieles hat der Staat fünfzehn Muslime und Musliminnen als Einzelpersonen eingeladen, darunter fünf Vertreter religiöser Verbände, ein Vertreter eines säkularen Vereins, zwei Personen aus der Politik und auch der Rest soll aus Säkularen bestehen. Nach welchen Kriterien sie ausgesucht wurden, ist unklar. Die Einzelpersonen, die Verbände und Vereine vertreten, haben, ob man es will oder nicht, eine Vertreterfunktion. Die beteiligten Politiker haben dagegen keine Vertreterfunktion, sonst hätte man alle Parteien eingeladen. Am Schwierigsten ist es mit den übrigen Personen. Man weiß nicht, ob sie öffentliche Meinungen, Berufsgruppen oder andere Gruppen vertreten. Eins ist sicher: Sie können mit den von Napoleon eingeladenen jüdischen Notabeln nicht verglichen werden und vertreten daher nicht die muslimische Population. Das ist aber das offizielle Ziel der Regierung, nämlich mit der, wörtlich, „muslimischen Bevölkerung" eine Übereinkunft zu erzielen. Als Ergebnis des Gesprächsprozesses wird eine auf einem breit angelegten Konsens basierende Übereinkunft zwischen der deutschen Aufnahmegesellschaft und der muslimischen Bevölkerung Deutschlands angestrebt, in der sich beide Seiten zur Einhaltung gesellschafts- und religionspolitischer Grundsätze verpflichten. Hierbei steht insbesondere die verbindliche Beachtung der freiheitlichen demokratischen Grundordnung im Vordergrund. Bei der Konferenz handelt es sich um einen nationalen Dialog, der die hier lebenden Muslime auf dem Weg der Integration weiter an unser Land bindet.

Die Vertretungsfähigkeit fehlt bei den Säkularen, wird sie deshalb von den Vertretern der religiösen Verbände erfüllt? Keinesfalls: diese vertreten 10 Prozent, im besten Fall 15 Prozent der Muslime. Die Tatsache, dass sie die meisten Moscheen verwalten, bedeutet nicht, dass die Moscheebesucher unbedingt die religiöse und politische Auffassung der Betreiber annehmen. Es ist andererseits unklar, inwieweit es sich bei den Verbänden um religiöse oder religiös-politische Organisationen handelt. Bis jetzt hat keine Organisation die Hürden des Grundgesetzes überwunden und ihre Anerkennung als Körperschaft des öffentlichen Rechtes erreicht.

Wenn wir die Vertreter der Verbände betrachten, wird diese Einschätzung noch gestärkt. Keiner von ihnen ist ein religiöser Gelehrter, einer von ihnen nennt sich Islamwissenschaftler; das bin ich auch, ohne jedoch Muslim zu sein. Auf der Gesamtkonferenz, selbst in den Arbeitsgruppen, sind die religiösen Gelehrten abwesend. Weit und breit findet man keinen einzigen Imam. Wir haben es mit politisch handelnden Laien zu tun. Dieser politische Aspekt wird durch die Ereignisse um den Koordinierungsrat noch deutlicher.

Organisation

Am 28.März 2007 haben vier der fünf Verbände, die auf der Islamkonferenz vertreten sind, den Koordinierungsrat der Muslime gegründet. Es sind die Türkisch-Islamische Union der Anstalt für Religion (DITIB), der Islamrat, der Verband der Islamischen Kulturzentren (VIKZ) und der Zentralrat der Muslime (ZMD). Der Sprecher des Koordinierungsrates Ayyub Axel Köhler erklärte in einem Interview im WDR (11.04.07):

> Unsere Absicht ist es, mit einer Stimme zu sprechen. Da die Glaubensgrundsätze des Islams in allen unseren Verbänden die gleichen sind, gibt es da keine Schwierigkeiten.

Offensichtlich gibt es keine bedeutenden ideologischen Differenzen zwischen den vier Verbänden mehr.

Man nahm aber bis jetzt an, dass es doch gravierende Unterschiede zwischen den Verbänden gibt. Auf der einen Seite haben wir drei islamistisch orientierte Verbände: den Zentralrat der Muslime in Deutschland, den Islamrat und den Verband der islamischen Kulturzentren. Das bestätigt Köhler selber indirekt, wenn er im oben erwähnten Interview sagt: „Es werden fast alle Organisationen vom Verfassungsschutz seit Jahrzehnten beobachtet." Auf der anderen Seite haben wir DITIB, die den laizistischen Islam der Türkei vertritt. Sie wurde 1984 gegründet, um dem wachsenden Einfluss von Milli Görüs in Deutschland Einhalt zu gebieten. Der ideologische Unterschied zwischen beiden Parteien liegt in ihrem Verständnis der Religion, DITIB sieht kein Problem in der Trennung von Religion und Politik, Milli Görüs versteht den Islam als Ganzheit, sowohl als Religion als auch Politik.

Diese grundlegende religiöse Differenz wurde beiseite geschoben, übrig geblieben ist das politische Ziel, und zwar die Erlangung der Vertretung der Muslime in Deutschland. Die Verbände kamen zur Islamkonferenz als „religiös" und entpuppten sich als „politisch". Bei Napoleon tagten die Juden als Politiker (Notabeln) und einigten sich, sie wurden anschließend von den Religiösen (Rabbinern) bestätigt und ganz am Ende, als die Ergebnisse, die Begründungen und vor allem die Überzeugungen erreicht waren, fand ihre Organisation statt, die sich bis heute bewährt.

Die islamischen Verbände heute kamen vereinzelt zur Islamkonferenz und haben sich im Schritttempo vor der zweiten Sitzung organisiert, bevor irgendwelche verbindlichen Ergebnisse vorliegen. Im Gegenteil, der neu gebildete Koordinierungsrat der Muslime hat gleich vor der Sitzung seine Zustimmung zu den Erklärungen der Arbeitsgruppen in einigen Punkten zurückgezogen *(FAZ 11. Mai 2007)*. Alles scheint rückwärts zu laufen, man entfernt sich von einem möglichen Konsens. Aus dem frechen Ton des Rates und seiner Dreistigkeit kann man schließen, dass er offensichtlich auf eine Machtprobe zusteuert. Er beharrt auf seinem Anspruch, den Islam in Deutschland allein zu vertreten.

Bei dieser Entwicklung scheint die Haltung von DITIB unverständlich zu sein, weil der Verband den türkischen staatlichen laizistischen Islam vertritt. Das Missverständnis ist meines Erachtens darauf zurückzuführen, dass man bislang in dieser Kennzeichnung auf das Wort „laizistisch" fokussiert hat voller Hoffnung, dass die Laizisten die Islamisten in die Schranken weisen. Es ist aber höchste Zeit, sich auf das Wort „staatlich" zu konzentrieren, um die letzte Entwicklung zu verstehen. Diyanet ist eine staatliche Institution für die Kontrolle der Religion und vertritt daher die Politik des Staates. Das bedeutet, dass wenn der Islamist Erbakan an die Macht kommt, eine islamistische Politik betrieben wird und wenn Erdogan an die Macht kommt, dann wird DITIB angewiesen, mit Milli Görüs zusammenzuarbeiten. Nicht nur in der Türkei, sondern auch in Deutschland findet eine schleichende Islamisierung der säkularen Gruppen statt. Der Versuch, der liberalen alewitischen Gemeinschaft durch die Übernahme der Kontrolle über ihre Gotteshäuser, die Cem-Häuser, den orthodoxen Islam à la Erdogan beizubringen, ist einer von vielen Hinweisen auf diese negative Entwicklung. Und der Frontwechsel der DITIB von einem Gegner zu einem Verbündeten von Milli Görüs ist ein weiterer Hinweis.

Religion

Wie wir sehen, sind wir schon weit weg von dem Sanhedrin und seinem Geist. Wir sind voll in eine politische Konfrontation geraten. Die religiöse Dimension tritt zurück. Dabei ist sie die entscheidende Dimension, weil sie das Verhalten vieler Muslime, die einer islamischen Lebensweise nachgehen wollen, bestimmt. Nicht die Vertretung ist das Problem, sondern was sie vertritt.

Im heutigen Deutschland, im Westen und der ganzen Welt liegt das Hauptproblem mit dem Islam in der Unfähigkeit der Muslime, aus welchem Grund auch immer, diese Trennung zwischen Staat und Religion zu vollziehen. Die einzigen Muslime, die es wagen, Staat und Religion zu trennen, sind die liberalen Islamreformer, die zwischen dem Islam von Mekka und dem Islam von Medina unterscheiden. Die Offenbarungszeit dauerte 23 Jahre, davon verbrachte Muhammad 13 in Mekka, wo er keine politische Macht besaß, und zehn Jahre in Medina, wo er den ersten islamischen Staat errichtete. In Mekka war der Islam eine Religion, in Medina ist er ein Herrschaftssystem geworden. In Mekka gab es keine weltliche Scharia, d.h. kein Gesetz. In Medina wurde das Gesetz für die Notwendigkeit der Organisation des islamischen Staates offenbart.

Die Islamreformer meinen wie die Juden des Sanhedrins, dass die religiösen Prinzipien allein allgemein gültig sind. Die sozialen und politischen Regeln der Scharia sind dagegen historisch bedingt und besitzen keinen absoluten Wert. Sie lehnen die traditionelle gesetzliche Scharia ab und streben ihre Umwandlung in ein ethisches System an. Sie haben keine Schwierigkeiten mit der Moderne, aber dafür umso mehr mit den anderen Muslimen, die sie verfolgen, umbringen und oder ins Exil treiben. Der Säkularismus hat in der islamischen Welt keinen Erfolg erzielt.

Im Gegenteil: die Säkularisierung, die im Osmanischen Reich Mitte des 19. Jahrhunderts einsetzte und im nachkolonialen Zeitalter die Grundlage der meisten islamischen Länder bildete, wurde in den letzten 40 Jahren rückgängig gemacht. Die erdrückende Mehrzahl der Muslime waren sicher keine Islamreformer, aber dachten, dass nach der Abschaffung des Kalifats durch Kemal Atatürk 1924 die Voraussetzung für die Umsetzung der politischen Bestimmungen der Scharia nicht mehr gegeben waren und verzichteten weitgehend auf sie. Die Scharia blieb nur im Familien- und Erbrecht gültig. Anders die Islamisten, die 1928 mit der Muslimbruderschaft entstanden, sie wollen das Kalifat und den islamischen Scharia-Staat wiederherstellen. So stieg die Zahl der Scharia-Staaten von einem – Saudi-Arabien – auf zwölf. Viele andere, scheinbar säkulare Länder wie Ägypten oder Algerien haben unter dem Druck der Islamisten die Scharia als einzige oder als Hauptquelle der Gesetzgebung längst in ihren Verfassungen niedergeschrieben.

In Deutschland hat der organisierte Islam, ob traditionell wie DITIB oder islamistisch orientiert wie Zentralrat, Islamrat und VIKZ, keine Modernisierung erfahren. Der medial so aktive Zentralrat der Muslime in Deutschland schreibt unter Punkt drei seiner im Jahre 2002 erschienenen *Islamischen Charta*:

> Diese Offenbarung [d.h. der Islam im 7. Jh.] findet sich als unverfälschtes Wort Gottes im Koran, welcher von Muhammad erläutert wurde. Seine Aussagen und Verhaltensweisen sind in der so genannten Sunna überliefert. Beide zusammen bilden die Grundlage des islamischen Glaubens, des islamischen Rechts und der islamischen Lebensweise.

Diese religiösen Grundlagen bestimmen das Leben des Muslims vollständig. Unter Punkt acht steht:

> Daher ist der Islam Glaube, Ethik, soziale Ordnung und Lebensweise zugleich.

Diese religiösen Grundlagen sind ewig und für alle Zeiten gültig, sie bedürfen keiner Aufklärung. Unter Punkt fünfzehn heißt es:

> In diesem Sinne ist die islamische Lehre aufklärerisch und blieb von ernsthaften Konflikten zwischen Religion und Naturwissenschaft verschont. Im Einklang damit fördern wir ein zeitgenössisches Verständnis der islamischen Quellen, welches dem Hintergrund der neuzeitlichen Lebensproblematik und der Herausbildung einer eigenen muslimischen Identität in Europa Rechnung trägt.

Das neue Verständnis der Quellen bedeutet auf keinem Fall ihre neue Interpretation, sondern ihre Anpassung an die neue Situation in Europa mit dem Zweck, die Muslime durch die Herausbildung einer muslimischen Identität, mit dem oben definierten Inhalt abzusondern und nicht zu integrieren. Das ist eine juristische Tätigkeit, die in der Erstellung von juristischen Gutachten, Fatwas, besteht und daher einen Zweig des islamischen Rechtes bildet, nämlich der Fiqh der Minderheiten, damit sind die Muslime im Westen gemeint.

Der Hauptideologe dieses Ansatzes auf europäischer Ebene ist Tariq Ramadan. Ich habe seinem Euro-Islam ein Buch gewidmet[1], in dem ich zeige, wie er eigentlich die Islamisierung Europas anstrebt und nicht die Europäisierung des Islam. Die Hauptinstitution für diese Politik stellt der europäische Fiqh-Rat unter dem Vorsitz von Scheich Qaradawi dar. Anhand einer ihrer Fatwas werde ich meine Idee deuten.

Im Islam darf sich eine muslimische Frau nur mit einem Muslim verehelichen. In Europa kommt es aber vor, dass eine verheiratete Frau allein, ohne ihre Familie konvertiert. Muss sie sich in diesem Fall von ihrem Mann scheiden lassen, wie es der Islam vorschreibt oder nicht? Der Fiqh-Rat sagt in seinem Gutachten Nein, die Frau darf bei ihrem Mann bleiben. Manche Ignoranten in Europa oder durch ihre Harmoniesucht verblendete Gutmenschen sehen darin den Beweis einer Modernisierung des Islam und in Scheich Qaradawi einen großen Reformer. Beim Weiterlesen erfahren wir, dass diese Ausnahmeregelung nur im Westen und nicht in der islamischen Welt gilt. Das bedeutet, dass ein neues Verständnis der Quellen nicht stattgefunden hat, die alte Bedeutung der Texte gilt nach wie

1 Ralph Ghadban: Tariq Ramadan und die Islamisierung Europas, Berlin 2006.

vor. Wie ist dann diese Ausnahme zu erklären? Das Gutachten liefert eine Antwort im Rahmen des islamischen Rechtes: Bei einer Scheidung besteht die Gefahr, dass das Erscheinungsbild des Islam beschädigt und die Hoffnung auf eine eventuelle Konvertierung des Mannes zunichte gemacht wird. Daher ist diese Ausnahme im Interesse des Islam. Interesse, auf Arabisch *maslaha*, ist ein juristischer Begriff und rechtfertigt nicht nur die Ausnahmen, sondern auch die Aufnahme von neuen Gegebenheiten, die dem Interesse der Muslime dienen. Wie wir sehen, findet man hier keine Spur von einer theologischen Arbeit, die Offenbarung wird nicht hinterfragt, es wird nur die der *maslaha* angewandt. Das ist ein prinzipienloser Opportunismus, der das Macht- und Herrschaftsbestreben unterstreicht. Es geht nicht um die Europäisierung des Islam, sondern um die Islamisierung Europas.

> Wenn ein Mann oder eine Frau einen Diebstahl begangen hat, dann haut ihnen die Hand ab! (Das geschehe ihnen) zum Lohn für das, was sie begangen haben, und als warnendes Exempel von Seiten Gottes. Gott ist mächtig und weise. (5:38)

> Die Gläubigen sollen sich nicht die Ungläubigen anstatt der Gläubigen zu Freunden nehmen. Wer das tut, hat keine Gemeinschaft (mehr) mit Gott. Anders ist es, wenn ihr euch vor ihnen (d.h. den Ungläubigen) wirklich fürchtet. (In diesem Fall seid ihr entschuldigt.) Gott warnt euch vor sich selber. Bei ihm wird es (schließlich alles) enden.
> Sag: Ihr mögt geheim halten, was ihr in eurem Innern hegt, oder es kundtun, Gott weiß es. Er weiß (alles), was im Himmel und auf der Erde ist. Gott hat zu allem die Macht. (3:28-29)

> Ihr Gläubigen! Nehmt euch nicht die Juden und die Christen zu Freunden und Beschützern! Sie sind untereinander Freunde (aber nicht mit euch). Wenn einer von euch sich ihnen anschließt, gehört er zu ihnen (und nicht mehr zu der Gemeinschaft der Gläubigen). Allah leitet das Volk der Frevler nicht recht. (5:51)

Kämpft gegen diejenigen, die nicht an Gott und den jüngsten Tag glauben und nicht verbieten, was Gott und sein Gesandter verboten haben, und nicht der wahren Religion angehören – von denen, die die Schrift erhalten haben – (kämpft gegen sie), bis sie gedemütigt aus der Hand (?) Tribut entrichten! (9:29)

Und wenn nun die heiligen Monate abgelaufen sind, dann tötet die Heiden, wo (immer) ihr sie findet, greift sie, umzingelt sie und lauert ihnen überall auf! Wenn sie sich aber bekehren, das Gebet verrichten und die Almosensteuer geben, dann laßt sie ihres Weges ziehen! Gott ist barmherzig und bereit zu vergeben. (9:5)

Euch ist vorgeschrieben, (gegen die Ungläubigen) zu kämpfen, obwohl es euch zuwider ist. Aber vielleicht ist euch etwas zuwider, während es gut für euch ist, und vielleicht liebt ihr etwas, während es schlecht für euch ist. Allah weiß Bescheid, ihr aber nicht." (2:216)

Die Männer stehen über den Frauen, weil Gott sie ausgezeichnet hat und wegen der Ausgaben, die sie von ihrem Vermögen gemacht haben. Und die rechtschaffenen Frauen sind (Gott) demütig ergeben und geben acht auf das, was (den Außenstehenden) verborgen ist, weil Gott (darauf) acht gibt (d.h. weil Gott darum besorgt ist, dass es nicht an die Öffentlichkeit kommt). Und wenn ihr fürchtet, dass Frauen sich auflehnen, dann vermahnt sie, meidet sie im Ehebett und schlagt sie! Wenn sie euch gehorchen, dann unternehmt (weiter) nichts gegen sie! Gott ist erhaben und groß. (4:34)

Und wenn ihr fürchtet, in Sachen der Waisen nicht recht zu tun, dann heiratet, was euch an Frauen gut ansteht, (ein jeder) zwei, drei oder vier. Wenn ihr aber fürchtet, (so viele) nicht gerecht zu (be)handeln, dann (nur) eine, oder was ihr (an Sklavinnen) besitzt! So könnt ihr am ehesten vermeiden, unrecht zu tun. (4:3)

Das sind alles Zitate aus dem Koran. In der Sunna finden wir ähnliche Sprüche zuhauf. Ich begnüge mich mit einem, der zuletzt in Afghanistan aktuell war.[2] Das ist eine Überlieferung von ibn Abbas und lautet: „Wer vom Islam abfällt, tötet ihn."

Alle Islamisten und viele Traditionalisten glauben an diese Art von Offenbarung, gleichzeitig bekämpfen die islamischen Verbände ständig die angebliche Islamophobie und die Vorurteile. Wie soll man aber diese Texte anders verstehen, wenn man sie als absolutes Wort Gottes betrachtet. Wortwörtlich genommen stellen sie eine Bedrohung nicht nur für die Nichtmuslime, sondern für die Mehrheit der Muslime dar, die seit langem Opfer des islamistischen Terrors sind. Die einzige Möglichkeit, den Islam zu humanisieren, bieten die Islamreformer durch ihre Historisierung der Offenbarung. Der Koran verkörpert die Offenbarung zu einer bestimmten Zeit, in einer bestimmten Kultur mit dem Mittel eines bestimmten Sprachsystems. Es wäre fatal die Unendlichkeit Gottes und seiner Offenbarung in der Wortwörtlichkeit des Koran einzufangen. Das wäre zugleich eine Vernichtung der Transzendenz und eine Reduzierung der Religion auf das Ritual.

Die fanatische Überbetonung der Einheit Gottes *(tawhîd)*, die eine totale Unterwerfung vorschreibt, die sich in der Ritualausübung ausdrückt, schafft keine Spiritualität und Transzendenz, wie der Prediger Tariq Ramadan z.B. in seinen Büchern unermüdlich wiederholt. Man kann das tägliche Gebetspensum verdoppeln und vervierfachen, man wird trotzdem nicht annähernd den Zustand eines meditierenden Mönchs erreichen, der versucht, in die Offenbarung einzudringen, um sich dem göttlichen anzunähern. Diese Vorgehensweise finden wir bei den muslimischen Mystikern, den Sufis, sie werden aber von den Islamisten geächtet und verfolgt. Die Islamisten wie Ramadan, der auf die jungen muslimischen Generationen einen großen Einfluss ausübt, verwechseln Spiritualität mit Gehorsam, die erste führt zur Transzendenz und zur Öffnung, die zweite führt in eine Sackgasse und oft zum Fanatismus.

Sie führt auch zum Rassismus. Ihre Niederlagen gegenüber dem Westen, ihre Unterdrückung durch ihre Regierungen – die meisten

2 In Afghanistan wurde Abdul Rahman, der zum Christentum konvertierte, von der afghanischen Justiz im Jahre 2006 als Apostat zu Tode verurteilt. Auf Intervention der Alliierten dürfte er Afghanistan verlassen, um Asyl in Italien zu beantragen.

Diktaturen sind in der islamischen Welt zu finden –, ihre Desintegration in den meisten westlichen Ländern macht aus den Muslimen die großen Verlierer der Moderne. Sie versuchen mit dem Rückgriff auf die Religion ihr Selbstwertgefühl zu steigern. Sie haben die beste Religion und sie sind die beste Gemeinschaft, die Gott jemals erschaffen hat. Sie verachten andere Religionen. Christen und Juden haben ihre Religion gefälscht, die polytheistischen Religionen wie Buddhismus und Hinduismus erkennen sie nicht an und sie wollen alle Heiden und Atheisten bei Gelegenheit umbringen.

Mit diesem religiösen Hintergrund haben der demokratische Rechtsstaat und seine Bürger massive Probleme und erwarten Antworten. Der neu gebildete Koordinierungsrat, dessen Organisationen mehr oder weniger extrem dieser islamistischen Linie folgen, will darauf keine Antworten geben. Mit seinem Vertretungsanspruch will er die Mehrheit der Muslime, die weitgehend integriert sind und ein modernes menschliches Verständnis ihrer Religion haben, vereinnahmen, weil ihnen eine liberale religiöse Vertretung fehlt. Wenn sie beten wollen und andere religiöse Dienste in Anspruch nehmen, dann müssen sie zu den Islamisten.

In Frankreich hat der damalige Innenminister Sarkozy diese inhaltlichen Auseinandersetzungen vernachlässigt und die Bildung einer Vertretung der Muslime forciert. Angetrieben von seinem Wunsch, den Islam unter seine Kontrolle zu stellen, hat er alle möglichen Fehler begangen und das Gegenteil erreicht. Er hat quasi die Islamisten gezwungen, die Vertretung der Muslime in Frankreich zu übernehmen. Sarkozy mag manche Allüren von Napoleon haben, aber in dieser Frage bestimmt nicht seine Weitsicht. Es bleibt zu hoffen, dass der deutsche Staat sowohl von den Fehlern von Sarkozy als auch von den positiven Ansätzen Napoleons lernt und auf klare, religiös begründete Antworten besteht. Nur so kann der Sanhedrin der Muslime ein Erfolg werden.

Islam in der Diaspora

Kommentar zur Bertelsmann-Religionsstudie 2008[1]

In der Diaspora neigen die Einwanderer dazu, auf ethnischer oder religiöser Basis zusammenzukommen, um ein vertrautes soziales Milieu zu bilden, das ihre Integration in der Aufnahmegesellschaft erleichtert. Die Integration geschieht in der Regel in der dritten Generation. Die in der Studie vorliegenden Daten über die Muslime in Deutschland erfassen sowohl die erste als auch die folgenden Generationen. Sie zeigen aber weniger Anpassung an die deutschen Verhältnisse, als vielmehr eine Angleichung an die Verhältnisse in den Herkunftsländern. Das ist deutlich ablesbar, wenn die Religiosität der Türken in Deutschland, das sind 59 Prozent der gesamten Befragten, mit der der Deutschen auf der einen Seite und der Türken in der Türkei auf der anderen Seite verglichen wird. Für die anderen Teilstichproben (Perser 13 Prozent, Bosnier 13 Prozent, Araber 15 Prozent) sind keine Daten über die Herkunftsländer vorhanden, der Vergleich mit den Daten der Deutschen tendiert aber in dieselbe Richtung wie bei den Türken.

Das islamische Milieu

Ein soziales Milieu hat sich offensichtlich fest etabliert, manche nennen es Parallelgesellschaft, das die Wertevermittlung im selben Umfang und in derselben Intensität wie in den Herkunftsländern realisiert. Das Milieu entstand ursprünglich als Reaktion auf die Ausgrenzung und Diskriminierung durch die deutsche Gesellschaft und vor allem die deutsche Politik, die die Einwanderungsrealität nicht wahrnehmen wollte. Bis 1998 hieß es offiziell, Deutschland sei kein Einwanderungsland. Anfang der 80er Jahre traten die Migrantenkinder in Erscheinung und reagierten auf die Ausgrenzung mit der Selbstabgrenzung. In Ermangelung einer deutschen Identität begannen sie, eine islamische Identität zu entwickeln und wandten sich den islamischen Organisationen zu, die einen enormen Zu-

1 http://www.bertelsmann-stiftung.de/bst/de/media/xcms_bst_dms_25870_25871_2.pdf , vom 15.10.2008.

wachs erfuhren. Im Jahre 1984 wurde der erste große islamische Dachverband, der Islamrat, gegründet und 1994 folgte der zweite Dachverband, der Zentralrat der Muslime in Deutschland. Ein islamisches Netzwerk von Moscheevereinen und islamischen Kulturzentren, von Organisationen und Projekten überspannt die Republik. Gesellschaftliche Aufgaben in den Bereichen Erziehung, Sozialarbeit und Freizeit, Medien und Kultur wurden von dem islamischen Netzwerk übernommen.

Bis tief in die 90er Jahre hatte das soziale Milieu einen reaktiven Charakter und wurde immer stärker islamisch geprägt. Die Entwicklung einer islamischen Identität ging Hand in Hand mit dem Zuwachs der Religiosität. Das religiöse Phänomen war vom migratorischen Phänomen schwer zu trennen. Seit spätestens 1998 und insbesondere seit der Änderung des Staatsangehörigkeitsgesetzes 1999 signalisierten sowohl die deutsche Gesellschaft als auch die deutsche Politik ihre Akzeptanz der Migranten. Die offene Haltung der Deutschen konnte die Geschlossenheit des islamischen Milieus nicht aufweichen. Im Gegenteil zeigen Erhebungen in Nordrhein-Westfalen vom Zentrum für Türkeistudien einen Zuwachs der Religiosität von 57 Prozent im Jahre 2000 auf 76 Prozent im Jahre 2005; desgleichen stieg von 2000 bis 2006 der Anteil der Befürworter von getrennten Klassenfahrten und getrenntem Schwimmunterricht von Jungen und Mädchen von 19 Prozent auf 30 Prozent.

Diese Steigerung ist mit dem reaktiven Verhalten allein nicht zu erklären, weil die Haltung der Mehrheitsgesellschaft sich grundlegend zum Positiven geändert hat. Die Erklärung ist in erster Linie im islamischen Milieu selber zu suchen. Es hat sich inzwischen soweit ausgedehnt und verfestigt, dass es die Erzeugung herkunftslandähnlicher Verhältnisse ermöglicht. Die vorliegende Studie bestätigt diese Einschätzung. Die Religiosität (Werte mittel und hoch) der Türken in Deutschland ist sogar höher als in der Türkei (91 Prozent zu 85 Prozent), und beeinflusst maßgeblich die Lebensgestaltung der Muslime. Bei den Arabern liegt die Religiosität mit 90 Prozent fast so hoch wie bei den Türken, in ihrer Konsequenz ist sie sogar etwas höher.

Türken und Araber bilden drei Viertel der Befragten (75 Prozent) und weisen ähnliche Ergebnisse auf. Bei beiden Gruppen liegt der Einfluss der Religiosität auf verschiedene Lebensbereiche bei über 70 Prozent. In den Bereichen der Kindererziehung (Türken 78 Prozent, Araber 80 Prozent), der Partnerschaft (T. 72 Prozent, A. 76 Prozent), des Umgangs mit Krankheit (T. 73 Prozent, A. 78 Prozent), mit Lebenskrisen (T. 77 Prozent, A. 82 Prozent), mit wichtigen Lebensereignissen wie Geburt, Heirat und Tod (T. 83 Prozent, A. 88 Prozent) und mit der Natur (T. 72 Prozent, A. 76 Prozent) sind die Ergebnisse ähnlich hoch. Das gilt auch für die Frage nach dem Sinn des Lebens (T. 80 Prozent, A. 80 Prozent). Selbst in Bereichen, in denen normalerweise die Zwänge der Welt der Migration hoch sind, wirkt sich die religiöse Option relativ stark aus: Arbeit und Beruf (T. 46 Prozent, A. 44 Prozent), Freizeit (T. 55 Prozent, A. 56 Prozent). Das sind klare Indikatoren für die Anwesenheit eines ausgedehnten, strukturierten islamischen Milieus.

Dies wird auch durch die Betrachtung der Verteilung nach Altersgruppen erhärtet. Die junge Generation (18-29 Jahre) ist fast in allen Punkten religiöser als die älteren Generationen. Sie praktiziert die Religion sowohl privat als auch öffentlich mehr als diese. Sie befolgt häufiger die religiösen Vorschriften und gestaltet den Alltag intensiver unter religiösem Einfluss. Sie distanziert sich eindeutiger von der Mehrheitsgesellschaft, der Einfluss der Religion auf die Wahl des Ehepartners z.B. ist bei ihr am höchsten (18-29 Jahre: 73 Prozent, 30-39 Jahre: 66 Prozent, 40-49 Jahre: 62 Prozent, 50-59 Jahre: 59 Prozent und 60+Jahre: 58 Prozent) und sie wurde häufiger religiös erzogen (18-29 Jahre: 74 Prozent, 30-39 Jahre: 68 Prozent, 40-49 Jahre: 58 Prozent, 50-59 Jahre: 61 Prozent, Generation 60+: 53 Prozent).

Die Studie von Wetzels und Brettfeld (2007) über die Muslime in Deutschland bestätigt diese Angaben. Sie stellt eine Religiosität von 87 Prozent fest, der Besuch der Koranschulen bei der jüngeren Generationen ist deutlich höher als bei der Generation der Eltern (18-25 Jahre: 61 Prozent, 26-35 Jahre: 60 Prozent, 36-45 Jahre: 49,3 Prozent, 46 und älter: 44,4 Prozent). Insgesamt zeigt die Studie eine Distanzierung der jüngeren Generation von der deutschen Gesellschaft und einen Zusammenhang zwischen steigender Religiosität und Desintegration.

Die Hauptfunktion der Religion nach den vorliegenden Daten zu den religiösen Gefühlen ist die Gewährleistung von Geborgenheit, Sicherheit und Beistand. In den Vordergrund tritt nicht der strafende Gott, der zu einem ethischen Verhalten verpflichtet, sondern ein schützender Gott. Alle negativen Werte sind relativ niedrig: Ehrfurcht 71 Prozent, Angst 64 Prozent, Schuld 65 Prozent und Zorn 38 Prozent. Die positiven Werte sind alle relativ hoch: Geborgenheit 76 Prozent, Gerechtigkeit 78 Prozent, Dankbarkeit 89 Prozent, Kraft 82 Prozent, Hilfe 84 Prozent, Freude 84 Prozent, Liebe 84 Prozent und Hoffnung 89 Prozent. Die Religion dient an erster Stelle als Halt und Stütze im alltäglichen Leben und nicht als Wegweiser für das Jenseits. Der erlösende Gott tritt deshalb in den Hintergrund. Die Fragen nach der Befreiung von Schuld (66 Prozent), Befreiung von einer bösen Macht (56 Prozent) und Verzweiflung (44 Prozent) werden niedrig bewertet.

Kombiniert mit den anderen Ergebnissen der Studie, vor allem den Daten über die Konsequenzen, ergibt sich ein Bild, das die sozial-politische Dimension der Religion unterstreicht. Es geht dann um die Stärkung des Individuums in einem gemeinschaftlichen Kontext, der auf einer ritualisierten Religionspraxis beruht. Das Einhalten des Rituals wie Beten, Fasten, Reinheits- und andere Vorschriften bildet das Gerüst für den Zusammenhalt der Gemeinschaft, der die Öffnung auf die deutsche Gesellschaft verhindert.

Die Studie liefert allerdings auch Daten, die auf eine Entfernung von der Ritualisierung in Richtung Reflexion hinweisen. Durch einen Vergleich mit der Türkei wird dies deutlich. Die übliche Form der religiösen privaten Praxis bildet das rituelle Gebet 87 Prozent (in der Türkei 92 Prozent), die religiöse private Praxis der Meditation erreicht 36 Prozent und ist in der Türkei unbedeutend mit 8 Prozent. Auch die pantheistische Spiritualität erreicht einen relativ hohen Wert von 41 Prozent (Türkei 20 Prozent). Das bleibt nicht ohne Auswirkungen auf die Reflexivität, die auf 83 Prozent steigt (Türkei 68 Prozent). Diese Angaben deuten auf eine Individualisierung und Privatisierung der Religion. Das Gemeinschaftliche, verkörpert insbesondere in der öffentlichen religiösen Praxis bzw. im Moscheebesuch geht zurück 67 Prozent (Türkei 86 Prozent) und die Akzeptanz des Pluralismus steigt auf 93 Prozent (Türkei 81 Prozent).

Die Individualisierung ist ein notwendiger Schritt für eine gelungene Integration in die demokratische Gesellschaft. Der Islam stellt aber die Gemeinschaft der Muslime in den Vordergrund und nicht das Individuum. Diese Gemeinschaft markiert ihre Spezifität durch die Befolgung der religiösen Vorschriften, d.h. der Scharia. Dies kennzeichnen die Muslime als „islamische Lebensweise". Sie prägt maßgeblich das islamische Milieu und trägt zur ständigen Desintegration bei. Der Zuwachs der Religiosität bei den Muslimen wird immer von einem Rückgang der Integration begleitet. Diese Relation wird so lange gültig sein, bis eine Trennung zwischen weltlichem und religiösem, d.h. Säkularisierung, vollzogen ist.

Säkularisierung und Religiosität

Die Studie zeigt die enge Verbindung zwischen Säkularisierung und Religiosität am Beispiel der Gruppen der Perser, Aleviten und Bosnier. Es wird angenommen, dass die meisten Perser in Deutschland zur mittleren und gehobenen sozialen Schicht gehören, die sich gegen die islamische Revolution stellten. Sie achten wenig auf die Scharia und richten sich im Alltag nach weltlichen Regeln. Dieselbe Haltung haben auch die Bosnier, ausgehend von ihrem europäischen Hintergrund. Die Aleviten sind Muslime aus der Türkei, glauben aber trotzdem nicht an die Scharia.

Bei einem ethnischen Vergleich liegen die Werte der Türken und Araber nahe beieinander, über den nah zueinander ausfallenden Werten der Perser und Bosnier, wobei die Türken die höchsten und die Perser die niedrigsten Werte ausweisen. Trotzdem sind die Religiosität (Türken: 91 Prozent, Perser: 84 Prozent) und der Glaube an Gott (Türken: 93 Prozent, Perser: 84 Prozent) nicht weit auseinander. Anders sieht es mit der religiösen Praxis aus: öffentlich (T. 70 Prozent, P. 33 Prozent), privat (T. 90 Prozent, P. 70 Prozent). Hier macht sich der Einfluss der säkularen Einstellung sichtbar. Ebenfalls sehr divergierend ist die Zustimmung zum Fundamentalismus (T. 21 Prozent, P. 8 Prozent), hier werden die Perser von den Bosniern übertroffen (7 Prozent).

Im Bereich der Konsequenzen für die Lebensgestaltung haben wir dieselbe Konstellation. Der Einfluss der Religion auf die Gestaltung der sozialen Beziehungen ist bei Persern viel geringer als bei

Türken: Kindererziehung (T. 78 Prozent, P. 62 Prozent), Partnerschaften (T. 72 Prozent, P. 57 Prozent), Lebensereignisse, wie Geburt, Heirat und Tod (T. 83 Prozent, P. 66 Prozent), Wahl des Ehepartners (T. 68 Prozent, P. 51 Prozent). Die Einhaltung der religiösen Gebote ist bedeutend geringer als bei Türken: Fasten (T. 85 Prozent, P. 57 Prozent), Reinheitsgebote (T. 82 Prozent, P. 56 Prozent), Pilgern (82 Prozent, P. 53 Prozent), Almosenabgabe (T. 89 Prozent, P. 62 Prozent), Speisevorschriften (T. 87 Prozent, P. 66 Prozent) und Bekleidungsvorschriften (T. 69 Prozent, P. 51 Prozent). Dagegen ist der Verzehr von Schweinefleisch (T. 7 Prozent, P. 29 Prozent) und der Konsum von Alkohol (T. 22 Prozent, P. 33 Prozent) bedeutend höher.

Die ähnlich niedrigen Werte der Perser und Schiiten in den verschiedenen Erhebungen lässt stark vermuten, dass es sich größtenteils um dieselbe Gruppe handelt. Ginge es allein um Schiiten aus dem Libanon, wären die Werte am höchsten in der Studie gewesen. Trotzdem sind es nicht die Schiiten, sondern die Aleviten, die die höchsten säkularistischen Werte ausweisen. In allen Erhebungen auf der Basis der Religionszugehörigkeit liefern sie die niedrigsten Werte zur Religiosität und zum Einfluss der Religion auf den Alltag sowie zur Einhaltung der religiösen Gebote. Trotz eines hohen Glaubensanteils von 81 Prozent praktizieren sie z.B. ihre Religion wenig öffentlich 21 Prozent (Sunniten 74 Prozent). Die Religion beeinflusst z.B. noch weniger die Erziehung ihrer Kinder 53 Prozent (Sunniten 79 Prozent) und die Auswahl des Ehepartners 39 Prozent (Sunniten 71 Prozent) und sie haben den höchsten Prozentsatz von Alkoholkonsumenten 50 Prozent (Sunniten 17 Prozent). Außerdem zeigen sie die niedrigste Zustimmung zum Fundamentalismus 3 Prozent (Sunniten 22 Prozent).

Wie zu erwarten, sind die Daten der organisierten Muslime höher als die der nicht organisierten Muslime. Sowohl die Religiosität als auch der Einfluss der Religion auf den Alltag sowie die Einhaltung der religiösen Gebote sind auf einem sehr hohen Niveau.

Kann der Islam mit Hilfe des Fiqh modernisiert werden?

Erschienen in: Hünseler, Peter (Hg.), Im Dienst der Versöhnung. Für einen authentischen Dialog zwischen Christen und Muslimen, Regensburg 2008

Zwei Jahrhunderte nach der Entstehung der bürgerlichen Gesellschaft steht die Frage nach der Modernisierung der islamischen Gesellschaften mehr denn je auf der Tagesordnung. Die in der Kolonialzeit entstandenen Nationalstaaten versuchten, nach ihrer Unabhängigkeit auf der Basis der westlichen Ideologie des Nationalismus, bürgerliche Gesellschaften zu errichten, und scheiterten allesamt, die Türkei bleibt die einzige Ausnahme. Manche Länder versuchten, anhand einer anderen westlichen Ideologie eine sozialistische Gesellschaft aufzubauen, und erzeugten ohne Ausnahme autoritäre bis diktatorische Regime.

Angesicht des Scheiterns der Modernisierungsversuche setzte sich die antimodernistische Bewegung des Islamismus allmählich durch. Der Islamismus als ideologische Alternative zur Verwestlichung beabsichtigt, den islamischen Staat zu beleben, und hat beachtliche politische Erfolge erzielt. In den letzten fünfzig Jahren stieg die Zahl der Staaten, die die Scharia als Verfassung proklamieren, von einem auf zwölf Staaten. Eine ganze Reihe von anderen Staaten, wie Ägypten, hat die Scharia durch die Hintertür eingeführt, indem sie in ihren scheinbar säkularen Verfassungen, die Scharia als Hauptquelle der Gesetzgebung festgeschrieben haben. Selbst in der Türkei ist nach dem Sieg der Islamisten und der Änderung der Verfassung 2007 die Zukunft der bürgerlichen Gesellschaft ungewiss.

Die Re-Islamisierung der islamischen Gesellschaften hatte verheerende Konsequenzen. Sie hat die alte Größe des islamischen Staates (8.-12. Jh.) nicht wiederherstellen können und den Anschluss der islamischen Länder an die Moderne in weite Ferne gerückt. Der *Arab Human Development Report* (2002/-3/-4) der UNDP (United Nations Development Programme) zeigen, dass die arabischen Länder zivilisatorisch auf den unteren Rängen der Weltliste stehen, schlechter als sie schneidet nur Schwarzafrika ab. Die Islamisierung in Indien hat die Muslime in jeder Hinsicht zurückgeworfen.[1] Pakistan, Afghanistan, Irak, Somalia, Eritrea, Sudan, Jemen sind durch Kriege erheblich beschädigt. Ägypten, Syrien, Algerien, Marokko, Bangladesh werden durch die Demographie erdrückt. Der Iran erlebt wegen Misswirtschaft und Militärausgaben und trotz astronomischer Öleinnahmen eine akute ökonomische Krise.

Modernisierung durch Ausgleich: die Tawfiqiyya

Dieser Zustand der Radikalisierung ist nach dem bekannten arabischen Denker Mohammad Gaber al-Ansary auf das Fehlen des ausgleichenden Denkens zurückzuführen.[2] Diese jetzt fehlende Denkweise ist sonst, seiner Meinung nach, tief im arabischen Denken verankert. Die islamische Zivilisation hat nämlich drei Denkweisen erzeugt, die im Laufe der Geschichte immer wieder in Konflikt getreten sind.[3]

Die erste Denkweise stellt der Salafismus *(al-salafiyya)* dar. Sie bezieht sich allein auf die Grundlagen der islamischen Religion *(al-usûl)*, sowohl die doktrinären *(al-'aqîda)* als auch die juristischen Grundlagen *(al-fiqh)*, und wenn sie fremde zivilisatorische Einflüsse notgedrungen hinnehmen muss, dann verweigert sie eben diesen zivilisatorischen Beitrag als solchen anzuerkennen. Sie behandelt das Aufgenommene auf der Basis der übernommenen Doktrin *(naql)* und lehnt eine rationale Aufarbeitung, die eine neue Interpretation der Doktrin implizieren würde *(ta'wîl)*, ab. Die salafitische Denkweise haftet historisch an den „Leute der Sunna" *(ahl al-sunna)*, sie betrifft aber auch viele Schiiten, wie die Zaiditen und Teile der Imamiten. Die salafitische Denkweise beinhaltet zwei Strömungen, eine radikale Strömung, die an der Übernahme des literarischen Sinnes der religiösen Texte festhält und eine moderate Strömung, genannt die „Leute der Meinung" *(ahl al-ra'i)*, die eine intel-

1 Al-sharq al-awsat, *Limâza yatakhallafu al-muslimûn fil Hind?* 1. September 2006 Nr, 10139 (Warum entwickeln sich die Muslime in Indien zurück?).

2 Al-Ansâry, Mohammad Jâber, *al fikr al 'arabi wa sirâ' al-addâd*. Beirut 1996 (Das arabische Denken und der Kampf der Antipoden). Al-Ansary, der in Bahrain geboren ist und in Beirut studierte, ist ein Verfechter des ausgleichenden Denkens, das er als Konstante im arabischen Denken betrachtet. Vgl. Al-Na'îm, Ali, *al-'ilmâniyya wal mumâna'a al-islâmiyya. Muhâwarât fil-nahda wa l-hadâtha*, Beirut 1999, S. 193 ff. (Der Säkularismus und die islamische Verweigerung. Gespräche über die Nahda und die Modernität).

3 Al-Ansâry, ibid., S. 25 ff.

lektuelle Tätigkeit *(ijtihâd)* im Rahmen des Analogieschlusses *(qiyâs)* mehr oder weniger erlaubt. Diese Tätigkeit hat mit dem rationalen Denken der Theologie und Philosophie nichts zu tun.

Die zweite ist die ausgleichende Denkweise *(al-tawfîqiyya).* Sie hält an dem Kern der islamischen Doktrin und an den islamischen Werten fest und nimmt alles Fremde auf, was sie dem Geist des Islam adäquat findet. Anhand einer Interpretation der heiligen Texte *(ta'wîl)* gewinnt das Aufgenommene einen islamischen Charakter und wird in die Doktrin integriert. Auf diese Art findet die Versöhnung zwischen der formal übernommenen Doktrin und dem rational aufgenommenen Fremddenken *(al-manqûl wal-ma'qûl)* statt. Diese Denkweise betont die Vorrangigkeit islamischer Werte, sie impliziert jedoch eine Gleichwertigkeit mit dem Fremddenken, weil dieses nach seiner Verleihung einer islamischen Gestalt gleichwertig wird. Diese Denkweise verkörpern historisch die Theologie der Mutaziliten *(al-kalâm)* und die Philosophie *(al-falsafa).*

Die dritte ist die ablehnende Denkweise *(al-rafdiyya).* Sie gilt als ideologische Hauptquelle für die sozialen und politischen Revolutionen im Islam. Sie übernimmt ohne Bedenken alles Fremde und interpretiert es symbolisch ungeachtet des ursprünglichen Sinns und ohne Rücksicht auf die islamischen Regeln und Normen. Sie erzeugt damit einen neuen Sinn, der eher eine neue Tradition gründet als die islamische fortführt. Sie erfasst historisch verschiedene Gruppen wie die Esoteriker *(al-bâtniyya),* vertreten hauptsächlich durch die Ismaeliten, die radikalen Mystiker und die Skeptiker und die Atheisten wie al-Razi (gest. 925) und al-Rawandi (gest. 910), die aus rationalen Überlegungen heraus nicht an das Prophetentum glaubten.

Im 12. Jahrhundert siegte die erste Denkweise der Salafiyya. Mit der Vernichtung der ismaelitischen Fatimiden (909-1171) wurde die Rafdiyya zerschlagen. Al-Ghazali bekämpfte erfolgreich die Theologie und die Philosophie und schaffte den Ausgleich zwischen ihnen und der Religion, d.h. zwischen Vernunft und Glaube ab, und ersetzte ihn durch einen Ausgleich zwischen Mystik und Religion, d.h. zwischen Intuition und Glaube.[4] Damit gründete er die islamische Orthodoxie, die bis heute gilt. Das ist der moderate Salafismus. Im 13. Jahrhundert unternahm Ibn Taymiyya (1263-1328) die Reinigung der Religion und löschte alle Spuren der Vernunft und der Mystik aus der orthodoxen Lehre, das war der radikale Salafismus.

4 Al- Ghazali, Abu Hamed, *al-munqiz min al-dalâl*, Beirut 1996, S. 96 ff., 130 ff.

In modernen Zeiten wurden diese Denkweisen wiederbelebt. Als erste übernahm die Salafiyya in ihrer radikalen Form, dem Wahabismus, der die Denkweise von Ibn Taymiyya fortsetzt, und in ihrer traditionellen Form, Abdul Qadir al-Jasairi (1832-1847) in Algerien, Al-Mahdi (1881-1898) im Sudan und die Sanusiyya (1912-1925) in Libyen, den Widerstand gegen den Westen. Sie wurden alle militärisch geschlagen.

Dann trat mit der Nahda die Tawfiqiyya in Aktion. Sie begriff, dass es sich vor allem um eine zivilisatorische Konfrontation handelt, und wollte den Islam stärken. Dafür sollte er soweit reformiert werden, dass er wenigstens die Übernahme der materiellen Errungenschaften der Moderne zuließ. Ihre Hauptvertreter waren al-Afghani (1839-1997), Muhammad Abdu (1849-1905) und al-Kawakibi (1854-1902).

Die dritte Denkweise der Rafdiyya erzeugte als esoterische Bewegungen im Iran die Bahai und in Indien die Ahmadiyya. Im Nahen Osten konnte sich nur ihr rationeller Zweig durchsetzen und bestand in der Übernahme des westlichen modernen Staates mit seiner Trennung zwischen Politik und Religion auf der Basis des Menschenrechts anstatt des Gottesrechts. Das Problem mit dieser rationalen Rafdiyya lag darin, dass sie von Minderheiten, überwiegend arabischen Christen, getragen war, d.h., sie fand außerhalb des Islams statt.

Erst mit dem Kemalismus in der Türkei siegte der Säkularismus über die Salafiyya. Die Nahda, die bislang einen ausgleichenden Weg eingeschlagen hatte, spaltete sich infolge des Streites nach der Abschaffung des Kalifats 1924 in eine salafitische und eine radikale säkulare Strömung, die beide eine fundamentalistische, unversöhnliche Haltung annahmen. Die Tawfiqiyya schien am Ende zu sein. Diese Radikalisierung holte die Rafdiyya in den islamischen Kulturkreis zurück, weil ihre Anführer nun Muslime waren, wie Lutfi al Sayyed, und sich spätestens seit dem Erscheinen des Buches von Ali abdel Raziq *Der Islam und die Grundlage der Herrschaft* (1925), der den Säkularismus islamisch zu begründen versuchte, innerislamischer Argumente bediente. Die gebildete Denkweise war für eine bedingungslose Übernahme der bürgerlichen Gesellschaft und stand in offenen Konflikt mit der Salafiyya.

Der arabische Nationalismus des Baathismus und Nasserismus entstand als ausgleichende Denkweise zwischen den Fronten. Er hatte gute Chancen, die arabischen Länder in die Moderne zu führen. Er wurde jedoch in seiner Entwicklung durch die Entstehung Israels gehemmt, vom Westen gnadenlos bekämpft und schließlich im Junikrieg 1967 vernichtend geschlagen.

Al-Ansary moniert, dass die Denker der ausgleichenden Denkweise vor allem zur Zeit der Nahda am Westen in erster Linie die materielle Überlegenheit wahrnahmen und sich deshalb bemühten, den Islam mit den modernen Wissenschaften zu versöhnen bzw. ihre Übernahme zu rechtfertigen. In ihrem apologetischen Drang wollten sie nicht einsehen, dass hinter dem Fortschritt nicht allein die Technik steht, sondern eine ganze Zivilisation und haben es deshalb versäumt, eine kreative philosophische und theologische Auseinandersetzung mit ihm zu führen, wie es damals im 9. Jahrhundert zwischen dem Islam und dem Hellenismus geschah.

Aus diesem Grund endeten die Versuche der Islamreformer immer beim Fiqh. Mohammad Abdu, der mit seinem Buch *risâlat altawhîd* zum ersten Mal seit Jahrhunderten wieder an die Tradition der Mutaziliteniten anknüpfte, behandelt einige ihre Themen wie die Eigenschaften Gottes und die menschliche Freiheit, die Frage der Erschaffung des Korans hat er allerdings in späteren Auflagen seines Buches fallengelassen und beschränkte seine Tätigkeit auf die Erstellung von Fatwas und die Reformen des Rechts sowie der Institution der Al-Azhar.[5]

Al-Ansary sieht die Notwendigkeit der Entwicklung einer neuen Tawfiqiyya, die

> letztendlich eine kreative und effektive Anpassung ihrer ursprünglichen monotheistischen Idee an die Dialektik der modernen Zeit schafft und ihre beide Konstituanten, die Tradition und die Moderne, in einer Weise vereint, die sich von den zeitgenössischen Formen im arabischen Denken unterscheidet.[6]

Diese Lösung findet er in Gefolge von Hassan Hanafi bei Hegel:

> Der Hegelianismus hat die Existenz rationalisiert, an erster Stelle die göttliche Existenz und das religiöse Phäno-

5 Ibid., S. 214.
6 Ibid., S. 614.

men. So wurde die religiöse Entwicklung der Menschheit eine Verkörperung des Wirkens des absoluten Geistes und die Bestandteile der Doktrin zum Bestandteil der Vernunft."[7]

Nach wie vor will al-Ansary Glaube und Vernunft versöhnen, ein Anliegen, das die islamische Zivilisation Jahrhunderte lang beschäftigte, bevor sie die Vernunft vertrieb.[8] Nach Johann Christoph Bürgel siegte damit die „unterworfene Vernunft" des Gläubigen über die „autonome Vernunft" der Philosophen und Theologen. Es stellt sich daher die Frage nach den Erfolgschancen der Modernisierung: Warum soll, was damals scheiterte, jetzt gelingen? Mit den Erfolgen der Salafiyya in den letzten fünfzig Jahren ist der Raum für die autonome Vernunft immer enger geworden. Die muslimischen Freidenker werden verfolgt und bevölkern die Universitäten im Westen. Gleichzeitig ist die materielle Modernisierung und das passive Eindringen westlicher Werte weit verbreitet und verlangt nach Lösungen.[9] Man glaubt, die Lösung im Fiqh zu finden. Wie die Nahda zu ihrer Zeit behauptete, der „wahre Islam" würde sich nicht vor der Übernahme der westlichen Wissenschaften versperren, so betont heute die Salafiyya die Fähigkeit des Fiqh die Moderne zu integrieren.

Modernisierung mit dem Recht

Lange vor der ideologischen Beschäftigung bzw. Auseinandersetzung mit dem Westen begann das militärisch und wirtschaftlich angeschlagene Osmanische Reich die Modernisierung seines Staatsapparates zuerst durch eine Reihe von Militärreformen, angefangen mit der Mission des französischen Barons de Tott (1773)[10] bis zur Mission des preußischen Helmuth von Moltke (1835-1839).[11] Nach der Zerschlagung der Janitscharen 1826, die sich jeder Reform wi-

7 Ibid., S. 621.

8 Vgl. Bürgel, Johann Christoph, Allmacht und Mächtigkeit. Religion und Welt im Islam, München 1991.

9 Dieser Zustand führt Al-Ansarys zufolge zu einer Diskrepanz zwischen einer westlichen Lebensart und einem falschen islamischen Bewusstsein, das er als „Selbsttäuschung" qualifiziert. Ibid,. S. 643.

10 Lewis, Bernard, The Impact of the French Revolution on Turkey. Some Notes on the Transmission of Ideas. In Cahiers d'histoire mondiale I, Nr.1 (1933), S. 109.

dersetzten, folgten Staatsreformen, einschließlich einer Rechtsreform, bekannt als *tanzîmât*. Das Reformdekret von 1839, *khatti scherif* von *Gülkhane* des Sultans Sultan Abdülmejid (1839-1861) reformiert nicht nur das Militärwesen, sondern gestaltet auch das Steuerwesen und das Eigentumsrecht neu. Darüber hinaus bestätigt es den im Jahre 1838 errichteten Justizausschuss, *Meclis-i Ahkâm-i Adliye*, und erweitert seine Befugnisse.[12] Der *Hatti Humayoun* von 1856 ist noch umfassender und proklamiert sogar die Gleichheit aller Untertanen. Die Reformen erfassten alle Staats- und Lebensbereiche, ein modernes Rechtssystem ersetzte allmählich die islamische Scharia, deren Verdrängung einen Höhepunkt erreichte, als die Verfassung im Jahre 1876 verabschiedet wurde. Der Sultan Abdülhamid II (1876-1909) setzte sie zwar kurz danach außer Kraft, hielt aber an den Reformen weiter fest.

Die Rechtsreformen bestanden in der Übernahme europäischer Gesetzbücher (Handels-, See- und Strafrecht), die die Schaffung säkularer Gerichte, der *Nazâmiya*, erforderten. Da das Zivilrecht immer mehr unter ihre Zuständigkeit fiel, wurde das Recht der hanafitischen Rechtsschule nach europäischem Vorbild kodifiziert und 1868 in *al-majalla* veröffentlicht. Es diente der Vereinheitlichung der Rechtsprechung. Ausgenommen war das Personenstandsrecht (Familien-, Ehe und Erbrecht), das Angelegenheit der Scharia-Gerichte blieb.[13] Eine mehr oder weniger umfassende Übernahme westlicher Gesetzgebung fand überall in der islamischen Welt statt, weil sich außer der Türkei und Arabien alle islamischen Länder unter direkter Kolonialherrschaft befanden.[14] In der Türkei allerdings wurde der Prozess der Säkularisierung am weitesten geführt. Die Polarisierung zwischen Säkularismus und Islam endete mit der Abschaffung der Scharia-Gerichte 1926 und der totalen Laizisierung des Staates.

Im arabischen Raum versuchte die Nahda sehr früh einen Ausgleich zwischen Religion und Politik zu finden. Muhammad Abdu brach mit der traditionellen Treue zu einer Rechtsschule und warb

11 Vgl. Moltke, Helmuth v., Unter dem Halbmond. Erlebnisse in der alten Türkei 1835-1839. Darmstadt 1981.

12 Stanford J. & Ezel K. Shaw, History of the Ottoman Empire and Modern Turkey, Cambridge 1977, Vol II S.59-61.

13 Coulson, N.J., A History of Islamic Law, Edinburgh 1964, S. 151-152.

14 Ibid., S. 151-162. Vgl. Schacht, Joseph, An Introduction to Islamic Law, Oxford 1982, S. 100-111.

und praktizierte auch den Eklektizismus, *talfîq*, zwischen allen Rechtsschulen, um passende Argumente für die Durchsetzung moderner Verhältnisse zu finden.[15] Er bemühte sich um die Reform von al-Azhar und der Scharia-Gerichte und wandte sich den Fatwas zu. Dafür begann er eine neue Exegese des Korans, die zum ersten Mal seit Jahrhunderten auf der rationellen Interpretation *(ta'wîl)* des Textes ruhte. Die Absicht Gottes ist das Wohlergehen *(maslaha)* der Menschen, entsprechend solle seine Offenbarung interpretiert werden.

Die arabischen Nachfolgestaaten des Osmanischen Reiches übernahmen nach dem Ersten Weltkrieg die westliche Gesetzgebung, selbst das Zivilrecht der osmanischen *majalla* wurde ersetzt. Nur das Personenstandrecht blieb weiter in den Händen der Scharia-Gerichte. Eine Polarisierung wie bei den Türken fand auch hier zwischen Säkularen und Religiösen statt. Die Entstehung der nationalen Bewegung, die den Nationalstaat nach dem Zweiten Weltkrieg errichtete, verhinderte jedoch eine Entscheidung zugunsten einer der beiden Parteien nach der kemalistischen Art und setzte ihr Ausgleichprojekt durch. Sie versuchte, die Moderne mit der Tradition zu vereinbaren. Die Argumente der Tawfiqiyya waren westlich, sie wollten aber nicht, wie in der Türkei, die Scharia endgültig abschaffen, sondern sie mindestens formal berücksichtigen.

Die Hauptfigur dieses Unternehmens war der Jurist Abdel Raziq al-Sanhuri (1895-1971), der das westliche Recht Ägyptens islamisierte und das islamische Recht Iraks verwestlichte, und damit neue Maßstäbe der Tawfiqiyya setzte. Der Ansatz al-Sanhuris und seiner Kollegen geht über den Versuch Abdus weit hinaus. Er stellt einen hemmungslosen Eklektizismus dar, meint Joseph Schacht,[16] der nicht beim *talfîq* stehen bleibt, sondern sich auf die gesamte Tradition erstreckt. Jede geäußerte Meinung in der Vergangenheit wird aus ihrem Kontext gerissen und für ein modernes Vorhaben eingesetzt. Der Ansatz stellt das islamische Recht nicht in Frage, benutzt aber seine Prinzipien, um es gründlich zu ändern. So wird das Recht des Herrschers, unter Umständen die Gerichtsbarkeit des Kadis einzuschränken, maßlos ausgenutzt.

---

15 Al-Yazîd, Muna abu, *Manhag Muhammad Abdu fi dirâsat al-'aqîda.* (Die Methodologie der Doktrinstudien bei Muhammad Abdu) www.islamonline.net/arabic/In_Depth/MohamadAbdo/Articles/18.shtml.

16 Schacht, ibid., S. 106.

Das Vermeiden einer theoretischen Auseinandersetzung mit dem Fiqh, die einen Aufstand der Gelehrten hervorrufen könnte, wie es bei Abdulk Raziq geschah, und die Beschränkung auf die praktische Funktionalität, erklären den Erfolg Al-Sanhuris in der arabischen Welt.[17] Sein für Ägypten 1949 ausgearbeitetes Zivilgesetzbuch machte die Scharia-Gerichte überflüssig und diente als Muster für die meisten arabischen Länder. Diese Erfolgsgeschichte fand mit der Niederlage des Nationalstaates im Junikrieg 1967 ein Ende. Der Nationalstaat verlor seine Legitimation, die Tawfiqiyya an Überzeugungskraft.[18] Es schlug die Stunde der Salafiyya.

Die Kodifizierung des islamischen Rechtes, Fiqh, war eine Modernisierung im Sinne einer Anpassung an das westliche Rechtsverständnis, bedeutete aber zugleich den Verzicht auf das Juristenrecht zugunsten des positiven Rechtes. Die Rechtsprechung der islamischen Juristen, *qâdi*, ruhte auf, wie Baber Johansen sagt, der islamischen Normativität,[19] d.h. der normativen Interpretation der unfehlbaren Offenbarung durch die fehlbare Vernunft der Juristen und war deswegen mit Vorbehalt behaftet. Der Fiqh unterschied zwischen einer moralischen Dimension, die das *forum internum (al-bâtin)* – vergleichbar mit dem Gewissen – bindet und einem *forum externum (al-zâhir)* – vergleichbar mit dem Handeln – das das Objekt der Rechtsprechung bildet.[20] Das Letztere unterlag der Ratio, die aber aus eigener Kraft die Wahrheit *('ilm al-yaqîn)* nicht erreichen kann. Die Wahrheit ist verkörpert in der Offenbarung, dem Koran, der Sunna und dem Konsens der Gemeinschaft *(ijmâ')*, die als Quelle des Rechts dienen. Wo ihre Aussagen klar und unmissverständlich sind, decken sich Moral und Recht, wo der menschliche Verstand deutend vermittelt, und das sind die meisten Fälle, dort schleicht sich der Zweifel ein. Es handelt sich dann um eine höchstwahrscheinliche Wahrheit, *(ghâlib al-zann)*.

Das Ergebnis ist, dass es verschiedene Juristenmeinungen gibt, organisiert in unterschiedlichen Rechtsschulen, und dass für denselben Sachverhalt verschiedene Urteile gefällt werden können. Das

17 Al-Ansâri, ibid., S. 217ff.

18 Johansen, Baber, Das juristische Erbe des Islams in der Moderne. Offenbarte Normen, staatliche Gesetze und globales Recht. Rechtspolitischer Kongress der Friedrich-Ebert-Stiftung vom 26.-28. April 2002 in Karlsruhe. Al-Ansâri, ibid., S. 578.

19 Johansen, ibid.

20 Johansen, Baber, Contingency in a Sacred Law. Legal and Ethical Norms in the Muslim Fiqh. Köln 1999, S. 35ff, 65-66.

bedeutet auch, dass das Recht für Fremdeinflüsse weit offen war, für deren Aufnahme die Juristen eine ganze Reihe von sekundären Fiqh-Kategorien entwickelt haben: *'âda, 'urf, maslaha, istihsân, istislâh.*[21] Das verleiht dem Juristenrecht eine Flexibilität, die mit dem positiven Recht verloren geht. Der bedeutende Verlust jedoch besteht in der Vernachlässigung des gottesdienstlichen Charakters des Fiqh durch den Verzicht auf das *forum internum.*[22]

Nach der Niederlage der Tawfiqiyya verlangt die Salafiyya die Wiederherstellung der islamischen Normativität. Sie will merkwürdigerweise nicht die Wiederherstellung des Juristenrechts, sondern die Kodifizierung der islamischen Normativität, die dann als Legitimationsgrundlage für die Gesetzgebung dienen soll. Diese Klausel der Islamisierung – die Scharia ist die einzige Quelle der Gesetzgebung – ist inzwischen in den meisten arabischen Verfassungen fest verankert. Die formale Verrechtlichung der Scharia als Errungenschaft der Moderne wird dagegen von niemandem mehr in Frage gestellt.[23] Was geschieht nun mit den Muslimen, die in keinem islamischen Land leben, und daher gezwungen sind, unter säkularem Recht und ohne Aussicht auf seine Islamisierung zu leben?

Modernisierung mit dem Fiqh?

Im 10. Jahrhundert wurde die Tür des *ijtihâd* geschlossen und die Verengung des Fiqh durch die salafitische Dogmatisierung führte zur Nachahmung im Recht, *taqlîd.* Trotz alledem fanden die sekundären Fiqh-Kategorien[24] für die Integration immer neu auftretender Ereignisse, die ein Rechtsurteil *(huqm schar'î)* benötigten, eine ständig erneuerte Anwendung für die Herstellung der erforderlichen Rechtsgutachten *(fatwa).* Die wichtigsten der sekundären Kategori-

---

21 Gewohnheit, Sitte, Interesse, annehmbar, von Interesse. Siehe dazu die Enzyklopaedia of Islam. Joseph Schacht hat in seinen Werken gezeigt, wie das islamische Recht in der Übernahme von fremden Normen besteht, die dann nach moralisch religiösen islamischen Werten islamisiert und systematisiert werden.

22 Johansen, ibid., S. 62, 71.

23 Ibid.

24 Die primären Quellen *(al-masâdir al-asliyya)* sind der Koran, die Sunna, der Konsens und der *qiyâs.* Für die sekundären Quellen *(al-masâdir al-taba'iyya)* siehe Al-Qaradawi, Yusuf, *Taysîr al-fiqh lil muslim al-mu'âsir,* Beirut 2000, S. 88 ff. (Die Verfügbarkeit des Fiqhs für den zeitgenössischen Muslim).

en, auf die dieser Fiqh sich stützt, sind zusätzlich zu den oben erwähnten *'âda*, *'urf*, *maslaha*, *istihsân*, *istislâh* die folgenden: *ihtiyât* (Vorsorge), *sad al-zarâ'i'* (Vermeidung der Versuchung), *al-darar wal darûrât* (Schaden und Zwang), *'umûm al-balwa* (Vermeidung genereller Nachteile), *istishâb* (Fortdauer alter Gebote) *und al-barâ'a al-asliyya* (ursprüngliche Zulassung).[25]

Diese juristische Behandlung der unvorhergesehenen Ereignisse wurde *fiqh al-nawâzil* genannt. Dieser Fiqh war ziemlich ungebunden und erlaubte eine ständige Anpassung an die Erfordernisse der Zeit, die allerdings nicht immer positiv ausfiel, wie zur Zeit der Dekadenz, als der Fiqh aus Unwissenheit und Ignoranz willkürlich angewandt wurde.[26] In der Moderne nahm *fiqh al-nawâzil* zwangsweise enorm zu. Die später auftretende Globalisierung erforderte globale Antworten. So entstanden in den islamischen Ländern transnationale Gelehrtengremien, wie *magma' al-buhûth al-islâmiyya* an der al-Azhar (1964), Der Fiqh-Rat (1977) der Muslimischen Weltliga (1962) und der internationale Fiqh-Rat (1981) der Islamischen Weltkonferenz (1969), in dem alle islamischen Länder vertreten sind, um diese Aufgabe zu bewältigen. Sie wollen auch in diesen Fiqh-Zweig Ordnung bringen, indem sie ihn an die Rechtsquellen binden *(ta'sîl)* und seine Willkürlichkeit einschränken.[27] Inzwischen gehört *fiqh al-nawâzil* zum Studienprogramm der meisten Scharia-Fakultäten.

Der Begriff *nawâzil* stand im klassischen Fiqh für die Katastrophen und beschränkte sich auf Kultfragen. In der postklassischen Periode ab dem 11. Jahrhundert umfasste der Begriff alle unerwarteten neuen Ereignisse, d.h. Ereignisse, die bislang von dem Fiqh nicht behandelt worden sind. Obwohl *nawâzil* der älteste Begriff war, blieb er nicht der einzige für die Kennzeichnung dieser Ereignisse. Gleichalt ist das Synonym *fiqh al-wâqi'ât*, später wurden auch folgende Begriffe angewandt: Fiqh der Migration, *al-ightirâb*, Fiqh der Bürgerschaft, *al-muwâtana*, Fiqh der Intention, *al-maqâ-*

25 Bin Hamid, Saleh bin Abdallah, *Dawâbit al-nazar fil-nawâzel wal mutaghaiyyirât fi ijtihâdât al-fuqahâ'*. http://www.olamaashareah.net/nawah.php?tid=649&action=print.

26 Mu'nis, Hussein (ed.), Seite sieben seiner Einführung zu: Al-Wanscharîsi, Abul-Abbas Ahmad ibn Yahya, *Asnâ al-matâjir fi bayân ahkâm man ghalaba 'ala watanihi al-nasâra wa lam yuhâger*, Al-Zaher 1996.

27 Vgl. z.B. Al-Qahtani, Musfer ben Ali, *Dawâbit al-fatwa fil manâzil almu'âsara*, (Die Regulierung der *fatwa* in den zeitgenössischen *nawâzil*) http://www.olamaashareah.net/nawah.php?tid=3687.

sid, Fiqh der Prioritäten, *al-awlawiyyât*, Fiqh der Erwägung, *al-muwâzanât*, Fiqh der Zweckmäßigkeit, *al-ma'âlât*, Fiqh der Unterlegenheit, *al-istid'âf* und Fiqh der zeitgenössischen Fragen, *al-qadâya al-mu'âsira*.

Diesen Kategorien liegt die Auffassung zugrunde, dass in den Territorien unter islamischer Herrschaft, *dâr al-islâm*, das Recht Gottes bzw. das islamische Recht gilt, die Territorien der Ungläubigen sind dagegen rechtlos und müssen unterworfen werden, sie sind *dâr al-harb*, d.h. Gebiet des Krieges.[28] Als die Expansionswelle des Islam zum Stillstand kam, musste das islamische Reich friedlich mit seinen Nachbarn leben und handeln. Muslime mussten sich deswegen in rechtlose Gebiete begeben, die Rechtsgelehrten entwickelten die Kategorien von Gebiet des Vertrages, *dâr al-'ahd*, in dem die Muslime denselben rechtlichen Status erhielten wie die nicht muslimischen Besucher, in der Regel Kaufleute, im islamischen Gebiet, nämlich eines *musta'min*, d.h. vorübergehend geschützt, wenn der Gast länger bleibt, erhält er den Status eines Schutzbefohlenen, *dhimmî*, wie die nichtmuslimischen Untertanen des Reiches. Der ständige Verbleib eines Muslims unter nichtmuslimischer Herrschaft war untersagt.[29]

In der Geschichte kam es aber wegen der anhaltenden Kriege zu ständigen Verschiebungen der Grenze mit dem Ergebnis, dass zwei der vier sunnitischen Rechtsschulen, die hanafitische und die schafiitische, das Leben der Muslime unter fremder Herrschaft akzeptierten, solange sie ihre Religion praktizieren können. Die muslimischen Untertanen der Nichtmuslime wurden als Schutzbefohlene genau wie die christlichen Untertanen der Muslime behandelt. Der unaufhaltsame Niedergang der islamischen Länder im Laufe der Jahrhunderte hat viele Muslime jedoch zum Exil, *hijra*, in die islamischen Länder veranlasst, oder sie wurden einfach vertrieben. Die Exilanten, *muhâjirûn*, kamen aus Sizilien, Portugal und Spanien, später aus Osteuropa, Südrussland und den Balkanländern, dann aus Indien und Palästina.

Nach dem Zweiten Weltkrieg brachte die Wirtschafts- und Fluchtmigration die Muslime wieder nach Europa und zum ersten

---

28 Johansen, Das juristische Erbe.

29 Vgl. Lewis, Bernard, Legal and Historical Reflections on the Position Muslim Populations under Non-Muslim Rule, in: Journal Institute of Muslim Minority Affairs, Vol. xiii, January 1992, Nr. 1, S. 1-17.

Mal nach Nordamerika. Inzwischen leben nach den Angaben des Institute of Muslim Minority Affairs ein Drittel der 1,2 bis 1,4 Milliarden Muslime in 149 Ländern als Minderheiten unter einer nichtislamischen Rechtsordnung. Für die Bewältigung ihrer Situation hat sich der *fiqh al-nawâzil* weit verbreitet und wurde wegen der oft fehlenden qualifizierten Gelehrten von Amateuren gestaltet. In den 90er Jahren schossen überall Fiqh-Räte aus dem Boden, die Renommierten unter ihnen sind ohne Zweifel der Fiqh Council of North America und der European Council for Fatwa and Research. Nicht selten gibt es eine Personalunion mit den oben erwähnten Fiqh-Räten und sie haben dieselbe Aufgabe.[30]

Die Fiqh-Räte stellen den Versuch dar, die islamische Normativität unabhängig von der politischen Macht zu institutionalisieren. Auch hier handelt es sich nicht um ein Juristenrecht im traditionellen Sinne, sondern um eine Straffung der Normierung der Offenbarung, zwecks erleichterter Umsetzung in der nationalen Gesetzgebung. Es ist außerdem ein Schritt zur Schaffung einer Art muslimischer Ökumene, die eine einheitliche und siegreiche Auseinandersetzung mit dem Westen erlaubt, innerhalb des so genannten Dialogs der Kulturen, den die *Muslim Weltliga* inzwischen durchgesetzt hat. Das geschieht durch die Uminterpretierung des Konsenses, *ijmâ'* einerseits und die Neubestimmung der islamischen Aufteilung der Welt andererseits.

Der Konsens der Umma als dritte Quelle des Rechtes nach Koran und Sunna, wurde schnell zu einem Konsens der Gelehrten und hat in wenigen Fällen eine allgemeine Übereinstimmung gefunden, daher die vielen Rechtsschulen. In der Moderne war wegen der tiefgreifenden Umwälzungen und der Unzulänglichkeit der Muslime ein Konsens mit dem *fiqh al-nawâzil* kaum erreichbar. Daher sollen die neuen Fiqh-Gremien mehr Professionalität leisten, sowohl hinsichtlich der Fiqh-Kompetenz als auch der modernen Sachkenntnisse. Bei Sachfragen sollen Experten (Ärzte, Ingenieure, Ökonomen) angehört werden und Gutachten erstellen.

Ein Hauptverfechter dieser Linie ist der Gelehrte Yusuf al-Qara-

30 Vgl. z.B. Al-Qaradawi, Yusef, *Al-fatwa bayna al-indibât wa al-tasaiyyub*, Beirut 1988. (Die Fatwa zwischen Strenge und Dilettantismus). Oder derselbe, Al-fiqh al-islâmi bayna al-asâla wal tajdîd. Beirut 2001 (Der islamische Fiqh zwischen Fundamentalismus und Erneuerung). Al-Qaradawi ist Vorsitzender des europöischen Fiqh-Rates und Mitglied des Fiqh-Rates der „Muslimischen Weltliga".

dawi, der seinen Standpunkt u.a. in dem Buch: *Der Ijtihâd in der islamischen shari'a*[31] darstellt. Der *ijtihâd* kann individuell oder kollektiv sein, die ersten Kalifen haben in der Rechtsfindung immer mit den Gefährten des Propheten beratschlagt und sind zu den besten Lösungen gekommen. Der kollektive *ijtihâd* ist daher besser als der individuelle. Bei der enormen Zerstreuung kann seine Rolle heute am besten von Gremien erfüllt werden. Zwei Voraussetzungen sind notwendig: die Kompetenz und die politische Unabhängigkeit. Wegen der politischen Unabhängigkeit hat al-Qaradawi seine Internationale Vereinigung der muslimischen Ulama in Dublin gegründet (2004) und nicht in einem islamischen Land.

Alle diese Gremien sind in den Händen der Salafiyya und teilen die Welt nach wie vor in Gebiet des Islams und Gebiet des Krieges ein. Manche Gremien, besonders die wahabistisch orientierten, wollen den Westen meiden und raten den Muslimen davon ab, im Westen zu leben. Andere, und das ist hauptsächlich die Strömung der Muslimbruderschaft, wollen die Liberalität des Westens für seine Islamisierung ausnutzen. Al-Qaradawi gehört zu letzteren, betrachtet aber das ganze Gebiet des Krieges als Gebiet des Vertrages, *dâr al-'ahd.* Er geht sogar einen Schritt weiter und findet die Anwesenheit der Muslime im Westen, sozusagen im Weltzentrum der Macht, notwendig.[32] Sein Stellvertreter im europäischen Fiqh-Rat, Faisal Maulawi, kommt in seinem Aufsatz *Die Grundbegriffe der islamischen Mission im Westen* zu dem Schluss, dass der Westen weder ein Gebiet des Krieges noch des Vertrages sei, sondern der Mission, *dâr al-da'wa.*

Tariq Ramadan übernimmt den Begriff und entwickelt ihn zum Gebiet der Bezeugung, *dâr al-shahâda.*[33] Der Unterschied zwischen Ramadan und den anderen Salafiten liegt in seiner Positionierung im Westen. Die andern sprechen von Muslimen im Westen, Ramadan spricht von westlichen Muslimen. Inhaltlich ist er trotz seiner irreführende Phraseologie auf der Linie des europäischen Fiqh-Rates. Er besitzt aber nicht ihre Kompetenz und wird von den islami-

---

31 Al-Qaradawi, Yusuf, *Al-ijtihâd fil schari'a al-islamiyya*, (Kapitel: Der Übergang zu dem kollektiven *ijtihâd*). http://www.qaradawi.net/site/topics/article.asp?cu_no=2&item_no=206&version=1&template_id=11&parent_id=1.

32 Al-Qaradawi, Yusuf, *Al-aqalliyyât al-muslima wa maschkalâtuhâ al-fiqhiyya*, in: *Majallat al-buhûth*, Dublin 20.02.2005 Nr.1 (Die muslimischen Minderheiten und ihre Fiqh-Probleme).

33 Ramadan, Tariq, Western Muslims and the Future of Islam, Oxford 2004, S. 63 ff.

schen Gelehrten als solcher nicht akzeptiert, sondern eher als Prediger, *dâ'iya*, toleriert.[34]

Den salafitischen Modernisierungsansatz, der am weitesten geht, verkörpert der „Fiqh der Minderheiten", *fiqh al-aqalliyyât*, der von Taha Jabir al-Alwani, dem damaligen Vorsitzende der North American Fiqh Council, entwickelt wurde. Als erster benutzte al-Alwani 1994 den neuen Begriff in einer Fatwa des Rates zum Thema der politischen Partizipation der Muslime im Westen. Sein Fiqh-Rat beschloß daraufhin, diesen Fiqh-Zweig, dessen Theoretiker al-Alwani selber ist, zu fördern.[35]

Al-Alwani bricht endgültig mit der traditionellen Aufteilung der Welt in verschiedene Gebiete. Früher sind die Muslime nicht aus dem Gebiet des Islam ausgewandert, um Wohlstand und Zuflucht bei den Ungläubigen zu suchen.[36] Es gab auch keine Bürgerschaft, die man durch langen Aufenthalt oder Geburt erhalten konnte. Ein internationales Recht und internationale Konventionen für den Schutz der Minderheiten existierten nicht. Es herrschte eine ständige Konfrontation zwischen den isolierten Nationen um die Herrschaft, deshalb haben die früheren Gelehrten den Fiqh des Krieges, *fiqh al-harb*, entwickelt. In unserer Welt, in der die Kulturen und Völker sich vermischt haben, brauchen wir ein Fiqh des Zusammenlebens, *fiqh al-ta'âyush*.

Al-Alwani bricht auch mit *fiqh al-nawâzil*, weil *fiqh al-aqalliyyât* seiner Meinung nach nicht zu den sekundären Fiqh-Kategorien gehört. Er gehört überhaupt nicht zum vorhandenen Fiqh. Dieser geerbte Fiqh ist untauglich und kann nur punktuell einige Lösungen anbieten. Dieser Fiqh, der als kleiner Fiqh, *al-fiqh al-asghar*, bekannt ist, ist ungeeignet für die Fundierung von *fiqh al-aqalliyyât*. Diese Funktion kann nur der große Fiqh, *al-fiqh al-akbar*, d.h. die Glaubenslehre, erfüllen. Daher ist dieser Fiqh als besonderes Recht zu begreifen, das die Probleme einer bestimmten Gruppe behandelt, die besondere Lösungen erfordern.

---

34 Vgl. Ghadban, Ralph, Tariq Ramadan und die Islamisierung Europas. Berlin 2006, S. 42 ff.

35 Masud, Muhammad Khalid, Islamic Law and Muslim Minorities, in: International Institute for the Study of Islam in the Modern World, ISIM Newsletter 11/2002 Leiden, S.17.

36 Wenn nicht anders erwähnt, stammen die Informationen aus dem Grundsatzartikel von Taher Jaber al-Alwani, *Nazarât ta'sîsiyat fi fiqh al-aqalliyyât*, http://www.islamonline.net/Arabic/contemporary/politic/2001/article1-7.shtml (Grundlagen des Fiqh der Minderheiten).

Für die Begründung dieses Fiqh ist ein neuer *ijtihâd* vonnöten, der von den allgemeinen Aussagen des Korans und seinen Werten und Intentionen ausgeht. Man muss vom Koran als einziger autoritativen Quelle ausgehen, die alle anderen Interpretationen in der Sunna und anderen Referenzen überragt und abrogiert. Die Sunna als erläuternde Quelle zum Koran muss neu systematisiert und interpretiert werden. Eine Hadith-Sammlung, wie bei ibn Hanbal, führt zu Inkohärenz und Widersprüchlichkeit. Bei einer Systematisierung ist das Erreichen einer einheitlichen, der Intention des Korans entsprechenden Aussage, die für alle Muslime bindend sein kann, möglich.[37]

Dafür muss man, ohne neu zu interpretieren, die systematische Einheit des Korans und seine Finalität entdecken, die Verbindung zwischen Transzendenz und menschlicher Realität herstellen, um den Unterschied zwischen dem absoluten Menschlichen – Menschlichkeit – und dem individualisierten Menschen zu erklären. Der klassische Fiqh hat dieser universellen Dimension der islamischen Offenbarung aus historischen Gründen wenig Beachtung geschenkt und sie geographisch auf den engen Raum von *dâr al-islâm* eingeschränkt. Wir müssen uns an die universelle Dimension des Islams halten:

> Die Erde gehört Gott, der Islam ist seine Religion, jedes Land ist entweder tatsächlich ein *dâr al-islâm* zur Zeit oder ein potentielles *dâr al-islâm* für die Zukunft. Die ganze Menschheit bildet die muslimische Umma. Entweder ist sie eine Umma, die den Islam angenommen hat *(ummat al-milla)* oder ein Umma der Mission *(ummat al-da'wa),* in diesem Fall sind wir verpflichtet, sie aufzusuchen und uns dort niederzulassen.

Der Universalismus von al-Alwani ist nicht humanistisch, sondern islamisch. Der Fiqh der Minderheiten stellt einen Aspekt unter anderen bezüglich der Reform des gesamten islamischen kulturellen Erbes in den globalen Vorstellungen von al-Alwani dar. Die Refor-

37 Al-Alwani, Taher Jaber, *Fi manhaj fihm al-hadîth al-scharîf*, www.alwihdah.com (06.02.2005) (Die Methodik des Verstehens der ehrbaren Überlieferung).

men sollen den Wiederaufbau der Umma ermöglichen.[38] Ein weiterer Aspekt der Reformen besteht in der Überwindung aller Differenzen unter den Muslimen und der Schaffung einer Art islamischer Ökumene, die nicht nur organisatorisch, sondern auch dogmatisch einen internationalen Charakter besitzt. Ein wichtiger Aspekt ist auch die Vereitlung der westlich-zionistischen Pläne zur Demontage der Umma zwecks ihrer Neugestaltung nach dem westlichen Vorbild. Es ist ihnen schon gelungen, die Scharia auf den Bereich des Personenstandsrechts zu reduzieren. Die Gesetzlichkeit, die Gott in den Koran, den Menschen und das Universum gesetzt hat, ist aber unveränderlich und allgemein gültig. Sie zu entdecken und umzusetzen ist die Aufgabe der Muslime. Der materielle Aspekt ist dabei auch nicht zu vernachlässigen, vor allem das Geld für die Ausübung von Macht und Einfluss. Damit können die Muslime am Ende wieder eine überragende herrschende Position erreichen, die erneut den alten Spruch bestätigen würde: „Der Islam herrscht und wird nicht beherrscht" (*al-islâm ya'lu wala yu'la 'alaihi*).

Schlusswort

Wir sind weit entfernt von Muhammad Abdus Ansatz von vor über hundert Jahren, mit der Vernunft den Koran neu zu interpretieren *(ta'wîl)* um den Anschluss an die Moderne zu realisieren. Die Nahda war in der Defensive, sie wollte sich mit der Vernunft am technisch-materiellen Fortschritt beteiligen und glaubte an die Notwendigkeit religiöser Reformen. Inzwischen haben sich die Muslime diesen materiellen Fortschritt angeeignet und auf die Reform der Religion verzichtet. Der Versuch der Salafiyya, mit dem Fiqh der *al-nawâzil* oder *al-aqalliyyât* an der Moderne voll zu partizipieren, ist eine Scheinmodernisierung, weil er die Wertgrundlagen der Moderne ablehnt. Er hat zu keiner Annäherung an die Menschenrechte geführt und nur eine teilweise, formal-technische Akzeptanz der Demokratie als Kontrollsystem erzeugt. Es geht im Grunde genommen allein um eine friedliche Eroberung des Westens und die Islamisierung der Welt. Es ist schon bedeutsam, wenn der bekannte

38 Die Referenz für den Absatz ist: Al-Alwani, Taher Jaber, *Tafakkuk mafhûm al-umma wa darurat al-murâja'a*, www.alwihdah.com (26.12.2005) (Der Zerfall des Ummabegriffes und die Notwendigkeit seiner Revision).

Muslimbruder al-Qaradawi nach langem Zögern einlenkt, sich den Ansatz *fiqh al-aqalliyyât* im Jahre 2001 zueigen macht[39] und sein europäischer Fiqh-Rat ihm im Jahre 2004 folgt.[40]

39 Al-Qaradawi, Yusuf, *Fiqh al-aqalliyyât al-muslima*, Beirut 2001 (Fiqh der muslimischen Minderheiten).

40 Scientific Review of the European Council for Fatwa and Research, Dublin June 2004 Nr.4/5. Die Hälfte der Ausgabe ist dem *fiqh al-aqalliyyât* gewidmet. Unter den Autoren befindet sich auch al-Alwani.

Islamismus ohne Gewalt

Symposium Islamismus in Hannover, 2010

Für sehr lange Zeit wurde die Islamismus-Debatte unter dem Gesichtspunkt der Sicherheit geführt. Das Ergebnis war, dass viele Gruppen, die nicht weniger problematisch sind als diejenigen, die in den Verfassungsschutzberichten stehen, ausgeblendet und nicht wahrgenommen wurden. Andere dort erwähnte Gruppen glaubten nachweisen zu können, dass sie wegen ihrer sauberen Strafregister demokratietauglich sind. Sie wollten die Formel gewaltfrei=demokratisch durchsetzen und hatten damit einige Erfolge. Diese Konzentration auf die Gewalt lenkte den Blick von den realen ideologischen Gefahren ab, die der gewaltfreien Spaltung unserer Gesellschaft drohten. Die islamistische Ideologie in allen ihren Variationen wurde unter den Schutz der Religionsfreiheit genommen und kritiklos von den Multikulturalisten als kulturelle Identität akzeptiert.

Die Realität spricht allerdings eine andere Sprache. Bekanntlich sind die entstandenen Parallelgesellschaften in Deutschland hauptsächlich eine Reaktion auf die gescheiterte Integration. Ihr Fortbestand und ihre Weiterentwicklung kann allerdings damit nicht gerechtfertigt werden. Er ist eher ein Ergebnis des ideologischen und materiellen Gerüstes, das sie zusammenhält. Die deutsche Gesellschaft hat sich seit der Änderung des Staatsangehörigkeitsgesetzes 1999 grundlegend geöffnet. Mit dem Integrationsgipfel und der deutschen Islamkonferenz wurde auf höchster Staatsebene die Initiative ergriffen, um die Integration zu fördern. In derselben Zeit hat sich paradoxerweise die Parallelgesellschaft von der deutschen Gesellschaft weiter entfernt und verfestigt. In anderen westlichen Ländern, die eine liberale multikulturelle Politik betrieben haben, wie Großbritannien und den Niederlanden, konnte die Entstehung von Parallelgesellschaften auch nicht verhindert werden. So ist die Ursache hauptsächlich in der Ideologie zu suchen, die die Migranten mitgebracht haben.

Es waren hauptsächlich die gewaltlosen Islamisten, die die islamische Identität förderten und das islamische Milieu erschufen. Sie haben ein Netz von Bildungseinrichtungen und islamischen Zentren errichtet, das eine genuine Reproduktion des Milieus ermöglicht. Die Selbstabgrenzung ist schon lange nicht mehr eine bloße Reaktion auf die Ablehnung der Gesellschaft. Sie ist vielmehr das Ergebnis einer von den Normen der Mehrheitsgesellschaft abweichenden Erziehung und Sozialisation. Das Netz bietet eine Bildungs- und Erziehungsarbeit sowie Beratung und Sozialarbeit an, die auf einer islamistischen ideologischen Basis durchgeführt werden. Das erlaubt dem Milieu, neue Generationen von Muslimen aufwachsen zu lassen, die in jeder Hinsicht, von der Religiosität bis zur Bildung, vom deutschen Standard abweichen. Das zeigen die Untersuchungen der letzten Jahre, wie z.B. von Brettfeld und Wetzel über Muslime in Deutschland, die Berliner Studie über Integration und die Bertelsmann Studie über Religiosität, um einige zu nennen.

Islamisten nennen sich die Muslime, die sich politisch aktiv für einen islamischen Staat einsetzen. Es stellt sich nun die Frage, ob der Rest der Muslime andere Vorstellungen hat? Man hat gelernt zwischen Islamismus und Islam sowie zwischen Terrorismus und Islam akribisch zu unterscheiden. Nicht der Islam als Religion, sondern sein Missbrauch durch manche Muslime sei anzuprangern. Der Islam wurde auf diese Weise idealisiert und in den Himmel gehoben. In der Sicherheitsdebatte war diese Unterscheidung notwendig und auch hilfreich für den Schutz der Muslime vor Pauschalurteilen wie: Muslim gleich Terrorist. Für die Integrationsdebatte dagegen ist diese Unterscheidung kontraproduktiv und verhindert eine ehrliche und offene Diskussion.

Nicht nur die Islamisten, sondern auch der traditionelle und orthodoxe Islam hat bis heute die Grundlagen der Demokratie nicht anerkannt. Mit den Grundlagen sind die Menschenrechte gemeint. In allen ihren Deklarationen von Kairo bis Paris haben die islamischen Gelehrten, die das religiöse Establishment vertreten, die Menschenrechte nur im Rahmen der Scharia anerkannt. Bei der überwiegenden Mehrheit der religiösen Organisationen im Westen ist eine bedingungslose Anerkennung der Menschenrechte nicht gegeben. Das Menschenrecht ist immer dem Gottesrecht untergeordnet. Ob Nurculuk oder Milli Görüs, *tablîghî* oder Fethullaci, Muslimbrüder oder Suleymanci, *jamâ'at islâmiyya* oder Tahriri, Murabitun oder Hizbullah, wahabi oder salafi usw., alle befolgen das Gesetz Gottes zuerst und manche an zweiter Stelle das Menschenrecht. Der organisierte Islam vertritt zwar eine Minderheit unter den Muslimen, durch seine Beherrschung des islamischen Milieus übt er aber einen sozialen Druck auf alle Muslime aus.

Ende des 10.Jahrhunderts endete die Herausbildung des klassischen Islams, der zur Orthodoxie wurde. In den folgenden Jahrhunderten kamen Elemente des Sufismus und der Volksfrömmigkeit hinzu und bildeten gemeinsam den traditionellen orthodoxen Islam. Unter den verschiedenen Namen haben wir das selbe ideologische Substrat, nämlich die Teilung der Welt in zwei verfeindete Lager: das Gebiet des Islam, wo die Scharia herrscht, und das Gebiet des Krieges, wo der Unglaube herrscht. Ihre Beziehungen werden durch den Fiqh des *Dschihad* bzw. des Krieges geregelt, der für den vorübergehenden Frieden auch ein Gebiet des Vertrages vorsah.

In der Moderne haben die meisten islamischen Staaten modernes menschengemachtes Recht übernommen und die Scharia, das Gottesrecht, verdrängt. Dieser Säkularisierungsprozess ging vom Beginn der Reformen im osmanischen Reich 1826 bis zur iranischen Revolution 1979. Seitdem wird dieser Prozess unter Einfluss der Islamisten rückgängig gemacht. Von einem einzigen ist die Zahl der Scharia-Staaten auf inzwischen zweiundzwanzig gestiegen.

Die islamistischen Ideologien, sowohl die gewaltbereiten als auch die gewaltfreien, wurden von den Migranten in der zweiten Hälfte des 20. Jahrhunderts in den Westen eingeführt. Ihre Entstehung ist jedoch viel älter. In den letzten zweihundert Jahren erlebte die islamische Welt mit dem Kolonialismus die wirtschaftliche und die politische Expansion des Westens. Um das Jahr 1900 lebten 160 von den 200 Millionen Muslimen weltweit unter direkter europäischer Kolonialherrschaft. Der Einbruch der westlichen Moderne in die islamische Welt war von einer entwürdigenden Niederlage für die Muslime begleitet. Alle politischen und religiösen Bewegungen, die seitdem in der islamischen Welt entstanden, beabsichtigten ohne Ausnahme die Wiederherstellung der alten verlorenen Größe. Man kann sie grob in drei Gruppen aufteilen: die Modernisten, die den Einstieg in die Moderne befürworten, die Antimodernisten, die die Moderne bekämpfen und die Pseudomodernisten, die die Moderne vereinnahmen wollen. In den letzten fünfzehn Jahren kann man feststellen, dass immer mehr Antimodernisten sich der Strategie der Pseudomodernisten anschließen.

Zu den Modernisten zählen an erster Stelle die Nationalisten. Sie haben nicht nur die westlich-säkulare Ideologie des Nationalismus übernommen, sondern versuchten auch, alle westlichen Errungenschaften zu kopieren. Für die Bildung des Nationalstaates haben sie westliches Recht übernommen und das Gesetz Gottes, die Scharia, verdrängt. Sie blieb nur im Familien-, Stiftungs- und Erbrecht gültig. Eine große Ausnahme bildet die Türkei, wo Kemal Atatürk alle Spuren der Scharia gründlich zu löschen versuchte. Die Nationalisten haben überall den Kolonialismus bekämpft und nationale, säkulare Staaten errichtet. Als einziger Scharia-Staat blieb das Königreich Saudi-Arabien.

Zu den Modernisten zählen auch die Islamreformer der Nahda, d.h. der islamischen Renaissance. Angeführt von den Gelehrten Afghani und Abdu vertraten sie die Ansicht, dass das Kopieren des Westens zu keiner effektiven Modernisierung des Orients führt, weil man mit einer Zivilisation zu tun hat, die auf einem Wertesystem basiert und nicht mit einem Sammelsurium von Einzelteilen, wie Recht, Technik und Naturwissenschaften, die man beliebig und selektiv übernehmen kann.

Eine effektive Modernisierung muss mit der Reform der Religion beginnen. Das geschieht durch die Wiederbelebung der Vernunft, mit deren Hilfe die Religion von Aberglaube und Fremdelementen gereinigt wird, und mit dem Neulesen ihrer heiligen Schriften. So wie die Altvorderen die heiligen Texte gelesen und verstanden haben, steht nun auch uns zu, diese Texte im Lichte der Moderne selber zu lesen und neu zu interpretieren.

Manche verstanden die Rückkehr zu den Fundamenten als Versuch der Wiederbelebung der alten Tradition und nicht als ihre Fortsetzung. Als Atatürk 1924 das Kalifat abschaffte, spalteten sie sich ab und näherten sich dem Salafismus der Wahabiten in Saudi-Arabien an. Sie wollten wie die Wahabiten das Kalifat und die islamische Herrschaft des 7. Jahrhunderts wiederherstellen und gründeten dafür in Ägypten die erste Organisation des modernen politischen Islam: die Muslimbruderschaft. Im Gegensatz dazu entwickelten sich die Islamreformer weiter und wurden neben den Nationalisten und später erschienenen Sozialisten die Hauptträger der säkularen Ideologie in der islamischen Welt.

Die zweite Gruppe bilden die Antimodernisten. Sie erfasst alle islamischen Erneuerungsbewegungen, die die Moderne ablehnen, um den glorreichen islamischen Staat des 7. Jahrhunderts wiederherzustellen. In dieser Gruppe befinden sich alle gewaltbereiten Islamisten, aber auch viele friedliche, die die Gewaltanwendung verurteilen.

Zu den gewaltbereiten zählen die Wahabiten Saudi-Arabiens, die Muslimbrüder Ägyptens, die türkische Milli Görüs, die *jamâ'at islâmiyya* Pakistans und alle Dschihad-Bewegungen. Sie stehen seit Jahren in den Studien und Berichten und brauchen keine weiteren Erläuterungen.

Zu den friedlichen Islamisten gehört vorwiegend der indische Islam. Mit der Absetzung des letzten islamischen Mogul-Kaisers durch die Briten im Jahre 1857 endete auch die formale islamische Herrschaft in Indien und die Muslime wurden zu einer Minderheit in einem nicht-islamischen Staat. Indien wurde zum *dâr al-harb* (Gebiet des Krieges) und ein guter Muslim sollte nach *dâr al-islâm* (Gebiet des Islam) auswandern *(hijra)*. Die wichtigsten muslimischen Bewegungen in Indien blieben im Lande, entschieden sich aber für die innere Emigration, für einen Rückzug in die Festung ihres Glaubens. Sie waren friedlich und verzichteten auf den Dschihad.

1867 entstand als zunächst die Deobandi-Bewegung. Sie ist streng fundamentalistisch und will den klassischen Islam wiederbeleben. Ihr Ziel war die Abkopplung von den Hindus und die Bildung einer islamischen Gemeinschaft. Die zweite ist die 1904 entstandene Sufi-Bewegung der Barelvi (*tariqa Muhammadiyya*), die eine ähnliche Abgrenzung der islamischen Gemeinschaft von der Umwelt wie die Deobandis forderte und kein politisches Interesse zeigte.

Aus der Deobandi-Bewegung stammen zwei Strömungen, die sich für die totale Abgrenzung von der Umwelt einsetzen. Die erste ist die *jamâ'at al-tablîgh* (1927), die sich ganz auf die eigene Gemeinschaft zurückziehen will und eine totale Abschottung betreibt, ohne den umgebenden Staat ändern zu wollen. Die zweite ist die von Maududi 1941 gegründete *jamâ'at al-islâmiyya*, die sich ähnlich abschottet, aber für die Errichtung des idealen islamischen

Staates kämpft. Sie hat zur Spaltung Pakistans von Indien beigetragen.

Die Deobandi liefern das beste Beispiel dafür, wie sich eine friedliche islamistische Ideologie unter Umständen in eine gewalttätige verwandeln kann, ohne die ideologische gemeinsame Basis zu verlassen. Aus den Deobandi-Schulen in Pakistan sind übrigens auch die Taliban hervorgegangen.

Zu den friedlichen Antimodernisten gehört auch die türkische Suleymanci-Bewegung, bekannt in Deutschland als Verband der islamischen Kulturzentren (VIKZ). Der Verband sieht seine Aufgabe laut Satzung in der „Unterweisung im islamischen Glauben und Lehre und Wahrung der islamischen kulturellen Werte" (§ 3 Abs. 1 S. 2+3). Die Suleymancis sind mit den indischen Barelvi vergleichbar und versuchen in ihren abgeschotteten Gemeinden ein Leben nach der Scharia zu führen.

Pseudomodernisten

Die dritte Gruppe bilden die Pseudomodernisten. Sie sind häufig in der Türkei zu finden. Im Gegensatz zum indischen und arabischen Islam ist der türkische weitgehend friedlich. Das ist darauf zurückzuführen, dass die Nationalisten nach der Zerschlagung der islamischen Konterrevolution von 1909 eine Säuberung der religiösen Spuren betrieben haben, die unter Atatürk in einer radikalen Laizisierung mündete. Erst nach Ende des Einparteisystems 1950 war die Gründung von islamischen Parteien mit einem islamistischen Programm möglich. Angesicht dieser Repression unter dem Einparteisystem konnten sich die Islamisten nur ruhig verhalten und entwickelten entsprechende Vorgehensweisen, die hauptsächlich darin bestanden, die Religion wieder friedlich in den öffentlichen Raum einzuführen.

Eine weitere Besonderheit des türkischen Islamismus besteht darin, dass er die goldene Zeit der ersten vier rechtgeleiteten Kalifen, die Zeit der Glückseligkeit, mit der Herrschaft der Osmanen gleichstellt und daher mehr oder weniger nationalistisch ausgeprägt ist, weniger beim politischen Islam von Milli Gürüs und mehr beim angeblich apolitischen Islamismus der Nurculuk und Fethullaci. Diese beiden Bewegungen berufen sich auf die Lehre von Said Nursi.

Said Nursi (1876-1960) wollte ursprünglich das islamische Wertesystem im Staat und Gesellschaft wiederherstellen, später unter dem Kemalismus die schariatische Religiosität in die Gesellschaft einführen. Anders als die Islamreformer, die für eine neue Interpretation der Religion im Lichte der Moderne auf die Wiederbelebung der autonomen Vernunft setzen, versucht Nursi die Moderne in die unveränderliche Welt der Religion zu integrieren. Dafür bekämpft er die autonome Vernunft und schränkt ihr Operationsfeld ein; sie darf nur im Dienst des Glaubens eingesetzt werden.

Der Islam hat alles was ein Mensch braucht, aus dem Westen dürfen die Muslime nur Naturwissenschaften und Technik übernehmen, damit sie wieder mächtig werden und den Westen schlagen können. Selbst die Naturwissenschaften sind im Koran begründet und Nursi versucht dies mit seiner Koran-Exegese zu beweisen. Flugzeuge, Elektrizität, Eisenbahn, Telegraf und desgleichen sind schon im Koran erwähnt, sein Schüler Fethullah Gülen glaubt sogar im Koran die Mondlandung entdeckt zu haben.

Diese aberwitzige Methode stellt keine Modernisierung dar und ist eher eine Vereinnahmung der Moderne, die die religiösen Grundlagen nicht berührt. Die Moderne existiert schon im Islam. Deshalb braucht der Islam keine Modernisierung und keine Reform. Das ist auch die Grundposition aller Islamisten, ob friedlich oder gewaltbereit. So finden wir unter dem modernistischen Lack den alten orthodoxen Islam mit allen seinen problematischen Ansätzen bezüglich der Menschenrechte in einer modernen Gesellschaft. Deshalb sind diese Bewegungen unter der Kategorie der islamischen Erneuerung und nicht der Reform zu erfassen. Es sind pseudomodernistische Bewegungen.

Zu den Pseudomodernisten gehören auch die neueren Tendenzen unter der Muslimbruderschaft, die seit Mitte der 90er Jahre aus den Fiqh-Raten sowohl in Europa als auch in den USA hervorgingen. Ihre Grundposition besagt, dass die Muslime die Integration in die westlichen Gesellschaften vermeiden und ihre eigenen Gemeinschaften auf Basis der Scharia bilden sollen. Ausgehend von der religiösen Freiheit im Westen fordern sie ihr Recht nach der Religion zu leben, d.h. nach einer islamischen Lebensweise, und hoffen langfristig eine schariakonforme Änderung der säkularen Gesetze zu erwirken. Für die Grundlagen der islamischen Lebensweise stützen sie sich auf einen Zweig des islamischen Rechtes, der als *fiqh al-nawâzil* bekannt ist.

Dieser Fiqh war historisch ein Ausnahmerecht und behandelte die Ereignisse, die im traditionellen Recht nicht vorgesehen waren. Das trifft für die Niederlassung der Muslime im Westen zu, die, entgegen der früheren Verbote, basierend auf der mit der Aufteilung der Welt in Gebiet des Islam und Gebiet des Krieges resultierenden Feindschaft, nun dauerhaft unter der Herrschaft der Ungläubigen leben. Scheich Yusuf al-Qaradawi, der Vorsitzende des Europäischen Fiqh-Rates, übernimmt dieses Ausnahmerecht und versucht es für die Bedürfnisse des Lebens im Westen zu systematisieren. Er arbeitete vier Prinzipien aus:

- Das Prinzip der Erleichterung, *taysîr;* es bedeutet die großzügige Anpassung der fatwas, Rechtsgutachten, an die Bedürfnisse des Westens, wo die Muslime keine Macht besitzen.
- Das Prinzip der Mission, *fiqh al-da'wa;* es sollen die Fatwas keine Feindseligkeit der Westler gegenüber dem Islam hervorrufen.
- Die Fatwas sollen die Interessen der Muslime als Gruppe und nicht als Individuen berücksichtigen.
- Die Aufhebung des Schulrigorismus und die Herstellung der Fatwas auf der Basis der Lehre aller muslimischen Rechtsschulen.

Diese Prinzipien gelten nur für den Westen und haben gemäß al-Qaradawi einen vorübergehenden Charakter. Sie sollen nichtschariakonformes Verhalten rechtfertigen. Eine westliche Ehefrau etwa, die zum Islam konvertiert, darf bei ihrem nichtmuslimischen Mann bleiben, in der Hoffnung ihn zu konvertieren; im Orient muss sie sich nach wie vor scheiden lassen. Das ist in der Tat eine opportunistische Haltung, um den Westen zu missionieren. Die Mission ist übrigens die Hauptrechtfertigung für den Verbleib der Muslime im Westen.

Der Ex-Vorsitzende des Fiqhcouncil of North America Taha Jaber al-Alwani ist der gleichen Meinung was die Mission betrifft, liefert aber eine andere Analyse. Den Fiqh, der nur für den Westen gelten soll, nennt er *fiqh al-aqalliyyât*, Fiqh der islamischen Minderheiten. Er soll kein Ausnahmerecht bleiben, sondern fester Bestandteil des allgemeinen Fiqh werden. Dafür soll er nicht von den Zweigen des traditionellen Fiqh abgeleitet werden, sondern direkt aus den Quellen des Fiqh, Koran und Sunna, entspringen; wobei der

Koran als die fundamentale Quelle und die Sunna als ihre historische Interpretation betrachtet werden, die modernes Verhalten inspiriert, aber nicht vorschreiben kann.

Ein neuer Fiqh ist notwendig, weil die alte Teilung der Welt in Gebiet des Islam und Gebiet des Krieges nicht mehr existiert. Wir haben heute ein internationales Recht, die Muslime wandern in den Westen aus, wo sie ihre Religion frei praktizieren und die Staatsangehörigkeit der Gastländer erwerben können. In dieser globalisierten Welt soll der „Fiqh der Koexistenz" den „Fiqh des Krieges" ersetzen.

Der traditionelle Fiqh konzentrierte sich auf das Gebiet des Islam und lehnte die Ansiedlung von Muslimen im Gebiet des Krieges ab. Er ignorierte den universellen Charakter des Islam, der die Muslime auffordert, in die Welt zu gehen und die Religion zu verbreiten. Die Mission rechtfertigt die Anwesenheit der Muslime im Westen und deswegen muss diese vorbereitet und eine permanente Niederlassung geplant werden. Die Muslime sollen an allen Aspekten des Lebens teilnehmen, nur auf diese Weise haben sie langfristig eine Chance, die Gesetze ihrer Gastländer im Sinne des Islam zu ändern.

Die Rückkehr zur Quelle deutet al-Alwani als eine methodologische neue Lektüre des Koran, die aus ihm die Quelle allen Wissens, insbesondere in den Sozialwissenschaften, macht. Der Zweck dieser neuen Lektüre soll nicht mehr die individuelle Erlösung allein bleiben, sondern die Islamisierung der gesamten Menschheit sein. Die Methode besteht darin, hinter dem Text den wahren Sinn zu finden, der zeitgenössische Verhältnisse begründen kann. Trotz seiner Ablehnung jeder neuen Exegese, führt der methodische Ansatz von al-Alwani zwangsweise zu einer neuen Interpretation des koranischen Textes. Im Bereich der Modernisierung des Islam mit dem Fiqh ist der Ansatz von al-Alwani der weitgehendste; er zeigt aber zugleich die Grenzen dieser Modernisierungsart, weil – wenn weitergeführt, was nicht geschehen ist – dieser Ansatz unvermeidlich zu einem Wechsel von der rechtlichen zur theologischen Sphäre führt.

Eine schillernde Figur des islamistischen Euro-Islam ist Tariq Ramadan. Er lehnt die Theologie kategorisch ab: „Es gibt keine islamische Theologie" schreibt er. Die islamische Glaubenslehre, die *'aqida*, ist klar und unmissverständlich. Der Begriff *tawhid* drückt am besten die absolute Einheit Gottes aus und braucht keine Theologie. Gott hat im Koran dem Menschen seine Namen offenbart, damit sie ihn kennenlernen und nicht damit sie ihn definieren.[1] Deshalb ist Ramadan gegen das freie Denken, das er als das größte Risiko bei einem freien, verantwortlichen Menschen betrachtet, der „denkt mit seinem Intellekt allein die Welt lesen und verstehen zu können."[2] In seiner Vorstellung, die auf dem Glauben ruht, ist der Analogieschluss der muslimischen Gelehrten, nicht der deduktive Syllogismus der Freidenker die einzig gültige Denkart.

Bei dieser negativen Haltung dem Geist gegenüber bleibt Ramadan nur der Fiqh übrig für die Anpassung an der Moderne. Wie al-Qaradawi geht er vom islamischen Prinzip des Gemeinwohls *(maslaha)* aus, wie es von al-Ghazali im 11. Jahrhundert definiert wurde. Danach bedeutet *maslaha* den Schutz der Religion, des Lebens, des Intellekts, der Nachkommenschaft und des Eigentums der Muslime. Und wie al-Qaradawi spricht er von Mission, *fiqh al-da'wa.*

Anders als al-Qaradawi und al-Alwani, die zwischen einem Fiqh für die islamische Welt und einem Fiqh für den Westen unterscheiden, spricht Ramadan von einem einheitlichen Fiqh für die ganze Menschheit und lehnt den Fiqh der Minderheiten ab. Die Muslime sind zwar zahlenmäßig eine Minderheit im Westen, mit ihren universellen Werten sind sie aber eine Mehrheit in der Welt. Die Universalität des Islam besteht in seiner Fähigkeit, alle Gesellschaften integrieren zu können. Ausgehend davon ruft Ramadan zu einer intellektuellen Revolution, die den Muslimen diese Dimension ihrer Religion bewusst macht:

> Der Weg des Glaubens, der Pfad zur Quelle, die Scharia, lehrt uns alles zu integrieren, was nicht gegen ein etabliertes Prinzip unserer Religion verstößt und es als eigenes zu betrachten. Es ist schließlich die wahre Universalität des Islam.[3]

Ramadan meint deshalb, dass die meisten Dinge schon islamisch sind, die Muslime im Westen schon zu Hause sind und keine Integration brauchen. Die strittigen Fragen werden juristisch mit *ijtihâd* und Fatwas geregelt, deren Funktion weitgehender sein soll:

1 Ramadan, Tariq, Western Muslim and the Future of Islam. London 2007, S. 13.
2 Ibid., S. 18.
3 Ibid., S. 54.

> Die Anwendung dieser juristischen Instrumente soll sich nicht auf die gefährlichen Grenzbereiche beschränken, sondern im Zentrum einer globalen Vision stehen, die den Westen integriert und in eine angeeignetes Territorium umwandelt, ein Land für Muslime.[4]

Was Ramadan vorschlägt, ist nicht die friedliche Eroberung des Westens durch die islamische Welt, wie ausgearbeitet von al-Qaradawi und al-Alwani, sondern die Integration des Westens in die Welt des Islam. In beiden Fällen wird mit dem Fiqh operiert und in beiden Fällen ist eine Integration der Muslime in den Westen überflüssig.

Alle Elemente seiner Theorie hat Ramadan von den Islamisten al-Qaradawi, al-Alwani und Faisal al-Mawlawi entliehen. Die Änderung seiner Haltung dem Westen gegenüber, d.h. den Westen als ein „Zuhause" zu betrachten, ist die einzige originäre Leistung Ramadans und verdeckt seinen islamistischen Charakter. Sie trägt u.a. dazu bei, dass manche – und es sind nicht wenige – ihn als einen Befürworter des liberalen Euro-Islam betrachten. Dabei übersehen sie, dass er die Liberalreformer als fünfte Kolonne des Westens betrachtet und sich selber als Salafi-Reformer kennzeichnet; aus dieser Position kritisiert er die Salafiten Saudi-Arabiens und nicht aus einer liberalen Position.

Die Anstrengung der Islamisten, mit Hilfe des Fiqh einen westlichen Islam zu schaffen, ist ein Manöver im Rahmen ihrer Missionierungsbestrebungen zur Islamisierung des Westens. Sie dienen weder der Integration noch der Modernisierung, sondern dem Erhalt und der Stärkung der muslimischen Gemeinschaften im Hinblick auf die Einführung der Scharia in den säkularen Staaten.

Unter der Führung Saudi-Arabiens entsteht eine Art islamische Ökumene: Al-Alwani gründete 1988 *The Fiqh Council of North America* und war 1997 an der Gründung des *European Council for Fatwa and Research* von al-Qaradawi beteiligt. Beide Institutionen sind gemeinsam mit der *Islamic Fiqh Academy* in Indien an die *Organization of Islamic Conferences* gebunden. Die Verbindung wird durch *The International Fiqh Academy* in Jeddah hergestellt, die Teil der von Saudi-Arabien dominierten *Muslim World League* ist.

4 Ibid.

Von Anfang an genoss al-Alwani die Unterstützung des saudiarabischen Königs Fahd.

Diese Ökumene strebt eine islamische Moderne auf der Basis des Gottesrechts an. Sie bekämpft nach wie vor die auf dem Menschenrecht basierende Moderne. Anders als früher soll es aber friedlich geschehen.

Die Pseudo-Modernisten Said Nursi und Fethullah Gülen

Tagung des Arbeitskreises Kommunale Integrationsbeauftragte, Aalen 2010

Die Gülen-Bewegung wird gerne als modern und aufgeschlossen, als liberal und weltoffen dargestellt. Sie lege viel Wert auf die Bildung und berufliche Qualifizierung junger Muslime, um ihre aktive Teilhabe an Staat und Gesellschaft zu gewährleisten. Insbesondere ihre positive Haltung gegenüber modernen Naturwissenschaften und ihre Eingliederung in die moderne Konsumwelt werden als fortschrittlich gewertet. Modernität wird in diesem Fall nach ihrer äußerlichen Erscheinung beurteilt, die wichtige und entscheidende Frage nach dem Wertesystem, das ihr zugrunde liegt, wird oft nicht gestellt.

Die Bombenattentäter von Madrid und London liefen in Jeans und Turnschuhen herum und trugen Rucksäcke. Sie fielen in der Menschenmenge nicht mit Turbanen und Gewändern auf. Sie waren auch nicht mit Säbeln und Krummdolchen bewaffnet, sondern versteckten in ihren Rucksäcken moderne ferngesteuerte Bomben, die eine gewisse Vertrautheit mit modernen Naturwissenschaften voraussetzen. Ihre Modernität diente aber nicht der Integration in ihr Gemeinwesen, sondern seiner Zerstörung. Das Extrembeispiel hier soll nicht der Gülen-Bewegung Terrorismus unterstellen, die Bewegung ist friedlich und gewaltfrei. Das Beispiel soll vielmehr darauf hinweisen, wie weit divergierende Wertvorstellungen in einem Gemeinwesen führen können und wie wichtig es ist, diese Wertvorstellungen bei der Auseinandersetzung mit der Bewegung zu kennen und zu berücksichtigen.

Ich werde in diesem Aufsatz zeigen, zu welcher religiösen Tradition im Islam die Gülen-Bewegung gehört, welche religiösen Positionen ihr Hauptideologe Said Nursi vertritt und schließlich die Lehre ihres Gründers Fethullah Gülen schildern.

Die Kenntnis der Bildungsvorstellungen von Fethullah Gülen, dem Begründer der Bewegung, führt uns direkt zu seinem geistigen Meister Said Nursi. Bekim Agai, der eine umfassende Studie über Gülens Bildungsnetzwerk vorgelegt hat, schreibt:

> Grundlegend für das Verständnis des Bildungsdiskurses von Fethullah Gülen ist seine Übernahme des Wissensideals von Said Nursi. Dieses durchzieht manchmal explizit, oft auch implizit alle Diskursstränge des Bildungsdiskurses.[1]

Außerdem ist das Hauptwerk von Nursi, die *Risale-i Nur,* eine Pflichtlektüre in der Bewegung.[2] Daher ist es notwendig, die Gedankenwelt von Nursi zu erkunden, um zu verstehen in welcher religiösen Tradition Gülen sich befindet. Said Nursi ist übrigens der Begründer der Nurculuk, die in Deutschland unter den türkischen Migranten stark vertreten und sehr aktiv sind. Auch auf Said Nursi ist die Ideologie von Harun Yahya zurückzuführen, der unermüdlich einen Kampf gegen die Evolutionstheorie in Deutschland und überall in der Welt führt. Alle drei Akteure vertreten dieselbe Ideologie und kooperieren eng.

Bediuzzaman Said Nursi (1876-1960) wuchs in einer Zeit auf, in der die europäischen Mächte ihre Herrschaft über die ganze Welt, einschließlich der islamischen Welt, fast vollständig ausgedehnt hatten. Um das Jahr 1900 befanden sich 160 Millionen von insgesamt 200 Millionen Muslimen weltweit unter direkter europäischer Kolonialherrschaft,[3] die restlichen 40 Millionen waren ökonomisch abhängig. Die 20 Millionen Osmanen waren nach der Bankrotterklärung des Reiches 1875 halb-selbständig, die europäische Schuldendienstverwaltung bestimmte über die Finanzen mit.[4] Die Reformen und Modernisierungsmaßnahmen, bekannt als Tanzimat, die

1 Agai, Bekim, Zwischen Netzwerk und Diskurs. Das Bildungsnetzwerk um Fethullah Gülen (geb. 1938): Die flexible Umsetzung modernen islamischen Gedankenguts, Schenefeld 2004, S. 209.

2 Barton, Gerd, Progressive Islamic Thought, Civil Society and the Gulen Movement in the National Context: paralles with Indonesia, S. 25. Agai, S. 302.

3 Schulze, Reinhard, Geschichte der islamischen Welt im 20. Jahrhundert, München 1994, S. 39.

4 Ducruet, Jean, Les capitaux européens au Proche-Orient, Paris 1964, S. 98 ff.

das Reich seit 1839 ergriffen hat, konnten seinen Zerfall nicht verhindern: Griechenland, Bulgarien, Rumänien, Bosnien, Albanien und Kreta wurden unabhängig.

Bis dahin standen die osmanischen Eliten dem Westen im Großen und Ganzen eher positiv gegenüber. Er diente als Vorbild für die osmanischen Reformen, die ihren Höhepunkt mit der Verabschiedung einer Verfassung und der Wahl eines Parlaments 1876 erreichten. Das half jedoch wenig zur Erhaltung des Reiches. Im selben Jahr brach der Krieg mit Russland aus und 1877 standen die russischen Armeen vor der Türen der Hauptstadt Istanbul. Der Frieden von San Stefano ein Jahr später (1878) brachte riesige Gebietsverluste mit sich. Die Haltung gegenüber dem Westen kippte zum Negativen um und im Jahre 1882, als Frankreich Tunesien und Großbritannien Ägypten eroberten, wurde die aggressive Expansionspolitik Europas mehr als offensichtlich.

Es war das Zeitalter des Imperialismus und Europa konnte sein Überlegenheitsgefühl nicht im Zaum halten. Es wollte seine militärische und wirtschaftliche Überlegenheit auch kulturell zur Geltung bringen. Nach dem Humanismus der Aufklärung des ausgehenden 18. Jahrhunderts, der in Kant und seiner Auffassung der menschlichen Gattung gipfelte – jedem Menschen steht gleichermaßen der Gebrauch der Vernunft zu –, setzte mit Herder eine kulturelle und ethnische Differenzierung der Menschen ein, deren kultureller Beitrag allerdings ebenbürtig betrachtet wurde. Herder schrieb noch zu Beginn der Epoche europäischer Expansion. Nach Herders Auffassung bestand der Zweck der Geschichte nicht darin, dass sich ein Volk über die anderen Völker erhebt, sondern eher darin, ein Gleichgewicht und Harmonie zwischen allen Völkern zu erreichen.[5]

Bald aber wurde mit Hegel, ausgehend von der herderschen kulturellen und ethnischen Ausdifferenzierung der Menschengattung, eine Hierarchisierung eingeführt, die den Beitrag der verschiedenen Kulturen zum Prozess der Verwirklichung des Weltgeistes in der Geschichte unterschiedlich bewertete. Für Hegel verkörperte nun nur Europa das historische Subjekt, das die Weltgeschichte vollenden wird. Asien, einschließlich des Islam, hat seine historische Rolle erfüllt und damit als historisches Subjekt ausgedient und Afrika war nie in der Lage, diese Funktion zu erfüllen, weil es an der Schwelle

5 Hourani, Albert, Der Islam im europäischen Denken, 1994 Frankfurt a.M., S. 39.

der Weltgeschichte stehen geblieben ist.[6] Die Rassentheorie von Joseph Arthur Graf von Gobineau und der Sozialdarwinismus von Herbert Spencer vollendeten das ideologische Konstrukt des Eurozentrismus.

Ernest Renan (1823-1892), ein französischer Bibelforscher und Orientalist, verband die kulturelle Hierarchisierung mit dem Rassenbegriff. Von den Semiten sprechend schreibt er von

> der schrecklichen Schlichtheit des semitischen Geistes, die den menschlichen Verstand jeder subtilen Vorstellung, jedem feinsinnigen Gefühl, jedem rationalen Forschen unzugänglich macht, um ihm die immergleiche Tautologie „Gott ist Gott" entgegenzuhalten.[7]

In einem Vortrag an der Sorbonne in Paris am 29. März 1883 mit dem Titel: *Der Islam und die Wissenschaft* rechnete Renan mit der islamischen Zivilisation und der islamischen Religion ab. Er sagte:

> Jede Person, die nur einigermaßen an dem Geistesleben unserer Zeit theilnimmt, erkennt deutlich die gegenwärtige Inferiorität der mahomedanischen Länder, den Niedergang der vom Islam beherrschten Staaten, die geistige Nichtigkeit der Rassen, die einzig und allein ihre Kultur und ihre Erziehung jener Religion verdanken. Wer immer im Orient oder in Afrika gereist ist, dem musste die Wahrnehmung sich aufdrängen von der thatsächlichen Geistes-Beschränktheit eines wahrhaft Gläubigen, von jener Art eisernen Reifens, der um sein Haupt geschlagen ist und dasselbe der Wissenschaft geradezu verschliesst, es unfähig macht, irgend etwas zu lernen, irgend eine neue Idee in sich aufzunehmen. So wie es in seine Religion eingeweiht ist, um das zehnte bis zwölfte Lebensjahr, wird das muselmännische Kind, das bis dahin zuweilen noch ziemlich geweckt war, plötzlich fanatisch, von jenem Dünkel gesättigt, es besitze Alles, was ihm als die absolute Wahr-

6 Hegel, G. W. F., Vorlesungen über die Theorie der Geschichte, Frankfurt a. M. 1970, S. 129.

7 Renan, Ernest, De la part des peuples sémitiques, in: Œuvres complètes, Bd I, Paris 1942, S. 946, zitiert in: Hourani, ibid., S. 43.

heit gilt, wie über ein Vorrecht über das glücklich, was gerade seine geistige Inferiorität ausmacht.[8]

Weiter sagte Renan:

> Der Islam [...] ist unter den verschiedenen Formen des semitischen Monotheismus tausend Meilen von alle dem entfernt, was man Rationalismus oder Wissenschaft zu nennen pflegt.

Nachdem er die Leistung der Araber in der islamischen Zivilisation verleugnete und versuchte zu zeigen, dass alle kulturellen Leistungsträger dieser Zivilisation der arischen Rasse angehören, wie Perser, Spanier, Transoxiner, Männer aus Buchara, Samarkand, Cordoba, Sevilla, nahm er sich die Türken vor. Er teilte die islamische Geschichte in zwei Perioden und sagte:

> Der Islam hat in der That die exakte Wissenschaft, und die Philosophie stets verfolgt; er hat sie schliesslich erstickt. Nun sind in dieser Beziehung zwei Perioden in der Geschichte des Islam zu unterscheiden; die eine von dessen Beginn bis zum zwölften Jahrhundert; die andere vom dreizehnten Jahrhundert bis auf unsere Tage. In der ersten Periode ist der Islam von Sekten und einer Art Protestantismus, dem Motaselismus durchsetzt, und viel schwächer organisiert und weniger fanatisch als in der zweiten Periode, nachdem er in die Hände tartarischer [d.h. türkischer, Anm. R.G.] und berberischer Völkerschaften gefallen, plumper, roher und geistloser Rassen. [...] Der Islam war liberal, als er schwach war; er war gewaltsam, als er stark war.

Der Vortrag wurde im *Journal des débats* veröffentlich. Jamal al Din al-Afghani (1839-1897) der große Islamreformer des 19. Jahrhunderts, der zu dieser Zeit in Paris weilte, antwortete in der glei-

8 Der Islam und die Wissenschaft. Der Disput zwischen Ernest Renan und Jamal al-Din al-Afghani 1883. In: Themenportal Europäische Geschichte (2007), URL: http://www.europa.clio-online.de/2007/Article=275. [8. April 2010] alle folgende Zitate sind aus dieser Quelle.

chen Zeitung umgehend. In seiner Antwort gab er Renan in vielen Punkten Recht:

> In Wahrheit hat die mahomedanische Religion die Wissenschaft zu ersticken und ihre Fortschritte zu hindern sich bemüht. Es ist ihr gelungen, die geistige oder philosophische Bewegung zu hemmen und die Geister von der Erforschung wissenschaftlicher Wahrheit abzuhalten. Ein solcher Versuch, wenn ich mich nicht täusche, ist auch seitens der christlichen Religion gemacht worden und die verehrten Häupter der katholischen Kirche haben meines Wissens die Waffen noch nicht niedergelegt. Sie fahren fort, mit Eifer gegen das zu kämpfen, was sie den Geist des Schwindels und des Irrthums nennen.

Weiter relativierte er die Kritik am Islam aus einer historisch evolutionären Perspektive, er schrieb:

> Wenn ich nun aber bedenke, dass die christliche Religion um mehrere Jahrhunderte früher in der Welt aufgetreten ist als die mahomedanische, dann kann ich mich der Hoffnung nicht entschlagen, dass auch die mahomedanische Gesellschaft eines Tages dazu gelangen wird, ihre Fesseln zu brechen und entschlossen auf der Bahn der Civilisation fortzuschreiten nach dem Beispiel der abendländischen Gesellschaft, für welche der christliche Glaube trotz seiner strengen Gesetze und seiner Intoleranz kein unüberwindliches Hinderniss gewesen ist.

Renan zeigte sich von der Replik Afghanis beeindruckt und schrieb in seinem Kommentar:

> Es ist ausserordentlich lehrreich, die Denkweise des aufgeklärten Asiaten in ihren aufrichtigen und ureigenen Darlegungen also kennen zu lernen.

Er versuchte aber die Replik in seiner Argumentation zu vereinnahmen:

> Der Scheik Jemmal Eddin ist ein Afghane, der von den Vorurtheilen des Islam völlig frei geworden; er gehört jenen kräftigen Rassen des oberen, an Indien grenzenden Iran an, in denen der arische Geist noch so energisch unter der dünnen Hülle des officiellen Islam fortlebt. Er ist selber der beste Beweis jenes grossen Axioms, das wir so oft proklamiert haben, dass die Religionen das werth sind, was die Rassen werth sind, die sich zu ihnen bekennen.

Renans Rede wurde von muslimischen Studenten in Paris ins Arabische, Türkische, Persische und Russische übersetzt und rief heftige Entrüstung unter den muslimischen Gebildeten hervor, die leidenschaftliche Gegenreden verfassten. Birgit Schäbler kommentiert:

> Er [Afghani] ließ seine aufgeklärte, liberale Kritik an der Religion, einschließlich des Islams, in der islamischen Welt nicht veröffentlichen, um sein (islamisches) Reformprogramm nicht zu gefährden. In Europa ein Skeptiker, gab er sich in der islamischen Welt als gläubiger Verfechter des Islams aus. Und so richtete sich all die Empörung nur gegen Renans Angriff auf den Islam, und eine ernsthafte Auseinandersetzung in der islamischen Welt um die Frage des Verhältnisses von Religion und Wissenschaft hat bis in die jüngste Zeit nicht statt gefunden.[9]

Die islamische Modernisierung

Diese geistesgeschichtliche Episode der Auseinandersetzung zwischen Orient und Okzident reflektiert den Wendepunkt in der Beziehung zwischen Ost und West. Der Westen, der Anfang des 19. Jahrhunderts an seinen angeblichen zivilisatorischen Auftrag glaubte, verzichtete nun darauf und beabsichtigte, die Rückständigkeit der Kolonien zu bewahren, um diese besser zu beherrschen und auszubeuten. Das fand seinen Niederschlag in der Kolonialtheorie

9 Schäbler, Birgit: Religion, Rasse und Wissenschaft. Ernest Renan im Disput mit Jamal al-Din al-Afghani. In: Themenportal Europäische Geschichte (2007), URL: http://www.europa.clio-online.de/2007/Article=274.

der Kooperation, die die Theorie der Assimilation ablöste.[10] Die orientalischen Eliten andererseits, die ebenfalls an diesen Auftrag glaubten und eine moralische Unterstützung vom Westen erwarteten, waren enttäuscht und alarmiert. Deshalb spielte diese Episode eine außerordentliche Rolle in der Neugestaltung der geistigen Strömungen in der islamischen Welt.

Drei Strömungen kristallisierten sich im osmanischen Reich heraus, die sich für die Wiederherstellung der verlorenen Macht und Größe einsetzten. Sie beschäftigten sich alle mit der Beziehung zwischen Ratio, Wissenschaft und Säkularismus auf der einer Seite und Glaube, Religion und Gottesstaat auf der anderen Seite.

Die alte Strömung der Jung-Osmanen, die bislang die Reformen des Reiches vorantrieb und die für einen osmanischen Nationalstaat mit vielen Völkern eingetreten war, verwandelte sich in die nationalistische türkische Bewegung der Jungtürken. Ihr Enthusiasmus dem überlegenen westlichen zivilisatorischen Modell gegenüber blieb ungebrochen. Nur durch die Nachahmung des westlichen säkularen Vorbilds und die Übernahme seiner Wissenschaften ist eine Modernisierung bzw. Erstarkung des Staates möglich. Deshalb stand die Verdrängung der Religion bzw. der Scharia nach wie vor auf ihrer Tagesordnung. Diese Strömung war erfolgreich und gründete mit Kemal Atatürk die moderne Türkei. Im Jahre 1924 wurde das Kalifat abgeschafft und 1926 ein laizistischer Staat ausgerufen, Alle Spuren der Scharia wurden getilgt und die Religion aus dem öffentlichen Raum vertrieben.

Die zweite Strömung war religiös orientiert. Auch sie sah die Notwendigkeit der Übernahme der Wissenschaften des Westens und seiner Rationalität ein. Ihre Gallionsfigur war al-Afghani selber. Die Frage, die ihn und seine Anhänger beschäftigte, war allerdings die Art und Weise der Übernahme. Eine unreflektierte Nachahmung des westlichen Modells, wie sie von der nationalistischen Strömung betrieben wird, kann den gewünschten Zweck nicht erreichen, weil es sich schließlich um ein gesamtzivilisatorisches Phänomen handelt, das auf einem System einer sozialen Sittlichkeit basiert.[11] Die soziale Sittlichkeit wird im Orient von der Religion bzw. dem Islam

10 Vgl. Betts, Raymond F., Assimilation and Association in French Colonial Theory, 1890-1914. Nebraska 2005.

11 Hourani, Albert, Arabic Thought in the Liberal Age 1798-1939, Oxford 1970, S. 114.

geliefert, deshalb muss die Reform der Gesellschaft zuerst bei der Reform der Religion ansetzen. Daher ist diese Strömung in der Literatur als die Strömung der Islamreformer bekannt.

Die Denker dieser Strömung machen sich gerne die Kritik zu Eigen, die die westlichen Freidenker an ihrer christlichen Religion äußern, wonach das Christentum irrational und der Feind von Wissenschaft und Fortschritt war.[12] Der Islam dagegen harmonisiert, wie sie meinen, mit der Ratio und der Wissenschaften, die unter seiner Herrschaft eine früher unbekannte Blüte erreichten. Der Niedergang der islamischen Zivilisation begann, als die Muslime sich von ihrer Religion entfernten.[13] Die Erneuerung der islamischen Gesellschaften findet durch eine Rückkehr zum wahren Islam statt. Das bedeutet die Versöhnung der Religion mit der Ratio. Für al-Afghani führen Philosophie und Rationalität genau wie Offenbarung und Glaube zur Wahrheit, beide Wege können sich daher nicht widersprechen.

Die Reform der Religion geschieht durch die Bekämpfung des Aberglaubens, die Reinigung von mystischen Fremdelementen und vor allem die Wiederaufnahme der Koranexegese, die im 10. Jahrhundert aufgehört hat. Seitdem galt in religiösen Fragen die Nachahmung. Die Altvorderen haben den Koran nach den Gegebenheiten ihrer Zeit verstanden, uns steht nun zu, den heiligen Text im Lichte der modernen Wissenschaften zu interpretieren, meinte al-Afghani. Es gibt keinen Widerspruch zwischen Religion und Naturwissenschaften, wenn dies scheinbar geschieht, dann muss die Religion neu interpretiert werden.[14] Mit seiner neuen Exegese ging al-Afghani soweit, dass er sogar das Ablegen des Kopftuches und den moderaten Zins akzeptierte.

Die Strömung der Islamreformer setzte sich für Demokratie und einen Verfassungsstaat ein und war daher mit der Strömung der Nationalisten politisch verbündet. Sie wollte allerdings den Islam als moralisches Gerüst beibehalten, nicht aber als Scharia-System. Die Scharia sollte weiter nur im Familien- und Erbrecht gelten. Nach der Abschaffung des Kalifats durch die Nationalisten 1924 entzweite sich diese Strömung. Eine Richtung wollte den Kalifatsstaat wiederherstellen und mündete bei der Muslimbruderschaft, sie wurden

12 Ibid., S. 123.
13 Ibid., S. 129.
14 Amin, Ahmad, *Zu'amâ' al-islâh fi al-'asr al-hadîth,* Beirut nn, S. 114.

als Salafi-Reformer bekannt. Die zweite Richtung, bekannt als Liberalreformer, gründete den modernen säkularen Staat und außer in der Türkei behielt sie die Scharia im Familien- und Erbrecht.

Die dritte war die reaktionäre Strömung der Islamisten, die sich gegen den Säkularismus wehrte und sich für die Wiederherstellung des alten Zustandes einsetzte. Die Niederlagen des Reiches, die Flut von türkischen Flüchtlingen aus den verlorenen Gebieten sowie ihre Horrorgeschichten über die begangenen Grausamkeiten gegen Muslime durch die Christen schafften eine negative Stimmung gegen die Reformen, die gerade die Gleichstellung von Christen und Juden mit Muslimen realisierten und die Scharia verdrängten. Die Masse der Bevölkerung sehnte sich nach den angeblich guten alten Zeiten der islamischen Herrschaft. Sultan Abdulhamid (1842-1918) nutzte diese Stimmung, um das Parlament aufzulösen, die Verfassung außer Kraft zu setzen und eine panislamische Politik über die Grenzen des Reiches hinaus zu betreiben. Der Sultan wollte seine autokratische Herrschaft befestigen und die europäischen Mächte, die über die muslimischen Völker herrschten, abschrecken. Dafür unterstützte er die Ulama finanziell, förderte die Gründung von religiösen Schulen, nutzte sein in den Friedensverträgen festgehaltenes Recht, Kadis und Imame in den verlorenen Gebieten zu ernennen und stärkte seine Kontakte zu den Muslimen in aller Welt.[15] Trotz dieser Islamisierung behielt der Sultan die Reformen bei und setzte die Modernisierung des Reiches fort.[16]

Die panislamistische Politik des Sultans konnte trotz alledem, die nationalistischen Jungtürken nicht daran hindern, 1908 die Macht zu ergreifen und die Verfassung von 1876 wieder in Kraft zu setzen. Die Islamisten begannen öffentlich gegen die Verfassung zu demonstrieren, wahrscheinlich mit Unterstützung des Sultans. Sie behaupteten, dass der Niedergang des Reiches durch die Entfernung seiner islamischen Grundlagen verursacht wurde. Der Islam sei in der Lage, alle Anforderungen der Moderne zu erfüllen und die Scharia kann alle modernen sozialen und politischen Gegebenheiten erfolgreich organisieren. Aus dem Westen brauche man nur die Technologie zu entleihen.[17]

---

15 Shaw, Stanford J., &Shaw, Ezel Kural, History of the Ottoman Empire and Modern Turkey, Cambridge 1977, Vol.II, S. 157, 259-260.

16 Ibid., S. 221 ff.

17 Ibid., S. 278 ff.

Einer der vielen islamischen Agitatoren, Hafiz Derwisch Wahdeti, gründete die Organisation der islamischen Einheit *(ittihadi Muhammedi cemiyyeti)*, um die Verfassung durch die Scharia zu ersetzen und den Staat mit dem Islam zu modernisieren. Er publizierte eine Zeitung namens „Vulcano". Die Agitation mündete in der Konterrevolution von 1909. Sie wurde von den Jungtürken geschlagen, der Sultan wurde abgesetzt, die Macht seines Nachfolgers ganz abgeschafft und die Organisation der islamischen Einheit aufgelöst, ihr Führer hingerichtet, die Zeitung geschlossen. Ihre Ideologie sollte trotzdem überleben. Shaw schreibt:

> Obwohl die Partei aufhörte zu existieren, ihre Philosophie wirkte mit Said Nursi (1876-1960) fort, der eine Gruppe von religiösen Reaktionären namens „Anhänger des Lichtes" (nurcu) anführte. Bis zu seinem Todestag tief in der republikanischen Ära befürwortete Nursi die Wiederherstellung der religiösen Autokratie.[18]

Said Nursi schrieb übrigens in der Zeitung Vulcano. Nicht nur die Nurculuk von Said Nursi, sondern auch andere islamistische Bewegungen und Intellektuelle führten den Kampf gegen den Säkularismus weiter, wie die Wissenschaftlich-islamische Organisation *(cemiyyet-i illmiyye-i islamiye)* oder die Gruppe um Mehmet Akif, die die Monatszeitschrift *Der gerade Pfad (sirat-i müstakim)* veröffentlichte. Sie alle glaubten, dass der Westen mit der Säkularisierung das islamische Wertesystem verdorben hat. Die islamischen Werte müssten erhalten bleiben, vom Westen darf man nur die Naturwissenschaften und die Technologie übernehmen und nichts anderes.[19]

Said Nursi

Said Nursi (1876-1960) teilt sein Leben selber in zwei Phasen. Die erste unter der osmanischen Herrschaft, in der er eher kämpferisch-agitatorisch war, und die zweite ab 1922-24 unter dem säkularen Kemalismus, in der er aufklärerisch-subversiv war. In beiden Phasen und in seinem ganzen Leben hat Said Nursi den Säkularismus

18 Ibid., S. 304.
19 Ibid.

bekämpft. Er wollte immer das islamische Wertesystem in Staat und Gesellschaft wiederherstellen. In der ersten Phase bei der Restaurierung der schariagemäßen Macht des Sultans, in der zweiten Phase, als die Repression groß war, durch die Erhaltung der schariagemäßen Religiosität in der Gesellschaft.

Der Soziologe Serif Mardin analysiert die Krise der türkischen Gesellschaft infolge ihrer „Technisierung“ und schreibt:

> Die Art von Nationalismus, die sich in der technisierten Gesellschaft entwickelte, blockierte die Verbindung der Muslime zur Vergangenheit.

Das kollektive Gedächtnis der islamischen Umma wurde zerstreut. Der Nationalismus vernachlässigte den kulturellen Reichtum und die soziologischen Funktionen, die die Bürger am Leben halten. Er schreibt weiter:

> Allgemeiner gesagt können wir sagen, dass das, was der Islam bis zur Zeit der Republik ordnete, und womit sich die Republik nicht weiter befasste, der „Alltag“ der Bürger war. Die islamische Kultur befasste sich mit dem „Alltag“ eines Menschen in detaillierter Weise, doch in der Republik waren diese Dinge nun offen.

Serif Mardin schlussfolgert:

> ...die heutigen Muslime benötigen in der modernen Welt einen Wegweiser, um sich in ihrem Alltag zurecht zu finden. Nursi hat dies verstanden. Dieser Wegweiser muss Anleitungen beinhalten, die die Muslime einerseits mit der Vergangenheit verbinden und zur gleichen Zeit die „Gegenwart“ ordnen. [20]

Der Ausgangspunkt der Überlegungen Nursis bildet die Behauptung, dass der Koran das gesamte Wissen enthält. Jede denkbare

---

20 Mardin, Şerif, Gedanken aus der Sicht der Religionssoziologie, in: Schmitt, Cäcilia (hrsg.), Der aufgeklärte Islam. Aufkommen – Ideen – Niederschlag. Das Paradigma des Said Nursi, Stuttgart 2007, S. 71-78, gilt für alle Zitate dieses Absatzes.

Disziplin und jede mögliche Art des Wissens ist im Koran zu entdecken. Deshalb muss Nursi rückwirkend beweisen, in welcher Weise die modernen kulturellen Errungenschaften im Koran angekündigt werden.[21] Für die Verwirklichung dieses Vorhabens verzichtet er auf die Anwendung der autonomen Vernunft, die, wenn sie getrennt von der Offenbarung handelt, den Status eines Partners von Gott, also eines Götzen annimmt *(shirk)*.[22] Das erklärt, warum er im Gegensatz zu den Islamreformern oder den christlichen Theologen die Philosophie ablehnt.[23] Nursi akzeptiert nur die abhängige Vernunft im Dienst des Glaubens, weil sie helfen kann, die Offenbarung im Koran zu bestätigen und besser zu erkennen und zu verstehen.[24] Nursi schreibt über seine Methode:

> Als wunderbare Kunstwerke und Einzigartigkeiten der Wissenschaften, welche Ergebnisse des menschlichen Fortschritts sind, sind Flugzeuge, Elektrizität, Eisenbahn, Telegraf u. dgl. Dinge in Erscheinung getreten und haben im täglichen Leben der Menschen einen großen Platz eingenommen. Der weise Qur'an, der zur ganzen Menschheit spricht, sollte doch diese Dinge auf gar keinen Fall unerwähnt gelassen haben. Und er hat sie in der Tat nicht unerwähnt gelassen. Er hat in zweierlei Art auf sie hingewiesen: Erster Hinweis: Durch die Wunder der Propheten [...] Zweiter Hinweis: Er weist durch manche Erzählungen aus der Geschichte auf sie hin."[25]

Mit Wundern sind Geschichten gemeint, wie die des Stabes mit dem Moses Wasser aus dem Felsen entspringen ließ. Das soll ein Hinweis auf moderne Bewässerungstechnologien sein.[26] Mit Erzählungen sind Verse wie dieser gemeint: „und wir machten für ihn das Ei-

21 Cobb, Kelton, Nursi und Paul Tillich. Vernunft und Offenbarung, in: Schmitt, ibid., S. 169.
22 Ibid., S. 171.
23 Vahide, Sükran, Der Dialog und seine Voraussetzungen im Denken und Handekn von Bediuzzaman Said Nursi, in: Aries, Wolf & Ülker, Rüstem, Dietrich Bonhoeffer, Alfred Delb und Said Nursi: Christentum und Islam im gegenüber zu den Totalitarismen, Münster 2004, S. 68. Nursi, Said, Worte, S. 231.
24 Cobb, ibid., S. 171.
25 Nursi, Said, Worte, Köln nn, S.437.
26 Zitiert in Cobb, ibid., S. 176.

sen weich“ (34:10). Darin sieht Nursi den Hinweis auf alle materialverarbeitenden Kunst- und Handwerksbetriebe.[27]

Ein Zeitgenosse Nursis, der Ägypter Tantawi Jawhari (1859-1940), der später einige Zeit lang das Zentralorgan der ägyptischen Muslimbrüder leitete, glaubte auch die Existenz der Wissenschaften im Koran nachweisen zu können. Er leistete Pionierarbeit in diesem Feld und veröffentlichte 1922 eine zwanzigbändige Exegese des Korans. Er wollte, wie er im Vorwort zu seinem Werk schreibt, die Muslime dazu bewegen, sich den westlichen Wissenschaften zu öffnen und sie zu übernehmen, damit sie den Westen zivilisatorisch übertreffen. Er schreibt auch, dass das islamische Recht auf circa 150 eindeutigen Versen im Koran basiert. Dagegen wurden die 750 Verse, die vom Universum *(al-kawniyyât)* handeln, bislang ignoriert. Sie wurden bislang als Anregung zur Bewunderung der Schöpfung und nicht als Quelle des wissenschaftlichen Wissens von den traditionellen Exegeten betrachtet. Der Ansatz Jawharis war anfangs unter den Muslimen sehr umstritten.[28] Heute haben die Islamisten diese Art des Umgangs mit dem Koran durchgesetzt. Überall beschäftigen sich muslimische Gremien damit, die Spuren neuer weltlicher Entdeckungen im Koran nachzuweisen.

Die Methode Nursis beschränkt sich jedoch nicht darauf, halsbrecherische geistige Akrobatik zu vollziehen. Sie geht einen Schritt weiter und setzt die Naturwissenschaften in Beziehung mit den im Koran erwähnten 99 Namen Gottes, was ihr eine seriöse theologische Glaubwürdigkeit verleiht.[29] Nursi schreibt:

> Dieses Universum zeigt mit allem, was in ihm ist, wie viele verborgene geistige Schätze sich in jedem seiner schönen Namen (Esma-i husna) finden und wie viel subtiles in jeder Bezeichnung seiner Heiligkeit verborgen ist. Es zeigt auf diese Weise, dass alle Wissenschaften, mit all ihren Prinzipien dieses kosmische Buch seit Adams Zeiten studieren.[30]

27 Ibid., S. 442.
28 Ennaifer, H'mida, Les commentaires coraniques contemporains. Analyse de leur méthodologie, Rom 1998, S. 55.
29 Cobb, ibid., S. 177 ff.
30 Nursi, ibid., S. 1037.

Weiter schreibt er:

> Genauso hat der urewige Designer diesen Kosmos in einer solchen Weise entworfen und gezeichnet, das alles, was da ist, in vielerlei Hinsicht Seine unendliche Vollkommenheit, Seine Namen und Seine Eigenschaften bekannt gibt und zum Ausdruck bringt, um Seine Vollkommenheit, Seine Schönheit und die Wahrheit Seiner Namen aufzuzeigen.[31]

Das klingt sehr kreationistisch. Mit dieser Methode werden die Wissenschaften von der Offenbarung vereinnahmt und die Rationalität vom Glauben. Die Moderne existiert schon im Islam, ist ein wesentliches Element davon. Deshalb braucht der Islam keine Modernisierung und keine Reform. Eine Position, die die Islamisten übrigens auch vertreten. Anhand vieler Beispiele wird die Vereinnahmung demonstriert, eines davon:

> Ein Teil der Schüler des Gymnasiums in Kastamonu besuchte mich. Sie sagten: „Unterrichte uns bitte über unseren Schöpfer. Unsere Lehrer in der Schule sprechen von Allah überhaupt nicht." Ich sagte ihnen: Jede Wissenschaft, die euch in der Schule gelehrt wird, spricht ständig auf ihre eigene Art von Allah und unterrichtet über den Schöpfer. Wendet also eure Aufmerksamkeit dieser und nicht den Lehrern zu.[32]

Yvonne Yazbek Haddad vergleicht die islamischen Strömungen und schreibt:

> Während 'Abduh [Schüler von Afghani, ein Islamreformer] dafür kämpfte, den Islam zu modernisieren und Qutb [Muslimbruder, ein Islamist] die Moderne islamisieren wollte, zielte Nursis Entwurf darauf ab, zu zeigen und einen Lebensweg zu entwerfen, der beweist, dass der Islam die Moderne einschließt und dass der Islam das Moderne und Traditionelle verbindet.[33]

31 Ibid., S.1038. Siehe auch S. 577: Vierundzwanzigste Wort: Die Namen Gottes.
32 Nursi, ibid., S. 274.

Das bedeutet die Vereinnahmung der Moderne und nicht die Reform der Religion. Agai spricht in Folge von Leif Stenberg von Islamisierung des Wissens.[34] Wenn Said Nursi kein Islamreformer ist und wenn seine Haltung eher dem Lager der Islamisten zuzuordnen ist, dann muss man sich die Frage stellen, ob er trotzdem als ein Modernisierer betrachtet werden darf?

Said Nursi hat ohne Zweifel zur Versöhnung mancher Muslime mit den modernen Wissenschaften beigetragen. Er wollte das Bildungssystem reformieren, die religiösen Schulen für die Wissenschaft öffnen und eine Universität wie al-Azhar[35] mit religiösen und profanen Wissenschaften gründen lassen. In diesem Sinne ist er ein Bildungsreformer genau wie der oben erwähnte Abdu. Nursi scheiterte jedoch mit seinem Vorhaben, Abdu dagegen schaffte es, al-Azhar mit seiner größten muslimischen Universität jener Zeit zu reformieren. Hier hört die Gemeinsamkeit Nursis mit den Islamreformern auf. An der Anwendung der Vernunft trennen sich die Wege beider Richtungen.

Das wird klar anhand ihrer Haltung dem Hadith gegenüber. Die Hadithe sind die Überlieferung von Aussprüchen und Taten des Propheten, die die Sunna bilden, die zweite Quelle des islamischen Glaubens nach dem Koran. Das Problem mit den Hadithen liegt darin, dass sie zweihundert Jahre nach dem Ableben des Propheten gesammelt wurden. Nicht nur ihre Authentizität wird in Zweifel gezogen, sondern auch ihre Kohärenz, da sie in sich oft widersprüchlich sind. Die Orientalisten, ausgehend von ihrer rationalen historisch-kritischen Methode, betrachten die Sunna als nicht authentisch. Viele moderne Islamreformer tun es auch nicht, nachdem sie die heilige Sunna den Erfordernissen der autonomen Vernunft unterziehen. In seiner Koranexegese, *tafsîr al-manâr*, hat Abdu das Heranziehen des Hadith für die Interpretation des Korans weitgehend vermieden. Said Nursi hingegen stützt sich in seiner Koranexegese, *risale-i nur*, ausführlich auf die Sunna. Er akzeptiert sie als ganzes und deutet sie auf dieselbe Art, wie er den Koran deutet. Er schreibt:

---

33 Haddad, Yvonne Yazbek, Entfremdung als Paradigma für das Leben der Muslime, in: Schmitt (Hrsg.), ibid., S.320.

34 Agai, ibid., S. 207.

35 Nuri, Said, Saiqal al-Islam, Kairo 2002, (3. ed. Die erste 1995) S. 427-428.

> So wie der Qur'ân Allegorien enthält und durch sie das einfache Volk mit Vergleichen und Metaphern über sehr tiefe Dinge unterweist, so finden sie auch in den Hadîthen Allegorien, die sehr tiefe Wahrheiten mit vertrauten Vergleichen zum Ausdruck bringen.[36]

Bei diesem Umgang mit der Sunna bemüht er sich gleichzeitig darum, die Widersprüche in der Sunna zu glätten und herunterzuspielen.[37]

Said Nursi ist bestimmt kein Modernisierer des Islam. Said Özervarli schreibt:

> Wenngleich er sich zur Ihyâ' Tradition des Islams zählte, war Nursi kein Modernisierer im westlichen Sinne. Er richtete sich immer noch nach den traditionellen Islamwissenschaften. Obwohl er für die Erklärung der islamischen Prinzipien einen neuen Stil und eine neue Sprache verwendete, akzeptierte er selbst bei praktischen Themen keine Veränderung des klassisch islamischen Erbes.[38]

Die *ihyâ'*- Tradition geht auf al-Ghazali im 11. Jahrhundert zurück, der den Islam tatsächlich erneuert hat. In seinem für den islamischen Glauben wichtigem Werk *Die Wiederbelebung der islamischen Wissenschaften, ihyâ' 'ulûm al-dîn,* und in seinen anderen Werken erneuerte er die Religion durch die Bekämpfung der Vernunft und ihre Zähmung im Dienst des Glaubens. Er zwang die Ratio in den Dienst der Offenbarung. Nursi verfolgte ein ähnliches Ziel wie al-Ghazali.[39] Er wollte in der ersten Phase seines Lebens genau wie al-Ghazali die islamischen religiösen Wissenschaften durch Bekämpfung der autonomen Vernunft wiederbeleben. In der zweiten Phase seines Lebens nach 1922 ergänzte er seinen Ansatz mit der Vereinnahmung der modernen Wissenschaften durch die Religion. Und schließlich, wie al-Ghazali, der den Sufismus mit dem orthodoxen Islam versöhnte, hat Nursi, der vom Sufismus geprägt

36 Nursi, Said, Blitze, S. 178.

37 Charqia, Abdullah, *Manhaj Badî' al zaman al-Nursi fi als islâh al-dîni*, Beirut 1998, S. 75-76.

38 Özervarli, Said, Islamisches Denken in der Gegewart, in: Schmitt (Hrsg.), ibid., S. 430.

39 Ibid., S. 434.

war, eine Harmonie zwischen Verstand und Herz zu realisieren versucht.[40] Damit war er ein Erneuerer der Religion und des Glaubens, wie es al-Ghazali einmal war.

In Europa bezeichnet der Begriff Modernismus eine starke Strömung des 19. und frühen 20. Jahrhunderts, die theologische Aussagen mit dem damaligen Erkenntnisstand der modernen Wissenschaft und Philosophie in der Weise zu verbinden suchte, dass sich die kirchliche Lehre diesen Erkenntnisstand zu eigen machen sollte. Der Modernismus favorisierte eine bestimmte Anwendung der historisch-kritischen Exegese in Bibelauslegung und Dogmengeschichte, um der Kirche durch eine Anpassung an das damalige Weltbild den Anschluss an die Moderne zu ermöglichen. Ein Befürworter des Modernismus war eben Ernest Renan, der ein sehr berühmtes Werk über das Leben Jesu verfasste. Spuren dieses modernistischen Ansatzes findet man im Orient bei den Islamreformern, nicht bei Said Nursi und seinen Anhängern.

Fethullah Gülen

Bekim Agai schreibt:

> Die spezifische Interpretation Gülens von Said Nursis Vorstellungen zum Verhältnis von Wissenschaft und Offenbarung stellt den Ausgangspunkt des Gülen-Diskurses dar. (Gleichzeitig bilden diejenigen, die sich diesem Diskurs verbunden fühlen, auch den Kern seines Netzwerkes.)[41]

Gülen setzt die Arbeit von Nursi fort, verschiebt aber den Schwerpunkt auf die Bereiche Netzwerk und Bildung, da er kein Theologe, sondern eher ein Prediger ist. Das Netzwerk der Nurculuk war ziemlich geschlossen und konzentrierte sich hauptsächlich auf die religiöse Erziehung seiner Anhänger (S.79-81).[42] Es entstand in der Phase der forcierten Säkularisierung in der Türkei, die bis 1950 ging und in der die Religion aus der Öffentlichkeit verdrängt wurde (S.

40 Kuspinar, Bilal, Das Wesen des Menschen bei Mevlana Dschelaladdin und Said Nursi, in: Schmitt (Hrsg.), ibid., S. 214.
41 Agai, ibid., S. 356.
42 Die Seitenzahlen im Text beziehen sich auf das Werk von Bekim Agai.

54 ff.). Gülen dagegen profitierte von der einsetzenden Liberalisierung seit 1950, die das Eindringen der Religion in die Gesellschaft erlaubte (S. 78 ff.) und gründete ein offenes Netzwerk, das verschiedene Beziehungsarten zu seiner Umwelt ermöglichte. Er entwickelte auch mehrere Diskurse, die sich an unterschiedliche Teile der Öffentlichkeit wandten (S. 81 ff.).

Die Gestaltung des Netzwerkes stand in engerem Zusammenhang mit den Bildungsvorstellungen von Fethullah Gülen, denen das oben beschriebene Wissensverständnis Said Nursis zugrunde liegt (S. 195-196). Danach sind Naturwissenschaften und Islam untrennbar, weil das Studium der Schöpfung dem Menschen erlaubt, die Namen Gottes bzw. Gott selber besser zu kennen. Das Studium ist daher eine Pflicht und wird zu Gottesdienst. Das erklärt, warum in den Bildungseinrichtungen die Religion keinen Schwerpunkt zu bilden braucht, mit der Konsequenz, dass deswegen ein falscher, liberal-säkularer Eindruck vermittelt wird. Die Aneignung des reinen religiösen Wissens bleibt das Hauptanliegen der Bewegung, wird aber auf andere Einrichtungen des Netzwerkes verlagert, insbesondere auf die Lichthäuser, die den Kern des gesamten Netzwerkes bilden.

Ausgehend von diesem Wissensverständnis definiert Gülen das Bildungsziel als Dienst, *hizmet*. Der Mensch als Gottes Knecht hat Gott zu dienen. Das geschieht nicht nur in der Beachtung von religiösen Geboten und Verboten, d.h. Scharia-Vorschriften, und der Erfüllung religiöser Pflichten, *'ibâdât*, sondern auch durch den Dienst an den Menschen. Gülen sagt: „Hizmet bedeutet i'lâ'i kalimatullah", d. h. Erhöhung von Gottes Wort, was bedeutet: Die Verbreitung des Islam. Gülen schreibt:

> Es mag verschiedene hizmet-Systeme geben. Der eine eröffnet einen Korankurs, der andere hält in der Moschee sohbets, und wieder ein anderer gibt Unterricht im Sufismus. Weil ich hizmet, welches auf Bildung und Kultur abzielt, als sinnvoller ansehe, versuche ich mit allem, was ich kann, Menschen die himmet (Unterstützung der religiösen Sache) leisten, in diese Richtung zu leiten."[43]

Wer *hizmet* leistet, leistet *da'wa*-Arbeit. *Da'wa* ist der Begriff für die

43 Zitiert in Agai, ibid., S. 232.

islamische Mission. Die *da'wa* ist mehr als eine allgemeine Pflicht der muslimischen Gemeinschaft, lehrt Gülen, sie ist eine individuelle Pflicht und verlangt Opferbereitschaft. Er schreibt:

> Ferner muss der Mensch des hizmet alles Widrige aus seiner Hand stoßen können, das ihn von seiner daawa zurückhält.... Im Wesentlichen hat der Mensch der daawa außer in einigen bestimmten Situationen kein persönliches Leben.[44]

Die *da'wa oder hizmet* erfolgt durch *tebligh*, *irschâd* und *jihad. Tebligh* bedeutet die Verbreitung der islamischen Botschaft und *irschâd* die Rechtsleitung. Beide Begriffe sind eng verbunden. Vor einem nicht religiösen Publikum allerdings spricht Gülen nicht von *tebligh*, sondern von *temsil*, d. h. das Vertreten islamischer Prinzipien durch eigenes Verhalten, anders gesagt, den Islam vorleben (S. 235).

Diese verborgene Art, den Islam zu vermitteln, verleiht dem Gülen-Netwerk eine große Flexibilität. So hat Gülen in den 70er Jahren als Erster mit der Einrichtung der Nachhilfezentren, *dersanes,* Bildungsstätten ohne Religion auf ihren Lehrplänen errichtet (S. 150), später folgten säkulare Schulen ohne Religionsunterricht. Diese Einrichtungen schaffen ein günstiges Umfeld für die Rekrutierung von Anhängern und Mitgliedern für die Bewegung sowie eine wohlgesinnte und unterstützende Öffentlichkeit. Die verschiedenen Diskurse der Bewegung tragen auch zur Flexibilität bei und passen sich dem angesprochenen Publikum an. Für seine Anhänger und für die religiösen Kreise argumentiert Gülen religiös und sieht die Lösung der Probleme unserer Zeit in der Wiederbelebung der Religion und das Einhalten der religiösen Pflichten. Für das republikanisch-säkulare Publikum argumentiert Gülen national und die religiösen Pflichten werden zu ethischen gemacht (S. 257). Mit der Wendung zu einem internationalen Publikum nach 1994 und verstärkt nach seiner Einwanderung in die USA 1999 wird der Diskurs weniger antiwestlich und toleranter. Agai kommentiert:

> Zusammenfassend kann man sagen, dass die religiösen Diskussionsstränge im Werk Fethullah Gülens gleich blei-

44 Zitiert in ibid., S. 233.

ben. Der Niedergang der eigenen Gesellschaft und seine Ursachen werden konstant gleich beschrieben, lediglich die Rhetorik wird vorsichtiger, nachdem Gülen angefangen hat, sich an ein größeres Publikum zu wenden. Die Lösung wird auch konstant in einer am Islam orientierten und der türkischen Nation verpflichteten Jugend gesehen[45]

Diese Mehrdeutigkeit des Diskurses wird nach innen von Gülen und seinen Anhängern weder thematisiert noch diskutiert (S. 257). Nach außen schafft sie Verwirrung und man fragt sich, ob die Bewegung progressiv oder traditionell, liberal oder fundamentalistisch, pietistisch, puritanistisch, calvinistisch, kreationistisch oder einfach islamistisch ist. Die nähere Betrachtung einiger Zentralbegriffe Gülens könnte uns etwas Klarheit verschaffen. Ich werde auf folgende Begriffe eingehen: Islamisierung des Wissens, interreligiöser Dialog, Dschihad, Menschenrechte, Demokratie und Scharia.

Islamisierung des Wissens

Wir sahen diesbezüglich bei Nursi zwei Vorgehensweisen, die eine ernsthaft theologische, die die Schöpfung an die Namen Gottes bindet und eine zweifelhafte, die im koranischen Text das Wissen über die Natur entdecken will. Gülen folgt Nursi und erbringt keine neue theologische Leistung, er setzt aber die zweifelhafte Koranexegese fort. Gülen zitiert z.B. die Verse 84:18-19 aus dem Koran:

> ...und bei dem Mond, wenn er voll wird, dass ihr sicherlich von einem Zustand (der Not) in den anderen versetzt werdet.

und schreibt:

> Frühere Kommentatoren verstanden diesen Vers ganz anders. Sie lasen ihn im übertragenen Sinne: Für sie ging es hier um das spirituelle Leben des Menschen, das man sich als einen Aufstieg von einer Stufe zur nächst höheren bzw. von einem Himmel zum anderen vorstellte [...] In

45 Ibid., S. 223.

Wirklichkeit aber bezeichnen die Wörter, die dem Schwur (bei dem Mond) folgen, tatsächlich die Reise zum Mond im wortwörtlichen wie auch im übertragenen Sinne, sofern man den unmittelbaren Kontext des Verses berücksichtigt.[46]

Ob das Ersetzen der Spiritualität durch die Pseudo-Wissenschaft eine Aufwertung des Korans darstellt, ist zu bezweifeln. Ein anderes Beispiel zeigt wie problematisch diese Methode ist. Gülen übersetzt die Verse (79:30-31) wie folgt:

> Und danach gab er der Erde das Aussehen eines Eies. Aus ihr brachte Er ihr Wasser und ihr Weideland hervor.

Schon in der Übersetzung stoßen wir auf das Problem. Rudi Paret übersetzt: „breitete danach die Erde aus“ Max Henning übersetzt: „und er breitete hernach die Erde aus.“ Die islamischen Quellen übersetzen ähnlich, z.B. die Website islamspirit.com: „Er ebnete dann die Erde.“ Gülen kommentiert:

> Das arabische Verb „daha“ bedeutet soviel wie, das Aussehen eines Eies verleihen und das hieraus abgeleitete Nomen „dahia“ bezeichnet das Ei selbst. Da in der damaligen Zeit die Sinneswahrnehmung diese wissenschaftliche Tatsache kaum akzeptieren konnte, interpretierten einige Experten das Wort fälschlicherweise als „ausbreiten“[47]

Das Problem von Gülen ist, dass kein einziges arabisches Lexikon, weder unter den klassischen noch unter den modernen, seine Erklärung bestätigt. Alle erklären *daha* mit ausbreiten und nennen die Erde als Beispiel. Es ist üblich, dass die arabischen Wörterbücher Beispiele aus dem Koran zitieren. Und alle sprechen von *adhia*, das ist die Vertiefung, die ein Strauß ausgräbt, um seine Eier zu legen. Der Wort *dahia* existiert nicht. Außerdem gibt es acht andere Verse im Koran, die vom Ausbreiten der Erde reden (13:3, 15:19, 50:7, 51:48, 84:3, 88:20, 91:6 und 71:19). In einem wird ausdrücklich mit dem Teppich verglichen: „71:19, Und Allah hat euch die Erde zu ei-

46 Gülen, Fethullah, Fragen an den Islam I, Izmir 2005 4. Auflage, S. 97-98.
47 Ibid., S. 98.

nem Teppich gemacht", in einem anderen mit der Matratze: „51:48: Und die Erde haben wir (wie eine Matratze) ausgebreitet. Wie trefflich haben wir (sie) geebnet!" Um Missverständnisse auszuschließen, werden mehrere Verben mit derselben Bedeutung von ausbreiten verwendet: *daha*, das wir schon kennen, dann *madda*, *farascha*, *sattaha* und *taha*.

Interreligiöser Dialog

Die Bilder von Gülen mit dem Papst und anderen christlichen Würdenträgern werden gerne verbreitet und sollen ihm Offenheit, Toleranz und Glaubwürdigkeit attestieren. Wir lesen aber in seinen Büchern:

> Was nun die Offenbarungen Gottes betrifft, so handelt es sich bei ihnen um die Worte Gottes. Der Koran ist die letzte Offenbarung und auch die einzige, die unverfälscht zu uns gelangt ist. [...] Auch die Thora, die Psalmen und das Evangelium sind Worte Gottes, jedoch nicht in ihrer jetzigen verfälschten Form.[48]

Diese traditionelle, orthodox islamische Auffassung wird ständig wiederholt. Die Frage, die sich stellt, lautet: Kann man die Wahrheit monopolisieren, andere Religionen beleidigen und mit ihnen Dialog führen?

Die Katholiken z.B. waren erst nach Vatikan II (1964) in der Lage, mit den Muslimen in Dialog zu treten, als sie auf das Monopol der Wahrheit verzichtet haben. Sie gestanden nämlich Menschen außerhalb der Kirche zu, ausdrücklich auch Muslimen, den Weg zu Gott zu finden. Dagegen beharren alle muslimischen Gelehrten einschließlich Fethullah Gülen, auf traditionellen Positionen. Die Teilnahme am interreligiösen Dialog allein bedeutet nicht viel. Dieser Dialog wird zurzeit von König Abdullah von Saudi-Arabien angeführt, das macht aus ihm noch lange keinen liberalen Muslim.

48 Ibid., S. 42.

Dschihad bedeutet sich auf dem Weg Gottes bemühen und wird traditionell in einen kleinen und einen großen Dschihad aufgeteilt. Der kleine Dschihad ist der Kampf für die Verbreitung des Islam, der friedlich als Teil der oben erwähnten *hizmet*, Dienst, oder auch bewaffneter Kampf sein kann. Gülen schreibt:

> In Wirklichkeit beinhaltet dieser Dschihad jede Handlung vom Sprechen bis hin zur Anwesenheit auf dem Schlachtfeld, vorausgesetzt, sie wird um die Sache Gottes willen ausgeführt.[49]

Der große Dschihad ist der Kampf mit sich selbst, um ein guter Muslim zu werden. Er ist mit den Worten Gülens der „Kampf des Menschen gegen sein fleischliches Selbst." Er fügt hinzu: „Diese beiden Formen des Dschihad sind untrennbar miteinander verbunden."
[50] Diese traditionelle Auffassung wird noch mal klar dargestellt:

> Der wahre Dschihad verknüpft die kleineren mit den größeren Seiten des Dschihads. Weder in der Vergangenheit noch in der Gegenwart haben die rechtschaffenen muslimischen Gelehrten und Persönlichkeiten jemals einen Unterschied zwischen diesen beiden Seiten gemacht."[51]

Dies Verständnis des Dschihad ist absolut und ewig:

> Der Gesandte Gottes hat uns gelehrt, wie die beiden Dschihad-Formen zu praktizieren sind. Er hat Prinzipien der Verkündung der Wahrheit etabliert, die ihre Gültigkeit bis zum Tag des Jüngsten Gerichtes behalten werden."[52]

Wie die beiden Dschihad-Formen zueinander stehen, beschreibt Gülen folgendermaßen:

---

49 Gülen, Fethullah, Muhammad der Gesandte Gottes. Das Leben des Propheten, Fontäne Verlag 2009 4. Auflage, S. 262.
50 Ibid.
51 Gülen, Fragen, S. 220.
52 Gülen, Muhammad, S. 262.

> Auch wenn die in den Kämpfen mit den Ungläubigen gebrachten Opfer groß gewesen sein mögen, sind sie dennoch nur dem kleinerem Dschihad zuzurechnen. Andererseits darf der kleinere Dschihad nur im Vergleich zum größeren Dschihad als klein bezeichnet werden. Er sollte niemals unterschätzt werden, weil er den Gläubigen in die Lage versetzt, entweder den Titel eines heiligen Kämpfers des Islam (Ghazi) oder den Rang eines Märtyrers (Shahid) zu erlangen, die ihm beide die Pforten des Paradieses öffnen und die Anerkennung Gottes sichern. [53]

Bin Laden hätte es nicht besser formulieren können. Fethullah Gülen sagt aber in einem Interview 2004:

> Einer der Menschen, die ich in der ganzen Welt am meisten hasse, ist Bin Laden, weil er das helle Erscheinungsbild des Islam getrübt und durch ein schmutziges Abbild ersetzt hat.[54]

Der Grund dafür bildet nicht ein anderes Verständnis der Religion, es ist bei beiden dasselbe. Es liegt in den Zuständigkeiten, und Gülen argumentiert wie alle traditionellen Gelehrten, die Bin Laden verurteilen:

> Die Regeln des Islam sind eindeutig definiert: Individuen können keinen Krieg erklären; weder eine Gruppe noch eine Organisation kann einen Krieg erklären, sondern einzig und allein der Staat.[55]

Wie eine moderne Haltung aussieht, zeigen uns nicht die muslimischen Liberalreformer allein, die längst das Kapitel des Dschihad abgeschlossen haben, sondern die neue Strömung der Islamisten, die ein neues islamisches Recht, *fiqh*, für die Muslime als Minderheit im Westen entwickelt hat, *fiqh al-aqalliyyât*. Ihr Haupttheoretiker al-Alwani schreibt, dass wir in einer globalisierten Welt leben,

---

53 Gülen, Fragen, S. 213 .

54 Capan, Ergun, Terror und Selbstmordattentate aus islamischer Perspektive, Fontäne Verlag 2007, S. 4.

55 Ibid., S. 2.

in der die Freizügigkeit gewährleistet ist und in der die Beziehungen zwischen islamischen und westlichen Ländern durch internationales Recht geordnet sind. Die Muslime können sich in den Westen begeben, sich dort niederlassen, heiraten und Bürger werden. Sie können frei ihre Religion ausüben. Deshalb ist es heute falsch, noch vom Gebiet des Islam und Gebiet des Krieges zu sprechen. Wir müssen den Fiqh des Dschihad mit dem Fiqh der Koexistenz ersetzen.[56] Fethullah Gülen scheint in diesem Punkt noch weit hinter die Islamisten zurückzufallen.

Menschenrechte

Die Menschenrechte betrachtet Gülen als dem Islam inhärent, der die Religionsfreiheit garantiert und ihre notwendige Voraussetzung, nämlich die Freiheit des Denkens, impliziert. Es gibt keinen Zwang in der Religion steht im Koran. Der Glaube an Gott ist das Resultat einer freien Entscheidung des Individuums. Das klingt modern. Wenn aber Gülen die Frage der Apostasie behandelt, dann werden die Menschenrechte ausgesetzt und die klassische islamische Position kommt erneut zur Geltung: Der Apostat muss getötet werden.

Ozcan Keles verteidigt Gülen auf einer internationalen Konferenz im Oktober 2007, indem er versucht, diese abstoßende Position zu verharmlosen.[57] Er schreibt, dass es sich um eine Position vom Ende der 70er Jahren handele, seitdem hat sich Gülen zur Problematik nicht mehr geäußert. Wenn man aber die Position mancher seiner Anhänger in Betracht zieht, dann sei eine positive Entwicklung zu spüren und Keles erwartet deshalb, dass Gülen in diesem liberalen Sinne bald ein Statement abgibt. Durch meine Recherchen bin ich allerdings auf einen Artikel Gülens auf seiner französischen Website vom 01.05.2008 gestoßen, der die Religionsfreiheit im Islam behandelt, in der er schreibt:

---

56 Al-'Alwani, Taha Jaber, *Madkhal ila fiqh al-aqalliyyat*, in: *al-majalla al-'ilmiyya lil-majlis a-leuropi lil-iftâ' wal-buhûth*, Nr. 4/5 Juni 2004, Dublin, S. 57-58.

57 Keles, Ozcan, The Gülen Movement and Promoting Human Rights Values in the Muslim World, London 2007, http://gulenconference.org.uk/userfiles/file/Proceedings/PrcdProzent20-Prozent20Keles, Prozent20O.pdf [24.04.2010].

> Betrachten wir den Apostasiefall. Die Apostasie wird vom islamischen Recht genauso ernsthaft beurteilt wie der Landesverrat von den meisten Staaten und allen Streitkräften. Es ist zu hoffen, dass durch Bitten und Gebete, durch eine Überzeugungsarbeit und andere legitime Mittel das Öffentlichwerden solch einer Straftat vermieden wird. Diejenigen aber, die auf diesen Weg beharren, müssen aufgefordert werden, über die Ernsthaftigkeit ihrer Tat nachzudenken und sie zu bereuen. Wenn sie diese Chance ablehnen, dann ist ihre Hinrichtung eine Pflicht. Keine mildere Strafe kann dem Entsetzen der Gesellschaft wegen dieses Paktbruches mit Gott Rechnung tragen.[58]

Es geht Gülen im Grunde genommen um die Religionsfreiheit, genauer gesagt, um die Freiheit, *seine* Religion zu propagieren. Andere Menschenrechte, wie die Gleichheit, insbesondere Gleichheit von Mann und Frau, kommen bei ihm nicht vor. Er sagt selber, dass 95 Prozent der islamischen Gesetze mit dem privaten und Familienleben zu tun haben,[59] d.h. mit den Mann-Frau Beziehungen, erachtet es aber nicht als erforderlich, sich mit der minderwertigen Position der Frau im Islam auseinanderzusetzen. Anstatt von Gleichheit spricht Gülen in einem Interview von Frauenrechten und sie sind islamisch traditionell definiert. Er sagt:

> Einerseits machen wir keinen Unterschied zwischen Mann und Frau. Andererseits gibt es durchaus physische und psychische Unterschiede zwischen ihnen. Meiner Meinung nach sollten Männer und Frauen wie zwei Seiten einer Wahrheit, zwei Seiten einer Medaille sein. Frauen sind ohne Männer nichts, und Männer sind ohne Frauen nichts; zusammen wurden sie erschaffen.[60]

Eine Biologisierung und eine Psychologisierung des Frauendaseins wie bei traditionellen und islamistischen Muslimen finden hier

58 Gülen, Fethullah, Que signifie le verset coranique Nulle contrainte en religion ! (2 : 256) ? http://fr.fgulen.com/content/view/129/19/ [24.04.2010].
59 Zitiert in: Keles, ibid.
60 Gülen, Fethullah, Aufsätze-Perspektiven-Meinungen, Fontäne Verlag 2004, S. 110.

statt. Durch ihre Konstitution ist die Frau dem Mann für die Ewigkeit unterlegen.

Demokratie

Gülen schreibt:

> In diesem Sinne spricht sich der Islam nicht explizit für eine bestimmte Regierungsform aus. Er fordert die Menschen nicht dazu auf, Staaten nach einem bestimmten Modell zu gestalten. Stattdessen gibt er Grundprinzipien vor, die den Staatsgebilden der Menschen einen gewissen Spielraum lassen.[61]

In der Tat gibt es im Islam kein politisches System. Das Königreich Saudi-Arabien, die Scheindemokratie Iran und das Terrorregime der Taliban sind alle islamische Scharia-Staaten, aber mit verschiedenen politischen Systemen. Im Islam haben es wir mit einem Herrschaftssystem zu tun, das auf Grundprinzipien basiert, die die Scharia liefert. Sie dient als Grundlage für all diese unterschiedlichen politischen Systeme. Gülen schreibt:

> Ziel des gesellschaftlichen Systems ist dem Islam zufolge, dass Mensch und Gesellschaft tugendhaft sind und dadurch das Wohlgefallen Gottes erlangen.

Für einen guten Muslim wie Gülen ist das nur mit der Befolgung der Scharia, was er ausdrücklich nicht nennt, zu erreichen. Gülen vermeidet Klartext zu reden und arbeitet mit Halbwahrheiten. Sprechend von den Gemeinsamkeiten zwischen Demokratie und Islam schreibt er:

> Der Islam kennt keine Diskriminierung hinsichtlich Rasse, Hautfarbe, Aussehen oder Herkunftsland. Alle Menschen sind hinsichtlich ihres Menschseins und vor dem Gesetz so gleich „wie die Kammzacken", wie es ein Hadîth auf den Punkt bringt.

61 Gülen, ibid., S. 15-23. Auch folgende Zitate.

Das stimmt wieder und ist zugleich falsch. Vor Gott sind die Menschen gleich, aber in der Gesellschaft nicht. Sie werden nach dem Glauben unterschieden. Volle Bürger sind die Muslime. Bürger zweite Klasse mit weniger Rechten sind die Schutzbefohlenen, Christen, Juden und Zoroaster. Ungläubige haben keinen Platz unter einer islamischen Herrschaft, sie haben die Wahl zwischen Bekehrung oder Tod. Diese Unterscheidung nach dem Glauben wird von Gülen wie folgt formuliert:

> Als Band zwischen unterschiedlichen Gesellschaftsschichten akzeptiert der Islam den Glauben und gemeinsame Gefühle und Werte, nicht aber Rassismus oder aggressiven Nationalismus.

Gülen hat das osmanische Milletsystem im Kopf, wie wir sehen werden. Deshalb und trotz der angeblich vielen Gemeinsamkeiten zwischen Demokratie und Islam bleibt das demokratische System für Gülen mangelhaft. Er schreibt:

> Die Demokratie ist ein System, das Zeit braucht, das sich entwickelt und entwickeln muss [...] Die Demokratie sollte ihren Horizont erweitern. Sie sollte das Leben des Menschen nach dem Tode in Betracht ziehen und nicht vergessen, dass der Mensch ein Geschöpf mit Bedürfnissen ist, die nicht mit seinem Tod enden. Wenn sie dies schafft, wird sie in ein Stadium der Reife eintreten, in dem die ganze Menschheit glücklicher sein wird als heute.

Im Jahre 1994 sagte Gülen auf einer Pressekonferenz:

> Es gibt kein Zurück von der Demokratie; sie ist nicht perfekt, sie ist aber das beste System, was wir haben.[62]

Eine ähnliche Aussage hat der Begründer der Muslimbruderschaft in Ägypten, Hassan al-Banna, schon im Jahre 1939 auf der 5. Konferenz der Bewegung gemacht. Er sagte:

> Die Muslimbrüder glauben, dass unter den existierenden

62 Zitiert in: Keles, ibid.

> Regierungsformen in der Welt, das konstitutionelle System dem Islam am meisten entspricht.[63]

Gülen ist angeblich gegen den politischen Islam. Der Vergleich zeigt aber, dass das Bekenntnis zur Demokratie allein keinen liberalen Menschen erzeugt, sondern das Bekenntnis zu ihren Grundlagen, nämlich den Menschenrechten, entscheidend ist. Sowohl Gülen als auch al-Banna sehen diese Grundlagen in der Scharia. Ganz unverblümt drückt es der berühmte deutsche Konvertiert Murad Hofmann in seinen Büchern und Interviews aus. Anstatt von Demokratie spricht er kurzerhand von Schurakratie, d.h. demokratisches System mit Scharia als Verfassung.[64]

Die islamische Gesellschaft

Genau wie die Muslimbrüder und andere Islamisten sieht Gülen die ideale islamische Gesellschaft unter der Herrschaft des Propheten und der ersten vier rechtgeleiteten Kalifen realisiert. Er nennt diese Ära das „Zeitalter der Glückseligkeit"[65] Das ist die Zeit, in der die reine Scharia verwirklicht wurde. Dass Gülen von einem Scharia-Staat träumt, schreibt er ausdrücklich:

> Wir bescheinigen dem Koran, dass er die Verfassung und die Grundlage ist, auf die sich das individuelle und gesellschaftliche Leben gründen soll. Und da der Koran eine Gnade des Barmherzigen gegenüber der Menschheit darstellt, wird er auch in aller Zukunft maßgeblich sein.[66]

Die Zielsetzung Gülens unterscheidet sich kaum von der der Islamisten. Sie ist z.B. auch bei der islamistischen Refah-Partei von Erbakan in der Türkei feststellbar. Günther Seufert schreibt in seiner Studie über den politischen Islam in der Türkei:

---

63 Zitiert in Ghadban, Ralph, Fiqh al-Aqalliyyat and its Place in Islamic Law, in: Orient, Berlin 2010, Nr. II/2010, S. 61.

64 Hofmann, Murad, Der Islam im 3. Jahrtausend. Eine Religion im Aufbruch, Kreuzlingen 2000, S. 107 ff.

65 Agai, ibid., S. 212.

66 Gülen, Fragen, S. 72.

> Das Ziel des Refah-Staates, die Ordnung der Glücklichkeit (saadet nizam), ist der Name für die gesellschaftlichen Regeln, die während des goldenen Zeitalters (asr-i saadet) des Islams unter den vier rechtgeleiteten Kalifen herrschten, der Zeit, in der das göttliche Gesetz, die Sheriat, vollkommen Anwendung gefunden habe. Deshalb steht der Begriff Ordnung der Glückseligkeit für den islamischen Staat und deshalb sollen in ihm, auch wenn die Partei das nicht offiziell sagt, die Prinzipien, die die Politik begrenzen, aus der Sheriat abgeleitet werden.[67]

Die Wiederherstellung dieser Zeit erfolgt bei Gülen nicht wie bei den Islamisten durch eine politische mehr oder weniger gewalttätige Aktion, sondern durch Dienst, *hizmet,* d.h. durch *da'wa*, Missionsarbeit, das ist friedlicher Einsatz in der Zivilgesellschaft. Deshalb wird die Bildung bei Gülen zu einem Feld für *hizmet, tebligh, irschâd* und *jihâd,*[68] um das Wort Gottes zu erhöhen bzw. den Islam zu verbreiten. Dieser Trend ist außerdem bei vielen Islamisten zu beobachten, die nun auf eine friedliche Islamisierung der Welt durch Mission anstatt auf Konfrontation und Gewalt setzen. In diesem Sinne wirken sowohl die islamischen Fiqh-Räte in Europa und Nordamerika als auch die Prediger wie Tariq Ramadan, Amru Khaled und andere.

Gülen unterscheidet sich allerdings von den Islamisten durch seine Betonung einer ethnisch türkischen Dimension, die dem Islamismus fremd ist. Er setzt „das Zeitalter der Glückseligkeit" mit dem osmanischen „Goldenen Zeitalter" gleich. Es soll eine Zeit gewesen sein, in der die Menschen den „wahren Islam" in Glück und Harmonie gelebt haben.[69] Ob unter dem osmanischen Milletsystem die Nichtmuslime glücklich gelebt haben, sei dahingestellt. Auf jeden Fall konnte Gülen damit zusätzlich zur islamisch-traditionellen Öffentlichkeit auch die türkisch-nationalistische ansprechen. Und je nach Kontext wurde der eine oder andere Diskurs betont.

Für die Wiederherstellung des „Goldenen Zeitalters" muss eine „goldene Generation" heranwachsen und die ganzen Aktivitäten der Bewegung zielen darauf, wie Agai schreibt,

67 Seufert, Günter, Politischer Islam in der Türkei, Wiesbaden 1997, S. 465-466.
68 Ibid., S. 356.
69 Agai, ibid., S. 212.

> eine Generation hervorzubringen, welche auf allen Ebenen der Gesellschaft ihre erlernten islamischen Werte einbringen soll [...] Der neue Mensch soll nicht nur passiv an der modernen Welt teilhaben, sondern diese mitgestalten.[70]

Als die Bewegung feststellte, dass das Vordringen in bedeutende Positionen in der Gesellschaft ohne Bildung in Form von säkularem Wissen nicht geht, erfolgte ab 1980 ihre Expansion in den säkularen Bildungsbereich und in den Medienbereich.[71] Damit erlaubte dieser Ansatz den traditionellen türkischen Muslimen, in die säkulare türkische Gesellschaft einzudringen und sich zu etablieren.

Schlusswort

Wie kann man nun diese Bewegung beurteilen? Hilft Gülen den Muslimen zur Integration in der modernen Welt oder bringt er sie zurück in längst überholte Zeiten?

Halten wir zunächst fest, dass Gülen kein Islamreformer ist. Er ist nicht derjenige, der seine Religion neu interpretiert, um sie an die Moderne anzupassen. Er übernimmt im Gegenteil die islamische Tradition wie sie ist, ohne jede Kritik.

Zweitens sieht Gülen die Niederlage der islamischen Welt durch das Fehlen der Bildung und der Naturwissenschaften verursacht. Sein Ansatz zielt auf die Behebung dieser Defizite ab.

Drittens besteht seine Methode nicht in der Aneignung des Wissens, sondern im Erlernen der Technik, die den Muslimen zu einer Machtposition verhelfen kann. Die Auswirkungen der Naturwissenschaften auf die Kultur, insbesondere auf die Religion werden mehr als negiert, sie werden bekämpft. Das ist u.a. an seiner strikten Ablehnung der Evolutionstheorie abzulesen, die die Religion, insbesondere die als Wort Gottes sakralisierte heilige Schrift, in Frage stellen könnte.

Viertens besteht seine Methode deshalb in der Islamisierung des Wissens; so wird das Wissen vom freien Geist befreit und in den Dienst der Religion gestellt. Was Gülen in den Fußstapfen seines Meisters Said Nursi mit der neuen Lesung der heiligen Schriften

70 Ibid., S. 255.
71 Ibid.

macht, stellt keine neue Interpretation dar, sondern den Versuch einen immer dagewesenen tieferen Sinn zu entdecken (Mondfahrt), wobei seine mystische Fantasie, vor allem bei Nursi, zu schönen publikumswirksamen literarischen Sprüngen verhilft.

Fünftens: Gülen hat es in der Praxis geschafft, mit der Multifunktionalität seines Diskurses verschiedene Kreise der Öffentlichkeit zu erreichen, die er sonst mit seinem klassischen Grunddiskurs abgestoßen hätte.

Sechstens: Auch in seinem Netzwerk hat er eine Flexibilität gezeigt, die viele täuscht, die das gesamte Netzwerk mit seiner Arbeitsteilung und die Gesamtideologie, die dahinter steckt, nicht im einordnen können, weil sie den Überblick nicht haben.

Nicht nur über seine Ideologie und seine Organisation ist man am Rätseln, sondern auch in allen Bereichen, die mit ihm zu tun haben, fehlt es an Transparenz. Wie kam es zu dieser ökonomischen Macht von angeblich 25 Milliarden Dollar mit mehreren Banken, 500 Unternehmen, 3 Universitäten, 1 TV Sender, 1 Tageszeitung, 2 Zeitschriften, 500 Schulen, 500 Nachhilfezentren, 600 Studentenwohnheimen, 200 Stiftungen, 7000 Lehrkräften, 25 Radiostationen, 1000 Lichthäusern?[72] Und wie funktioniert die Bewegung? Wie schlagkräftig die Bewegung sein kann, haben wir zuletzt bei der Mobilisierung seiner Anhängerschaft für seine Wahl zum bedeutendsten Intellektuellen der Welt beobachtet.[73]

Welche Beziehung unterhält Gülen zur CIA? Bei der Gerichtsverhandlung bezüglich seiner Greencard erfuhr er eine massive Unterstützung von CIA-Verantwortlichen. Wurden seine Schulen in Zentralasien von der CIA unterstützt? Warum hat Russland 2008 alle seine Schulen auf ihrem Gebiet geschlossen? Fragen über Fragen

Die Demokratie basiert auf Dialog und Transparenz und das ist bei der Bewegung nicht gewährleistet. Selbst bei den Menschen, die durchblicken bleibt die grundlegende Frage über das Bildungswerk Gülens bestehen: Ist es im Interesse unserer Demokratie, ein Netzwerk zu unterstützen, das beabsichtigt eine Elite in Machtpositio-

72 Vgl. Bakir, Mehmet, Die Lehre des Lichts verbreitet sich im Dunkeln. Fethullah Gülen und die islamischen Orden in der Türkei. In: Sozialistische Zeitung, September 2008, S. 19.

73 Brauns, Nick, Dritte Kraft in der Türkei. Hintergrund. Die islamische Bewegung des Predigers Fethullah Gülen kontrolliert Schlüsselpositionen in dem Land am Bosporus, in: Junge Welt vom 19.06.2009.

nen unserer Gesellschaft unterzubringen, um ein islamisches Wertesystem zu propagieren, das offensichtlich von der auf Menschenrechten basierenden Demokratie abweicht?

Aufstand gegen die Ulama

Langversion einer Rezension in CIBEDO 4/2010

Die radikalen Reformen Tariq Ramadans

Die Reform

In seinen früheren Werken hat Tariq Ramadan jede Reform des Islam als überflüssig abgelehnt. Die Scharia sei allgemein gültig und entwicklungsfähig. Ihre Prinzipien ermöglichten eine ständige Aktualisierung entsprechend der verschiedenen geographischen und historischen Kontexte. Die Aktualisierung sei weder eine Anpassung noch eine Reform; sie sei eine schariagemäße Praxis basierend auf der geistigen Anstrengung, *ijtihâd*, die an Stelle der Nachahmung, *taqlîd*, wiederbelebt werden solle. Die Nachahmung habe das klassische islamische Recht, der Fiqh, zur Stagnation gebracht, daher ruft Ramadan in seinem Werk *Western Muslims and the Future of Islam* zu einer intellektuellen Revolution im Umgang mit der Moderne auf und schreibt:

> Die Scharia lehrt uns, alles zu integrieren und als Eigenes zu betrachten, welches keinem etablierten islamischen Prinzip widerspricht.[1]

Ramadan sah sich in der Erneuerungstradition von Al-Ghazali.

In dem vorliegenden Werk *Radikale Reform. Die Botschaft des Islam für die moderne Gesellschaft* stellt Ramadan fest, dass die Krise des muslimischen Denkens an Schärfe nicht verloren hat; weiter gibt er zu, dass der *ijtihâd* in der Form des Rückgriffes auf die Auslegungen von Koran und Hadith die erhofften Resultate nicht erzielt hat. Eine Weiterführung des „Reformprozesses" sei unerlässlich. Um die Reformen führt anscheinend kein Weg herum. Auf eine verwirrende Art vermengt Ramadan die beiden arabische Begriffe *islâh* und *tajdîd* (Reform und Erneuerung) als Träger des gleichen Gedankens (S. 22),[2] was historisch vertretbar ist, aber in der Moderne zu Konfusionen führt, weil seit der Nahda im 19. Jahrhundert eine Ausdifferenzierung der muslimischen Strömungen stattgefun-

---

1 Ramadan, Tariq, Western Muslim and the Future of Islam. London 2007, S. 54.

den hat, die uns erlaubt, z.B. den Islamreformer Nasr Hamid Abu Zaid von dem Islamerneuerer Said Nursi zu unterscheiden und Ramadan als Salafi-Reformer zu kennzeichnen.

Gleichwohl erklärt Ramadan seine Absicht, eine grundlegende „Transformationsreform" durchzuführen, die den Islam befähigen soll, an der Gestaltung der modernen Gesellschaften aktiv und voll zu partizipieren, anstatt eine „Anpassungsreform" zu entwickeln, die eine Angleichung des Islam an die Entwicklung der hiesigen Gesellschaften realisiert, mit der Gefahr, den Islam von seinen Grundlagen zu entfernen. Die beabsichtigten Reformen sind sehr ambitioniert. Sie zielen erstens auf die Schaffung einer neuen Ethik, zweitens auf die Erweiterung der Grundlagen des islamischen Rechtes, *usûl al-fiqh*, und drittens auf die Entmachtung der muslimischen Gelehrten bei gleichzeitiger Aufwertung der muslimischen Zivilgesellschaft.

Diese „radikalen Reformen" sollen im traditionellen Sinn geschehen (S. 23 ff.). Der historisch-kritischen Methode wird eine Absage erteilt, die Korankritik und die Koranforschung werden verurteilt, die Sunnakritik wird abgelehnt. Der Koran ist das Wort Gottes, vermittelt durch die Prophetentradition (Sunna) und historisch kontextbezogen interpretiert (S. 27). Nur in diesem Rahmen seien Reformen und Erneuerungen (*taqlîd* und *tajdîd*) möglich. Ramadan verharrt in der Tradition von al-Ghazali und steht über den verschiedenen Reformbewegungen der Moderne. Er will das Reformproblem an der Wurzel packen.

Ramadan teilt sein Werk in zwei Blöcke: einen theoretischen Block mit drei Teilen und einen praktischen Block mit Fallstudien, Teil IV. Nachdem er in Teil I die Notwendigkeit der Reformen betont und sein Reformkonzept dargestellt hat, liefert er in Teil II eine Übersicht über das islamische Recht und sein Verständnis der islamischen Ethik, um in Teil III seinen Vorschlag für die Neuordnung und Kategorisierung der Rechtsprinzipien vorzutragen. Im zweiten Block, Teil IV, beanspruchen die Fallstudien mehr als die Hälfte des Buches (S. 206 – S. 418). Es sind: islamische Ethik und Medizin, Kultur und Kunst, Frauen: Traditionen und Emanzipation, Ökologie

2 Ramadan, Tariq, Radikale Reform. Die Botschaft des Islam für die moderne Gesellschaft. München 2009. Wenn nicht anders vermerkt beziehen sich alle Seitenangaben im Text auf dieses Buch.

und Ökonomie, Gesellschaft, Bildung und Macht, Ethik und allgemeingültige Werte.

Angewandte Ethik und höhere Ziele

Nach einer kurzen Einführung über das „Unveränderliche", *al-thâbit*, das sind die Prinzipien, und das „Änderliche", *al-mutaghayyir*, das ist der historische Kontext, macht Ramadan ohne Vorwarnung folgendes Statement:

> Folglich bleiben die Prinzipien der Gerechtigkeit, der Gleichheit, der Rechte und der menschlichen Brüderlichkeit, von denen sich der Prophet des Islam leiten ließ, über die Geschichte hinaus maßgeblich, doch das Vorbild der Stadt Medina, die von Muhammad im 7. Jh. gegründet wurde, ist eine historische Umsetzung entsprechend den Realitäten und Erfordernissen seiner Zeit. (S. 30).

Daher müssen die Muslime sich an die allgemeinen Prinzipien der Menschenrechte halten und nicht das Vorbild von Medina nachahmen.

Dieser Sprung von der islamischen zur universellen Geltung der Prinzipien führt Ramadan hauptsächlich auf die Lehre von al-Schatibi zurück, der in seinem Werk *al-muwâfaqât* behauptete, dass die Scharias aller Religionen gleich sind. Sie bestehen im Schutz der Religion, des Lebens, der Nachkommenschaft, des Eigentums und des Verstandes. Diese, im Islam als Intentionen der Scharia bekannt, erhebt Ramadan zu den höheren Zielen der islamischen Ethik; sie sind mit Hilfe des menschlichem Verstandes aus den heiligen Quellen abgeleitet worden. Daher stellt sich für ihn die Frage, ob heute angesichts der Herausforderungen unserer Zeit die Wiederaufnahme dieser Tätigkeit doch notwendig sei, um den Listenkatalog der höheren Ziele zu erweitern (S. 104).

Schon ibn Taymiyya, meint Ramadan, hat nahegelegt die höheren Zielen zu ergänzen, um den Erfordernissen des Kontextes Genüge zu tun (175). Diese Aufgabe müsse fortgesetzt werden. Am Ende seiner Untersuchung hat Ramadan die Liste tatsächlich erweitert. Aus den Schriftquellen hat er eine Reihe von höheren Zielen abgeleitet: Kollektives Interesse und Wohlergehen, Achtung vor dem Leben, Friede, Würde, Wissen, Gleichheit, Freiheit, Gerechtigkeit und Solidarität. Diese Ziele bilden für ihn die Grundlage der islamischen Ethik. Dazu kommen speziellere Ziele für die Gewährleistung von Bildung und Gesundheitsfürsorge, die Sicherung der Existenzgrundlagen von Arbeit, Eigentum, vertraglichen Vereinbarungen, Nachbarschaftlichkeit und auf gesellschaftlicher Ebene Rechtsstaatlichkeit, Meinungsbildungsprozesse, Pluralismus der Religionen, Kulturen und Überlieferungen, die natürliche Entwicklung der Gesellschaft und die nationale Unabhängigkeit (S. 363).

Mit diesem erweiterten ethischen Verständnis komme ein islamischer Staat nach dem Vorbild Medina nicht mehr in Frage. Medina sei ein geeignetes Gesellschaftsmodell für die Umsetzung der ethischen Prinzipien im 7. Jahrhundert, aber nicht mehr in unserer Zeit der Globalisierung, charakterisiert durch den Pluralismus. Es geht nicht mehr darum, die Moderne zu islamisieren, sondern den Islam zu modernisieren und das geschehe durch eine aktive Partizipation an der Welt:

> Wir sollten wieder zu Subjekten innerhalb der Geschichte werden, uns in das Konzert der Intelligenzen, Gesellschaften, Kulturen, Religionen, Philosophien und Zivilisationen kraftvoll einbringen, präsent und kreativ aber nicht ausgrenzend sein. (S. 200)

Wie diese neue Ethik entwickelt werden soll, zeigen die nächsten Schritte.

Erweiterung der Grundlagen des Fiqh

In seinem früheren Werk *Western Muslims and the Future of Islam* spricht Ramadan von zwei Büchern: dem Buch der Offenbarung und dem Buch der Natur. Dem Ersten widmen sich die religiösen Wissenschaften und dem Zweiten die Human- und Naturwissenschaften. Alle Wissenschaften haben ihre eigenen Methoden und Wirkungsfelder, seien aber von derselben ethischen Botschaft des Islam durchdrungen, wobei die Methoden der zweiten Kategorie von Wissenschaften eher autonom und ethisch neutral seien (S. 60).

In seinem neuen Buch *Radikale Reform. Die Botschaft des Islam für die moderne Gesellschaft* ist auch die Rede von zwei Büchern, die aber als zwei Offenbarungen betrachtet werden. Die Schrift und das Universum werden gleichgestellt und sind daher gleichwertig für das Entwerfen einer angewandten Ethik. Ramadan schreibt:

> Die Voraussetzung hierfür ist das Eingeständnis, dass die Welt, ihre Grenzen und Bereiche des Fachwissens die Schriftquellen nicht nur erhellen, sondern auch eine eigenständige Rechtsquelle darstellen. (S. 111)

Ramadan ist entschieden gegen die Rückführung der Wissenschaften auf den Koran, *al-i'jâz al-'ilmî fil-qur'ân*, der Koran ist kein wissenschaftliches Handbuch. Er plädiert eher für einen holistischen Ansatz, der beide Komponenten als komplementär behandelt:

> Die Schriftquellen, die Bedeutung vermitteln, und das Universum, das die Realität vermittelt, sind mit Gesetzen, Prinzipien und Tatsachen durchsetzt, die manchmal allgemeingültig, definitiv und endgültug (qâti') und manchmal fallbezogen und relativ (zannî) sind. Beide Horizonte brauchen einander, da sie nur im Zusammenhang mit den Anderen erfasst werden können. (S. 144).

Beide Bereiche werden gleichgestellt und umbenannt. Die traditionellen „islamischen Wissenschaften" seien nun die Wissenschaften der religiösen Schriften und die sog. „nützlichen Wissenschaften" heißen jetzt Human- und Naturwissenschaften. Beide Bereiche trügen zu der Ausarbeitung der höheren Prinzipien bei, die die Grundlagen der islamischen Ethik bilden. Die Ethik hält beide Bereiche zusammen und setzt die Grenzen der menschlichen Handlungen fest. Es gehe nicht darum, das Wissen zu islamisieren,

> sondern in viel tieferem Sinne darum, ein islamisches Bewusstsein der Zwecke und eine islamische Ethik hinsichtlich des menschlichen Verhaltens und der qualitativen Wissensverwertung zu etablieren. (S. 146).

Konkret bedeutet dies, dass die Grundlagen des Fiqh, *usûl al-fiqh*, reformiert werden sollen. Die klassische Hierarchie zwischen Text, verkörpert in Koran und Sunna und Kontext, verkörpert in Natur und Geschichte, wird abgeschafft. Der Kontext, der bislang Rechtsobjekt war, wird zur Rechtsquelle erhoben. Es ergibt sich dann folgendes Bild; auf der einer Seite: offenbartes Buch – Koran und Sunna – Textwissenschaften, auf der anderen Seite: Buch des Universums – Natur und Geschichte – Kontextwissenschaften. Beide Bereiche erzeugen die höheren Prinzipien. Für die nächste Stufe sah der traditionelle Fiqh den Konsens der Umma vor, der historisch ein Konsens der Gelehrten wurde. Gerade dies will Ramadan auch noch ändern.

Vom Fiqh-Rat zum Ethikrat

Die Gelehrten verfügten im früheren Islam über unmittelbare Kenntnis ihrer natürlichen Umgebung, meint Ramadan, und zögerten nicht, sie in ihrer rechtlichen Ausarbeitung mit einzubeziehen. In einer komplexeren und spezialisierten Welt, deren Bereiche die Gelehrten nicht mehr bewältigen können, versuchen sie den Einfluss der Wissenschaften auf die Religion zu beschränken, um, wie sie behaupten, die Religion und ihre Ethik zu bewahren. Hinter dieser „edlen" Absicht stehe oft eine „egoistische" Absicht: Sie wollen ihre Autorität einfach retten (S. 142).

Die Gelehrten hätten längst die Fähigkeit verloren, die Naturgesetze im Buch des Universums zu verstehen. Sie

> führen ein autarkes Dasein, fernab der Forschung in den Natur-, Sozial- und Humanwissenschaften, und sie begnügen sich mit spärlicher Information und dürftigen Forschungsergebnissen, um Gesetze im Bezug auf Realitäten und Kontexte zu erlassen, deren Komplexität unweigerlich das eigene Verständnis übersteigt. (S. 164)

Die Folge sei eine Entfremdung des Fiqh, sein Formalismus und die Erstarrung der Strukturen. Aus Treue zu seinen Quellen hat sich der Fiqh abgeschottet. Die Erweiterung der Quellen führt unweigerlich zur Erweiterung der Fiqh-Gremien.

Neben den Textgelehrten, die sich mit dem Buch der Offenbarung beschäftigen, müssen nun die Kontextgelehrten gleichberechtigt in den Fiqh-Gremein sitzen, damit sie gemeinsam die angewandte Ethik ausarbeiten. Die Fiqh-Räte kennzeichnet Ramadan als

Fatwa- und Ethik-Ausschüsse, denen sogar auch nichtislamische Wissenschaftler angehören können, weil es im Grunde genommen um die Achtung der Menschenwürde und der Natur gehe (S. 172). In den Prozess der Ausarbeitung der angewandten Ethik soll auch die gesamte Zivilgesellschaft mit einbezogen werden: Denker, Künstler, Schriftsteller, Frauenrechtler, Banker, Händler usw. (S.163).

Fallstudien

In den Fallstudien übt Ramadan viel Kritik und bietet kaum Lösungen an, sie bleiben den vorgeschlagenen Ethikräten überlassen. Als Leitmotiv kritisiert er die vom Westen verbreitete Einheitskultur zur Zeit der Globalisierung, die die Vielfalt der Kulturen unterdrückt. Gleichzeitig bemängelt er die fehlende Beteiligung der Muslime an den meisten laufenden Debatten, die unsere Zeit angehen und betont, dass es falsch sei, auf den bevorstehenden Zusammenbruch des Westens zu warten, weil wir alle in dieser globalisierten Welt von den Folgen betroffen werden (S. 381). Der folgende Satz fasst seine Haltung zusammen:

> Die Armseligkeit des islamischen Beitrags zu dieser Debatte wetteifert mit der Gespaltenheit und Scheinheiligkeit im Verhalten. In den von uns geforderten, von fuqahâ, Denkern, Wissenschaftlern und Ökonomen besetzten Räten sollten diese Fragen mit größter Dringlichkeit eingehend behandelt werden. (S. 323)

Einige Anmerkungen

1. In seinem ethischen Verständnis folgt Ramadan der Maqased-Theorie von al-Ghazali und al-Schatibi. Ihnen zufolge besteht der Zweck der Schöpfung darin, das Gemeinwohl der Menschen, *maslaha*, zu schützen, indem das Nützliche, *al-manfa'a*, bewahrt und das Schädliche, *al-mafsada*, vom Menschen abgewendet werden. Dafür hat Gott die verschiedenen Scharias offenbart. Der Schutz des Gemeinwohls geschieht dann durch die Verwirklichung der Intentionen der Scharia. Diese Intentionen, die für Ramadan die höheren Ziele der Ethik bilden, sind der Schutz der Religion, des Lebens, der

Nachkommenschaft, des Eigentums und des Verstandes. In der Moderne sind diese Ziele zu erweitern und sollen alle Werte der Menschenrechte beinhalten.

Ramadan tut damit einen Sprung über zwei theologische Streitpunkte hinweg. Der erste Punkt ist der Glaube der Muslime, dass ihre offenbarte Scharia alle anderen Scharias abrogiert hat. Sie ist die einzige wahre Offenbarung, die anderen wurden von ihren Anhängern verfälscht. Und der zweite Punkt ist, dass mit Gemeinwohl stets das Gemeinwohl der Muslime gemeint ist und nicht das der Menschheit.

Aus diesem Grund haben die muslimischen religiösen Institutionen bis heute in allen ihren Erklärungen, die sie auf ihren internationalen Konferenzen abgegeben haben, die Menschenrechte nur im Rahmen der islamischen Scharia anerkannt. Der Versuch Ramadans, die Menschenrechte unter seinen ethischen Zielen aufzunehmen, ist begrüßenswert aber ohne theologische Begründung wenig überzeugend. Hier muss nachgearbeitet werden.

2. Der zweite Punkt betrifft die Erweiterung der Grundlagen des Fiqh, *usûl al-fiqh*, um das Buch der Natur in der Aufarbeitung von ethischen Zielen mit einzubeziehen. Das bedeutet, dass, genau wie die Fiqh-Gelehrten aus dem Buch der Offenbarung Gesetze extrahieren, die Wissenschaftler aus dem Buch der Natur dasselbe tun. Das Problem liegt darin, dass der Islam keine Gesetzmäßigkeit in der Natur anerkennt. Josef van Ess kommentiert:

> ...die Welt ist kein Uhrwerk, und sie läuft nicht ab nach ihren eigenen Gesetzen, sondern Gott bestimmt jedes Geschehen in jedem Augenblick selber, ohne „Zweitursachen", „causa secundae", also genau ohne das, was wir aus unserer Perspektive als unmittelbare und einzig gültige Kausalverknüpfung ansehen würden.[3]

Auch hier muss Ramadan noch theologisch erklären, warum er die Kausalität, die al-Ghazali abgeschafft hat, nun wieder impliziert.
3. Der dritte Punkt ist die Rechtsauffassung von Ramadan, die die

3 Küng, Hans und van Ess, Josef, Christentum und Weltreligionen. Islam. München 1994, S. 114.

Verrechtlichung der Scharia ignoriert. Das islamische Recht bestand aus zwei semantischen Feldern, die nicht immer korrespondierten: einem rational rechtlichen, das die Rechtsbestimmungen, *al-ahkam*, anwandte, es war verkörpert in der Person des Kadis, und einem moralisch-religiösen, *diyana*, verkörpert in der Person des Muftis. Diese Komplementarität garantierte einen Kompromiss zwischen Recht und Moral, zwischen Vernunft und Religion. Mit seiner Reform (Fatwa- und Ethikausschüsse) will Ramadan Recht mit Religion und Moral eindeutig identifizieren und begründet damit, in der Tradition der Muslimbruderschaft, eher den Anti-Rationalismus.[4] Der Konflikt zwischen Gottesrecht und Menschenrecht wird nicht allein durch die Erhöhung der Natur auf das Niveau der Offenbarung und in ihrer Folge die pluralistische Besetzung der Ethikräte gelöst. Nach wie vor ist eine theologische Arbeit erforderlich, um die Vernunft mit dem Glauben zu versöhnen. Ramadan verschließt sich dieser Aufgabe. Gleichzeitig schafft er die klassische islamische Jurisprudenz ab. Soll nun das Buch des Universums mit seinen Humanwissenschaften diese Aufgabe übernehmen?

4. Der Appell zur Erweiterung der Fiqh-Räte und ihrer Umwandlung in Ethikräte ist ein harter Schlag gegen die muslimischen Gelehrten, Es gibt keine Kirche im Islam, aber es hat seit der Abbassidenzeit immer eine anerkannte religiöse Institution gegeben. Die dritte Grundlage des Fiqh ist neben Koran und Sunna der Konsens der Gelehrten. Ramadan will sie entmachten. Neben ihnen sollen Wissenschaftler, Denker, Künstler, Frauen und sogar Nichtmuslime sitzen. Das ist mehr als eine Entmachtung, das ist eine Zerstörung der religiösen Institution.

5. Nachdem Ramadan die islamische Gerichtsbarkeit abgeschafft hat und die religiöse Institution zerstört hat, wendet er sich an die Zivilgesellschaft. Eine generelle Debattenkultur soll sich entwickeln auf allen Ebenen der Gesellschaft unter den Muslimen und mit den Nichtmuslimen für die Ausarbeitung der höheren Ziele für das Ge-

---

4 Vgl. Johansen, Baber, Die Sündige, Gesunde Amme. Moral und gesetzliche Bestimmungen (Hukm) im islamischen Recht, in, Contingency in Sacred Law. Legal and Ethical Norms in the Muslim Fiqh. Leiden 1999, S. 187.

meinwohl; wohlgemerkt: der Menschheit. Ramadan entdeckt wieder seine altermondialistische Ader, er schreibt:

> Unter Berufung auf eine Ethik, auf einen kritischen Widerstand im Namen der Ethik, sollte in den Zivilgesellschaften auf nationaler und internationaler Ebenen eine breite Bewegung in Gang gesetzt werden." (S. 388).

Damit soll inmitten einer Globalisierung, die jede Grenzmarkierung verwischt, Sinn vermittelt werden und im Namen des Sinns Widerstand geleistet werden.

Man fragt sich nach der Lektüre des Buches, was ist noch islamisch an diesen Reformen? An einer Stelle schreibt Ramadan beiläufig:

> Die Lehren des Islam sind also eher ein Appell an unser Gewissen, als dass sie Vorschriften darüber enthielten, wie unter Verwendung legaler Methoden eine Anpassung an die herrschenden Verhältnisse herzustellen wäre. (S. 327).

Man darf auf sein nächstes Buch gespannt sein.

Annex Koranfundstellen

Mit freundlicher Genehmigung des Kohlhammer Verlages:
Paret, Rudi, Der Koran. Übersetzung. W. Kohlhammer GmbH
Stuttgart, 11. Auflage 2010

Sure:Versnr. Text

(1:1) Im Namen des barmherzigen und gnädigen Gottes.

(1:2) Lob sei Gott, dem Herrn der Menschen in aller Welt,

(1:3) dem Barmherzigen und Gnädigen,

(1:4) der am Tag des Gerichts regiert!

(1:5) Dir dienen wir, und dich bitten wir um Hilfe.

(1:6) Führe uns den geraden Weg,

(1:7) den Weg derer, denen du Gnade erwiesen hast, nicht (den Weg) derer, die d(ein)em Zorn verfallen sind und irregehen!

(2:13) Und wenn man zu ihnen sagt: „Werdet (doch) gläubig wie die (anderen) Menschen!", sagen sie: „Sollen wir glauben wie die Toren?" Dabei sind doch eben sie die Toren. Aber sie wissen nicht Bescheid.

(2:18) Taub (sind sie), stumm und blind. Und sie bekehren sich nicht.

(2:40) Ihr Kinder Israels! Gedenket meiner Gnade, die ich euch erwiesen habe! Und erfüllt eure Verpflichtung gegen mich! Dann werde (auch) ich meine Verpflichtung gegen euch erfüllen. Und vor mir (allein) sollt ihr Angst haben.

(2:41) Und glaubt an das, was ich (nunmehr) zur Bestätigung dessen, was euch (an früheren Offenbarungen bereits) vorliegt, (als neue Offenbarung) hinabgesandt habe! Und seid nicht (ausgerechnet ihr) die ersten, die nicht daran glauben! Und verschachert meine Zeichen nicht! Und mich (allein) sollt ihr fürchten.

(2:42) Und verdunkelt nicht die Wahrheit mit Lug und Trug, und verheimlicht sie nicht, wo ihr doch (um sie) wißt!

(2:43) Und verrichtet das Gebet, gebt die Almosensteuer und nehmt (beim Gottesdienst) an der Verneigung teil!

(2:79) Aber wehe denen, die die Schrift mit ihrer Hand schreiben und dann sagen: „Das stammt von Gott", um sie zu verschachern! Wehe ihnen im Hinblick auf das, was ihre Hand geschrieben hat! Wehe ihnen im Hinblick auf das, was sie begehen!

(2:89) Und als (nun) von Gott eine Schrift (d.h. der Koran) zu ihnen kam, die das bestätigte, was ihnen (an Offenbarung bereits) vorlag – und vorher baten sie um eine Entscheidung gegen die Ungläubigen -, als nun das, was sie kannten, zu ihnen kam, da glaubten sie nicht daran. Gottes Fluch komme über die Ungläubigen!

(2:127) Und (damals) als Abraham dabei war, die Grundmauern des Hauses (der Ka'ba) – zu errichten, zusammen mit Ismael (und zu Gott betete): „Herr! Nimm (es) von uns an! Du bist der, der (alles) hört und weiß."

(2:143) Und so haben wir euch (Muslime) zu einer in der Mitte stehenden Gemeinschaft gemacht, damit ihr Zeugen über die (anderen) Menschen seiet und der Gesandte über euch Zeuge sei. [...]

(2:190) Und kämpft um Gottes willen gegen diejenigen, die gegen euch kämpfen! Aber begeht keine Übertretung! Gott liebt die nicht, die Übertretungen begehen.

(2:193) Und kämpft gegen sie, bis niemand (mehr) versucht, (Gläubige zum Abfall vom Islam) zu verführen, und bis nur noch Gott verehrt wird! Wenn sie jedoch (mit ihrem gottlosen Treiben) aufhören (und sich bekehren), darf es keine Übertretung geben, es sei denn gegen die Frevler.

(2:195) Und spendet (für den Krieg) um Gottes willen! Und stürzt euch nicht ins Verderben! Und seid rechtschaffen! Gott liebt die Rechtschaffenen.

(2:216) Euch ist vorgeschrieben, (gegen die Ungläubigen) zu kämpfen, obwohl es euch zuwider ist. Aber vielleicht ist euch etwas zuwider, während es gut für euch ist, und vielleicht liebt ihr etwas, während es schlecht für euch ist. Gott weiß Bescheid, ihr aber nicht.

(2:228) Die Frauen, die entlassen sind, sollen ihrerseits drei Perioden abwarten. [...]Und ihre Gatten haben ohne weiteres das Recht, sie darin (d.h. während der Wartezeit) zurückzunehmen, wenn sie eine Aussöhnung herbeiführen wollen. [...]

(2:231) Und wenn ihr Frauen entlaßt und sie dann das Ende der Wartezeit erreichen, dann behaltet sie in rechtlicher Weise oder gebt sie in rechtlicher Weise frei! [...]

(2:232) Und wenn ihr Frauen entlaßt und sie dann ihren Termin erreichen, [...]

(2:256) In der Religion gibt es keinen Zwang. Der rechte Weg (des Glaubens) ist (durch die Verkündigung des Islam) klar geworden vor der Verirrung. Wer nun an die Götzen nicht glaubt, an Gott aber glaubt, der hält sich (damit) an der festesten Handhabe, bei der es kein Reißen gibt. Und Gott hört und weiß (alles).

(3:19) Als (einzig wahre) Religion gilt bei Gott der Islam. Und diejenigen, die die Schrift erhalten haben, wurden – in gegenseitiger Auflehnung – erst uneins, nachdem das Wissen zu ihnen gekommen war. Wenn aber einer nicht an die Zeichen Gottes glaubt, ist Gott schnell im Abrechnen.

(3:28) Die Gläubigen sollen sich nicht die Ungläubigen anstatt der Gläubigen zu Freunden nehmen. Wer das tut, hat keine Gemeinschaft (mehr) mit Gott. Anders ist es, wenn ihr euch vor ihnen wirklich fürchtet. Gott warnt euch vor sich selber. Bei ihm wird es (schließlich alles) enden.

(3:29) Sag: Ihr mögt geheim halten, was ihr in eurem Innern hegt, oder es kundtun, Gott weiß es. Er weiß (alles), was im Himmel und auf der Erde ist. Gott hat zu allem die Macht.

(3:32) Sag: Gehorchet Gott und dem Gesandten! Wenn ihr euch abwendet (seid ihr eben ungläubig). Gott liebt die Ungläubigen nicht.

(3:67) Abraham war weder Jude noch Christ. Er war vielmehr ein (Gott) ergebener Hanif, und kein Heide.

(3:71) Ihr Leute der Schrift! Warum verdunkelt ihr die Wahrheit mit Lug und Trug, und verheimlicht sie, wo ihr doch (um sie) wißt?

(3:85) Wenn sich aber einer eine andere Religion als den Islam wünscht, wird es nicht von ihm angenommen werden. Und im Jenseits gehört er zu denen, die den Schaden haben.

(3:104) Aus euch soll eine Gemeinschaft (von Leuten) werden, die zum Guten aufrufen, gebieten, was recht ist, und verbieten, was verwerflich ist. Denen wird es wohl ergehen.

(3:110) Ihr seid die beste Gemeinschaft, die unter den Menschen entstanden ist. Ihr gebietet, was recht ist, verbietet, was verwerflich ist, und glaubt an Gott. Wenn die Leute der Schrift (ebenfalls) glauben würden (wie ihr), wäre es besser für sie. Es gibt (zwar) Gläubige unter ihnen. Aber die meisten von ihnen sind Frevler.

(3:118) Ihr Gläubigen! Nehmt euch nicht Leute zu Vertrauten, die außerhalb eurer Gemeinschaft stehen! Sie werden nicht müde, Verwirrung unter euch anzurichten, und möchten gern, dass ihr in Bedrängnis kommt. Aus ihren Äußerungen ist Haß kundgeworden. Aber was sie insgeheim in ihrem Innern hegen, ist (noch) schlimmer. Wir haben euch die Zeichen klargemacht, wenn ihr verständig seid.

(3:132) Und gehorchet Gott und dem Gesandten! Vielleicht werdet ihr (dann) Erbarmen finden.

(3:159) [...]Verzeih ihnen nun und bitte (Gott) für sie um Vergebung, und ratschlage mit ihnen über die Angelegenheit[...]

(4:3) Und wenn ihr fürchtet, in Sachen der Waisen nicht recht zu tun, dann heiratet, was euch an Frauen gut ansteht, zwei, drei oder vier. Wenn ihr aber fürchtet, nicht gerecht zu handeln, dann (nur) eine, oder was ihr (an Sklavinnen) besitzt! So könnt ihr am ehesten vermeiden, unrecht zu tun.

(4:13) Das sind die Gebote Gottes. Wer nun Gott und seinem Gesandten gehorcht, den läßt er (dereinst) in Gärten eingehen, in deren Niederungen Bäche fließen, und in denen sie (ewig) weilen werden. Das ist dann das große Glück.

(4:14) Wer aber gegen Gott und seinen Gesandten widerspenstig ist und seine Gebote übertritt, den läßt er in ein Feuer eingehen, damit er (ewig) darin weile. Eine erniedrigende Strafe hat er zu erwarten.

(4:34) Die Männer stehen über den Frauen, weil Gott sie (von Natur vor diesen) ausgezeichnet hat und wegen der Ausgaben, die sie von ihrem Vermögen gemacht haben. Und die rechtschaffenen Frauen sind (Gott) demütig ergeben und geben acht auf das, was verborgen ist, weil Gott (darauf) acht gibt. Und wenn ihr fürchtet, dass Frauen sich auflehnen, dann vermahnt sie, meidet sie im Ehebett und schlagt sie! Wenn sie euch (daraufhin wieder) gehorchen, dann unternehmt (weiter) nichts gegen sie! Gott ist erhaben und groß.

(4:59) Ihr Gläubigen! Gehorchet Gott und dem Gesandten und denen unter euch, die zu befehlen haben! [...]

(4:80) Wenn einer dem Gesandten gehorcht, gehorcht er damit Gott

Und wenn einer sich abwendet (und keinen Gehorsam leistet, ist das seine Sache). Wir haben dich nicht zum Hüter über sie gesandt.

(4:89)Sie möchten gern, ihr wäret ungläubig, so wie sie (selber) ungläubig sind, damit ihr (alle) gleich wäret. Nehmt euch daher niemand von ihnen zu Freunden, solange sie nicht um Gottes willen auswandern! Und wenn sie sich abwenden, dann greift sie und tötet sie, wo (immer) ihr sie findet, und nehmt euch niemand von ihnen zum Freund oder Helfer!

(4:125) Wer hätte eine bessere Religion, als wer sich Gott ergibt und dabei rechtschaffen ist und der Religion Abrahams folgt, eines Hanifen. Gott hat sich Abraham zum Freund genommen.

(4:144) Ihr Gläubigen! Nehmt euch nicht die Ungläubigen anstatt der Gläubigen zu Freunden! Wollt ihr Gott offenkundige Vollmacht geben gegen euch?

(4:171) Ihr Leute der Schrift! Treibt es in eurer Religion nicht zu weit und sagt gegen Gott nichts aus, als die Wahrheit! Christus Jesus, der Sohn der Maria, ist nur der Gesandte Gottes und sein Wort, das er der Maria entboten hat, und Geist von ihm. Darum glaubt an Gott und seine Gesandten und sagt nicht drei! Hört auf (so etwas zu sagen)! Das ist besser für euch. Gott ist nur ein einziger Gott. Gepriesen sei er! (Er ist darüber erhaben) ein Kind zu haben. Ihm gehört (alles), was im Himmel und auf der Erde ist. Und Gott genügt als Sachwalter.

(5:38) Wenn ein Mann oder eine Frau einen Diebstahl begangen hat, dann haut ihnen die Hand ab! (Das geschehe ihnen) zum Lohn für das, was sie begangen haben, und als warnendes Exempel von Seiten Gottes. Gott ist mächtig und weise.

(5:51) Ihr Gläubigen! Nehmt euch nicht die Juden und die Christen zu Freunden! Sie sind untereinander Freunde (aber nicht mit euch). Wenn einer von euch sich ihnen anschließt, gehört er zu ihnen (und nicht mehr zu der Gemeinschaft der Gläubigen). Gott leitet das Volk der Frevler nicht recht.

(5:82) Du wirst sicher finden, dass diejenigen Menschen, die sich den Gläubigen gegenüber am meisten feindlich zeigen, die Juden und die Heiden sind. Und du wirst sicher finden, dass diejenigen, die den Gläubigen in Liebe am nächsten stehen, die sind, welche sagen: „Wir sind Nasara (d.h. Christen)." Dies deshalb, weil es unter ihnen Priester und Mönche gibt, und weil sie nicht hochmütig sind.

(6:92) Und dies ist eine von uns hinabgesandte, gesegnete Schrift, die bestätigt, was vor ihr da war. Und du sollst damit die Hauptstadt (d.h. Mekka) und die Leute in ihrer Umgebung warnen. Diejenigen, die an das Jenseits glauben, glauben an sie. [...]

(6:151) [...] Und ihr sollt [...] niemand töten, den (zu töten) Gott verboten hat, außer wenn ihr dazu berechtigt seid. Dies hat Gott euch verordnet. Vielleicht würdet ihr verständig sein.

(7:46) Und zwischen ihnen ist ein Vorhang [...]

(8:17) Und nicht ihr habt sie (d.h. die Ungläubigen, die in der Schlacht bei Badr gefallen sind) getötet, sondern Gott. Und nicht du hast jenen Wurf ausgeführt, sondern Gott.

(8:22) Als die schlimmsten Tiere gelten bei Gott die tauben und stummen, die keinen Verstand haben.

(9:5) Und wenn nun die heiligen Monate abgelaufen sind, dann tötet die Heiden, wo (immer) ihr sie findet, greift sie, umzingelt sie und lauert ihnen überall auf! Wenn sie sich aber bekehren, das Gebet verrichten und die Almosensteuer geben, dann laßt sie ihres Weges ziehen! Gott ist barmherzig und bereit zu vergeben.

(9:29) Kämpft gegen diejenigen, die nicht an Gott und den jüngsten Tag glauben und nicht verbieten, was Gott und sein Gesandter verboten haben, und nicht der wahren Religion angehören – von denen, die die Schrift erhalten haben – (kämpft gegen sie), bis sie kleinlaut aus der Hand Tribut entrichten!

(9:30) Die Juden sagen: „'Uzair (d.h. Esra) ist der Sohn Gottes!" Und die Christen sagen: „Christus ist der Sohn Gottes." Das sagen sie nur so obenhin. Sie tun es denen gleich, die früher ungläubig waren. Gott bekämpfe sie! Wie können sie nur so verschroben sein!

(9:71) Und die gläubigen Männer und Frauen sind untereinander Freunde (und bilden eine Gruppe für sich). Sie gebieten, was recht ist, und verbieten, was verwerflich ist, verrichten das Gebet, geben die Almosensteuer und gehorchen Gott und seinem

Gesandten. Ihrer wird sich Gott erbarmen. Gott ist mächtig und weise.

(9:72) Gott hat den gläubigen Männern und Frauen Gärten versprochen, in deren Niederungen Bäche fließen, dass sie (ewig) darin weilen, und gute Wohnungen in den Gärten von Eden. [...]

(13:3) Und er ist es, der die Erde (wie einen Teppich) ausgebreitet und auf ihr feststehende (Berge) und Flüsse gemacht hat. [...]

(13:43) Und diejenigen, die ungläubig sind, sagen: „Du bist nicht gesandt.“ Sag: Gott genügt als Zeuge zwischen mir und euch, und diejenigen, die das Wissen der Schrift besitzen.

(15:19) Und die Erde haben wir (wie einen Teppich) ausgebreitet. Und wir haben auf ihr feststehende (Berge) angebracht und allerlei wachsen lassen, was [...]

(16:43) Und wir haben vor dir nur Männer auftreten lassen, denen wir (Offenbarungen) eingaben. Fragt doch die Leute der (früheren) Mahnung, wenn ihr nicht Bescheid wißt!

(16:123) Daraufhin haben wir dir (die Weisung) eingegeben: Folg der Religion Abrahams, eines Hanifen, – er war kein Heide.

(16:125) Ruf (den Menschen) mit Weisheit und einer guten Ermahnung auf den Weg deines Herrn und streite mit ihnen auf eine möglichst gute Art!

(17:33) Und tötet niemand, den (zu töten) Gott verboten hat, außer wenn ihr dazu berechtigt seid! Wenn einer zu Unrecht getötet wird, geben wir seinem nächsten Verwandten Vollmacht (zur Rache). Er soll (aber) dann im Töten nicht maßlos sein (und sich mit der bloßen Talio begnügen). Ihm wird ja (beim Vollzug der Rache) geholfen.

(17:45) Und wenn du den Koran vorträgst, machen wir zwischen dir und denen, die nicht an das Jenseits glauben, einen unsichtbaren Vorhang.

(17:70) Und wir haben die Kinder Adams geehrt [...]Wir haben sie vor vielen von denen, die wir erschaffen haben, eindeutig bevorzugt.

(19:17) Da nahm sie sich einen Vorhang vor ihnen [...]

(20:133) Und sie (d.h. die Ungläubigen) sagen: „Warum bringt er uns nicht (zur Bestätigung seiner Sendung) ein Zeichen von seinem Herrn?“ Ist denn nicht auf den früheren Blättern (der Offenbarungsschrift) ein klarer Beweis zu ihnen gekommen?

(21:92) „Dies ist eure Gemeinschaft. Es ist eine einzige Gemeinschaft. Und ich bin euer Herr. Dienet mir!“

(22:39) Denjenigen, die (gegen die Ungläubigen) kämpfen, ist die Erlaubnis (zum Kämpfen) erteilt worden, weil ihnen (vorher) Unrecht geschehen ist. – Gott hat die Macht, ihnen zu helfen.

(22:40) (Ihnen) die unberechtigterweise aus ihren Wohnungen vertrieben worden sind, nur weil sie sagen: Unser Herr ist Gott. – Und wenn Gott nicht die einen Menschen durch die anderen zurückgehalten hätte, wären (Einsiedler)klausen, Kirchen, Synagogen (?) und Kultstätten, in denen der Name Gottes ohne Unterlaß erwähnt wird, zerstört worden. Aber bestimmt wird Gott denen, die ihm helfen, (ebenfalls) helfen. Er ist stark und mächtig.

(22:65) Hast du denn nicht gesehen, dass Gott (alles), was auf der Erde ist, in euren Dienst gestellt hat, desgleichen die Schiffe, damit sie – auf seinen Befehl – auf dem Meer fahren, und (dass er) den Himmel (oben) hält, so dass er nicht – außer mit seiner Erlaubnis – auf die Erde fällt? Gott ist gegen die Menschen mitleidig und barmherzig.

(23:49) Und wir haben doch dem Mose die Schrift gegeben, damit sie sich vielleicht rechtleiten lassen würden.

(23:50) Und wir haben den Sohn der Maria und seine Mutter zu einem Zeichen gemacht. Und wir gewährten ihnen Aufnahme auf einem flachen Höhenzug mit Grund und Quellwasser.

(23:51) „Ihr Gesandten! Eßt von den guten Dingen und tut, was recht ist! Ich weiß Bescheid über das, was ihr tut.

(23:52) Und dies ist eure Gemeinschaft. Es ist eine einzige Gemeinschaft. Und ich bin euer Herr. Mich (allein) sollt ihr fürchten.“

(23:53) Aber sie fielen in verschiedene Gruppen auseinander mit (verschiedenen) Büchern, wobei jede Gruppe sich über das freut, was sie bei sich hat.

(24:30) Sprich zu den Gläubigen, dass sie ihre Blicke zu Boden schlagen und ihre Scham *(furûj)* hüten. Das ist reiner für sie. Siehe, Allah kennt ihr Tun.

(24:31) Und sprich zu den gläubigen Frauen, dass sie ihre Blicke niederschlagen und ihre Scham *(furûj)* hüten und dass sie nicht ihre Reize *(zîna)* zur Schau tragen, es sei denn, was außen ist, und dass sie ihren Schleier *(khimâr)* über ihren Busen schlagen und ihre Reize nur ihren Ehegatten zeigen oder [...] und den Kindern, die noch nichts von weiblichen Geschlechtsteilen *('awrât)* wissen[...]

(24:58) [...] vor dem Frühgebet, wenn ihr um die Mittagszeit eure Kleider ablegt, und nach dem Gebet am späten Abend. (Das sind) drei (Zeiten, in denen) Geschlechtsteile *('awrât)* von euch (zu sehen sein können). [...]

(24:60) Und für diejenigen Frauen, die alt geworden sind und nicht (mehr) darauf rechnen können, zu heiraten, ist es keine Sünde, wenn sie ihre Kleider ablegen, soweit sie sich (dabei) nicht mit Schmuck herausputzen. Es ist aber besser für sie, sie verzichten darauf. Gott hört und weiß (alles).

(25:68) [...] niemand töten, den (zu töten) Gott verboten hat, außer wenn sie dazu berechtigt sind, [...]

(29:46) Und streitet mit den Leuten der Schrift nie anders als auf eine möglichst gute Art – mit Ausnahme derer von ihnen, die Frevler sind! Und sagt: „Wir glauben an das, was (als Offenbarung) zu uns, und was zu euch herabgesandt worden ist. Unser und euer Gott ist einer. Ihm sind wir ergeben."

(30:30) Richte nun dein Antlitz auf die (einzig wahre) Religion! als Hanif! (Das ist) die natürliche Art, in der Gott die Menschen erschaffen hat. Die Art und Weise, in der Gott (die Menschen) geschaffen hat, kann man nicht abändern. Das ist die richtige Religion. Aber die meisten Menschen wissen nicht Bescheid.

(31:17) Mein Sohn! Verrichte das Gebet, gebiete, was recht ist, und verbiete, was verwerflich ist! Und ertrage geduldig, was du zu erleiden hast! Das ist eine (gute) Art, Entschlossenheit zu zeigen (?).

(33:13) [...] Und ein Teil von ihnen bat den Propheten um Erlaubnis (heimzukehren) mit den Worten: „Unsere Häuser sind eine schwache Stelle *('awra)*. Dabei waren sie (gar) keine schwache Stelle *('awra)*. Sie wollten nur fliehen.

(33:32) Ihr Frauen des Propheten! Ihr seid nicht wie (sonst) jemand von den Frauen. Wenn ihr gottesfürchtig sein wollt, dann seid nicht unterwürfig im Reden (mit fremden Männern), damit nicht (etwa) einer, der in seinem Herzen eine Krankheit hat, (nach euch) Verlangen bekommt! Sagt (vielmehr nur) was sich geziemt!

(33:33) Und bleibt in eurem Haus, putzt euch nicht heraus, wie man das früher im Heidentum zu tun pflegte, verrichtet das Gebet, gebt die Almosensteuer und gehorchet Gott und seinem Gesandten! Gott will die Unreinheit von euch entfernen, ihr Leute des Hauses, und euch wirklich rein machen.

(33:40) Mohammed ist nicht der Vater von (irgend)einem eurer Männer. Er ist vielmehr der Gesandte Gottes und das Siegel der Propheten. Gott weiß über alles Bescheid.

(33:49) Ihr Gläubigen! Wenn ihr gläubige Frauen heiratet und sie hierauf entlaßt, bevor ihr sie berührt habt, dürft ihr für sie keine Wartezeit ansetzen. [...]

(33:53) [...] Und wenn ihr die Gattinnen des Propheten um etwas bittet, das ihr benötigt, dann tut das hinter einem Vorhang! Auf diese Weise bleibt euer und ihr Herz eher rein[...]

(33:59) Prophet! Sag deinen Gattinnen und Töchtern und den Frauen der Gläubigen, sie sollen (wenn sie austreten) sich etwas von ihrem Gewand (über den Kopf) herunterziehen. So ist es am ehesten gewährleistet, dass sie (als ehrbare Frauen) erkannt und daraufhin nicht belästigt werden. Gott aber ist barmherzig und bereit zu vergeben.

(34:10) Und wir gaben David eine Huld von uns. (Zu den Bergen sagten wir:) Ihr Berge! Singt Bußlieder(?) mit ihm! Auch die Vögel (forderten wir auf, in den Bußgesang einzustimmen). Und wir machten für ihn das Eisen weich (und biegsam)

(37:96) wo doch Gott euch, und was ihr macht, geschaffen hat?

(38:32) Da sagte er: „Ich habe mich der Liebe zu den Gütern (dieser

Welt) ergeben und darüber versäumt, meines Herrn zu gedenken bis zu dem Zeitpunkt, da die Sonne sich hinter dem Vorhang (der Nacht) verbarg.

(41:5) Und sie sagen: „Unser Herz ist vor dem, wozu du uns aufforderst, verhüllt, wir haben Schwerhörigkeit in den Ohren, und zwischen uns und dir befindet sich ein Vorhang[...]

(42:13) Er hat euch als Religion verordnet, was er (seinerzeit) dem Noah anbefohlen hat, und was wir (nunmehr) dir (als Offenbarung) eingegeben, und was wir (vor dir) dem Abraham, Mose und Jesus anbefohlen haben (mit der Aufforderung): „Haltet die Religion und teilt euch darin nicht!" [...]

(42:38) die auf ihren Herrn hören, das Gebet verrichten, sich untereinander beraten und von dem, was wir ihnen beschert haben, Spenden geben,

(42:51) Und es steht keinem Menschen an, dass Gott mit ihm spricht, es sei denn durch Eingebung, oder hinter einem Vorhang, oder indem er einen Boten sendet, der (ihm) dann mit seiner Erlaubnis eingibt, was er will. Er ist erhoben und weise.

(48:14) Allah hat die Herrschaft über Himmel und Erde. Er vergibt, wem er will, und er bestraft, wen er will. Allah ist barmherzig und bereit zu vergeben.

(49:13) [...] Als der Vornehmste gilt bei Gott derjenige von euch, der am frömmsten ist. Gott weiß Bescheid und ist (über alles) wohl unterrichtet.

(50:7) Und die Erde haben wir (wie einen Teppich) ausgebreitet. Und wir haben auf ihr feststehende (Berge) angebracht und allerlei herrliche Arten wachsen lassen,

(50:16) Wir haben doch den Menschen geschaffen. Und wir wissen, was er sich selber (an bösen Gedanken) einflüstert, und sind ihm näher als die Halsschlagader.

(51:48) Und die Erde haben wir (wie einen Teppich) ausgebreitet. Wie trefflich haben wir (sie) geebnet!

(58:22) Du wirst nicht finden, dass Leute, die an Gott und den jüngsten Tag glauben, mit denen Freundschaft halten, die Gott und seinem Gesandten zuwiderhandeln, auch wenn es ihre Väter, ihre Söhne, ihre Brüder oder ihre Sippenangehörigen wären.

(60:1) Ihr Gläubigen! Nehmt euch nicht meine und eure Feinde zu Freunden, indem ihr ihnen (eure) Zuneigung zu erkennen gebt, [...] Wenn einer von euch das tut, ist er (damit endgültig) vom rechten Weg abgeirrt.

(65:1) Prophet! Wenn ihr Frauen entlaßt, dann tut das unter Berücksichtigung ihrer Wartezeit, und berechnet die Wartezeit (genau)! Und fürchtet Gott, euren Herrn! Ihr dürft sie nicht (vor Ablauf ihrer Wartezeit) aus ihrem Haus ausweisen, [...]

(65:4) Und wenn ihr bei denjenigen von euren Frauen, die keine Menstruation mehr erwarten, Zweifel hegt, soll ihre Wartezeit drei Monate betragen. [...]

(71:19) Und Gott hat euch die Erde zu einem (flach ausgelegten) Teppich gemacht,

(79:30) breitete danach die Erde aus,

(79:31) Ließ ihr Wasser und ihr Weidefutter aus ihr hervorkommen

(83:15) Nein! Sie sind an jenem Tag vor ihrem Herrn verhüllt.

(84:3) wenn die Erde ausgebreitet (und eingeebnet) wird,

(84:18) und beim Mond, wenn er voll wird!

(84:19) Ihr werdet (am Tag des Gerichts?) mehr und mehr in Not geraten(?).

(87:18) Das (was hier verkündet wird) steht (schon) auf den früheren Blättern,

(87:19) den Blättern von Abraham und Mose.

(88:20) und die Erde, wie sie ausgebreitet worden ist?

(88:21) Warne nun (deine Landsleute)! Du bist (ja) nur ein Warner

(88:22) und hast keine Gewalt über sie (so dass du sie etwa zum Glauben zwingen könntest).

(91:6) bei der Erde und (bei) dem, der sie ausgebreitet hat,

(95:4) Wir haben den Menschen in bester Form.

(98:6) Diejenigen von den Leuten der Schrift und den Heiden, die ungläubig sind, werden (dereinst) im Feuer der Hölle sein und (ewig) darin weilen. Sie sind die schlechtesten Geschöpfe.

Umschlagabbildungen:

Jean-Léon Gérôme: La Prière au Caire (1865), Hamburger Kunsthalle
(c)Joshua Sherurcij: Tariq Ramadan, (2009)
al-Majalla: Sayyid Dschamāl ad-Dīn al-Afghānī (1883)
Folio aus einem Koran, Sure 5, Vers 12-13, 13. Jh.: Smithsonian (F1929.69), PD
Gülen Institute Norway: Fethullah Gülen (ca. 2000), PD
Siyer-i Nebi: Topkapı Sarayı Müzesi, Istanbul (Hazine 1222, folio 151b)
NASA: Apollo 11 mission, Aldrin leaving lander (1969). PD

Nina Wiedl

Da'wa – Der Ruf zum Islam in Europa

Da'wa – welche Ideologien stehen hinter diesen „Einladungen zum Islam"? Wird hier zum multireligiösen und multikulturellen Miteinander eingeladen oder ist das Ziel, Europa langfristig in einen islamischen Gottesstaat zu verwandeln? Entwickelt sich hier ein neuer, moderater, europäischer Islam oder handelt es sich um auf das lokale Publikum zugeschnittene Propaganda? Wie sind die Veröffentlichungen moderner europäischer Islamisten wie Tariq Ramadan einzuschätzen, und welche Wurzeln teilen sie mit radikalen Schriften von Yussuf al-Qaradawi, dem Vorsitzenden des „Europäischen Rates für Fatwa und Forschung" und spirituellen Führer der Muslimbruderschaft? Gerade in Europa verfolgt Da'wa das Ziel, die Assimilation von Muslimen zu verhindern. Aber auch Nichtmuslime sind eine wichtige Zielgruppe: Islamische Aktivisten erkannten früh, dass sie dringend auf Konvertiten und einheimische Hilfe angewiesen sind, um den Islam – eine missionarische Religion – in Europa zu verbreiten oder zumindest eine pro-islamische Atmosphäre zu schaffen. Deshalb wird auch Goethe kurzerhand zum Muslim erklärt...

ISBN 978-3-89930-228-8

Ralph Ghadban

Tariq Ramadan und die Islamisierung Europas

In den Medien streitet man darüber, ob Ramadan Traditionalist oder eher Islamreformer sei. Ist er Islamist, Salafit, Salafireformer oder Liberaler? Die Beantwortung dieser Frage durch die hier vorgelegte Auseinandersetzung mit Ramadans Schriften ist entscheidend für die Einschätzung seiner Position in Bezug auf Integration, Islamisierung, Menschenrechte und Demokratie.

ISBN 3-89930-150-1

Hrant Dink
Von der Saat der Worte
Aus dem Türkischen von Günter Seufert

Wer Hrant Dinks Texte liest, sieht gleich, dass er im guten Sinne ein Radikaler war. Die Texte erzählen davon, dass eine andere Welt möglich ist. Er sprach über Kopftuch und Kurdenproblem, über die Türkei und die Europäische Union; und natürlich über die Armenier. Die Texte dieser Auswahl stammen fast ausschließlich aus der von Dink gegründeten Zeitung AGOS und wurden zwischen Mai 1996 und Januar 2007 verfasst. Bei diesen Texten wird deutlich, wie sehr Hrant Dink auf die »Saat der Worte« vertraut hat.

ISBN 978-3-89930-222-6

Karl-Heinz Ohlig (Hg.)
Der frühe Islam

Eine historisch-kritische Rekonstruktion anhand zeitgenössischer Quellen. Der Sammelband zeigt, dass die Anfänge einer koranischen Bewegung einer spezifischen Form von Christentum entsprungen sind und aus Regionen weit östlich des Zweistromlandes stammen, nicht von der arabischen Halbinsel.

ISBN 3-89930-090-4

Sead Husic
Psychopathologie der Macht

Die Zerstörung Jugoslawiens im Spiegel der Biographien von Milosevic, Tudjman und Izetbegovic
Die öffentlichen Charaktere Miloševic, Tudjman und Izetbegovic entstammten einer Gesellschaft, die sie ab einem bestimmten Zeitpunkt in ihrem Leben ablehnten und die sie schließlich bekämpft haben, und zwar intellektuell, politisch und mit Gewalt.

ISBN 978-3-89930-183-0

www.schiler.de